西湖名園羅苑

周黔生　主编
洪希平　徐正　副主编

西泠印社出版社

主　编：周黔生

副主编：洪希平　徐　正

编　委：周黔生　洪希平　徐　正

　　　　刘雅华　陈亦平　徐正荣

法律顾问：林　宪

序

罗苑是位于杭州西湖“平湖秋月”景点西侧的一组园林建筑群，是西湖文化景观的一个组成部分。

1918年，犹太商人哈同建造了这座临湖的私人别墅：园内建筑鳞次栉比，参差错落，楼台亭舍，掩映于嘉木秀石之中，造型典雅精致，风格中西合璧。至今犹存的“湖天一碧”楼，是饱览西湖山光水色之最佳瞭望处之一。

1928年，浙江大学将罗苑租给了中国第一所高等艺术学府——国立艺术院。当时，民国政府大学院院长蔡元培任命留法归来的画家林风眠为首任院长，学院聚集了林文铮、吴大羽、潘天寿等一批国内艺术界的杰出人才，开启了中国美院辉煌的初创时期。

1945年抗日战争胜利后，浙江大学校长竺可桢率领全校师生返回杭州，罗苑成为浙大部分教授安居治学之地。当时及以后一段时期曾在罗苑居住的著名教授有孟宪承、陈立、郑晓沧、夏承焘等。竺可桢曾多次到罗苑，或主持教学行政会议，或与教授们商议教学问题，对提高教学质量，促进浙大发展，发挥了重要作用。

1959年，罗苑拆除了围墙及一批居住建筑，成为平湖秋月景观的一部分。如今仅遗存“湖天一碧”等三座建筑，了解罗苑这座百年名园的人也不多了，中青年一代几乎无人知晓，从这个意义上说，罗苑已几乎湮没在历史尘埃之中。

周黔生、洪希平、徐正、刘雅华、陈亦平、徐正荣等六位曾在罗苑居住过的文化人，满怀深情，不辞劳苦，回忆采访，多方收集资料，编成此集，为西湖这本历史文化大书，增补了十分有价值的篇章。

1956年至1959年，我作为浙大教师，居住在罗苑。冬去春来，朝晖夕阴，斜风细雨，朗月清波，尽情享受了西湖之美。抚今追昔，感慨万千！今年是西湖列入世界文化遗产名录十周年，又值此书即将付梓，欣喜之际，以七律一首致贺！

湖天一碧望中收，　　楼亭几座引追忆，
背靠孤山手挹流。　　轶事多篇话故传。
两校名师曾久住，　　三载采编成此集，
双堤胜景足淹留。　　名园可藉传千秋。

杜高杰

2021 年 9 月

（作者系浙江大学教授、杭州市文联名誉主席）

目录

第一章　鲜为人知的西湖名园

一、曾经的豪宅

2011年6月24日，随着“申遗”的成功，西湖成了浙江省首个独立申报载入人类“文化遗产”史册的景观之地。

从此，西湖将不再是杭州的西湖、中国的西湖，而是世界的西湖，它以独特的山水风景与人文历史，吸引着全世界的广泛关注。

“江南忆,最忆是杭州”,而西湖,则是镶嵌在杭州的一颗璀璨明珠。千百年来，西湖以她浓妆淡抹总相宜的优美景色，为皇亲国戚、政界要员、文人墨客，以及广大百姓所广为眷恋和称颂。与“水光潋滟晴方好，山色空蒙雨亦奇”，这一无与伦比的美景相比,西湖更为夺人眼球的,应该是在这一片片入眼皆景的背后,所具有的那一段段脍炙人口、动人心脾的人文情怀，以及许许多多带有传奇色彩的故事。

西湖曾经有过白娘子与许仙、梁山伯与祝英台这样的旷世爱情传说，也记载了埋骨于青山的岳飞、于谦、张苍水这三位民族英雄的不朽事迹，以及近代以秋瑾、章太炎、徐锡麟为代表的,为民主而献身的资产阶级革命家的活动轨迹,而白居易、苏东坡、陆游这一个个文化巨匠，则为后人留下了交口称誉、喜闻乐见的绝世名篇，从而流芳千古。

历代豪富，总想占地西湖、尽享人间美景以满足己欲，并也以此彰显自己的财富、地位，特别是在二十世纪初叶，即清末民初这段时间，在西湖边，掀起了一股造宅之风。时至今日，在西湖周边，被广为知晓，并保留完好，被誉为“西湖四大名园”的有：广东名人刘学询在1905年建造完成的“刘庄”；以医药名家汪自新（字惕予),于1927年建成的“汪裕泰茶庄”,被后人称之为“汪庄”；“瑞友别墅”则建成于光绪三十三年（1907），几易其主，即是我们今日所见的“郭庄”；而无锡人廉惠卿于1901年所建成之“小万柳堂”，后转手并命名为“兰陔别墅”的“蒋庄”，现如今已改为“马一浮纪念馆”。

刘庄旧貌

汪庄旧貌

郭庄旧貌

蒋庄旧貌

以上“四大园”，是被人们广为认知的西湖名园，其中，刘庄、汪庄在新中国成立以后被重新建设，现为“国宾馆”；而蒋庄和郭庄则因保存完好，现已被列入“浙江省文物保护”单位。

但如果我们说，正好在100年前（确切地说应该是1919年的夏天），在今日西湖最吸引人气的地方，紧贴着“西湖十景”之一，“平湖秋月”的西侧，临湖而建，有过一座花园别墅，这座别墅北靠孤山，南面西湖，它远眺青山，近观绿水，水榭亭台，雕栏玉砌，这座豪宅被称为“哈同花园”，而当时的杭州人，更喜欢用带有本土色彩的“罗苑”对其称呼。虽然占地面积仅5—6亩，但其豪华程度，应不在“四大名园”之下，这是否会使人感到十分的意外，并且难以置信，甚至匪夷所思呢？

但这是事实，出资营造该园的主人，是一位被称为“远东第一富豪”的英籍犹太商人——哈同。

在这之前，哈同在上海建有规模更大、更豪华的宅园，被称之“哈同花园”，亦称“爱俪园”，它位于南京路静安寺边的繁华地段。这座哈同花园，在二十世纪初叶，于上海人来讲，是无人不知、无人不晓的名园。然而，花费三十万两银子，再建一座西湖边的“哈同花园”，既是哈同意图占据杭州西湖美景为己有，也是哈同为显示自己实力，给上海“哈同花园”在杭州设个“后花园”，以供休闲度假，但更重要的是，哈同用此作为礼物，送给爱妻罗迦陵。这也是为什么当时杭州人更喜欢称之为“罗苑”，一是名出有据，二也是为了避免混同于上海的“哈同花园”。

罗苑旧貌

湖天一碧

关于这座宅园，我们本希望能从存世并不完整的资料中，获取一些我们想知道的更多内容，但很遗憾，现存有关“罗苑”的资料，得以保存的，确实很少。原因有几点：一是罗苑在建造过程中，本身存在着一系列的违规操作，没有正规的手续；二是罗苑从建成至拆除，总共四十年时间，确经历了四届政府（包括日伪政府），今天回过头去，想再找这些材料已很困难。唯一对罗苑可产生回忆的，是六十年前曾经在罗苑居住过的，那时还是孩童时代，但现时今都已是七十左右的老人，通过他们回忆，以及今日保留尚且完整的罗苑仅存建筑，“湖天一碧”“梅鹤轩”“月波亭”来看，似可见证当年“罗苑”曾经的豪华与辉煌，

梅鹤轩

月波亭

以及其主人不凡的身价。

罗苑，沿湖而建，它坐落于西湖的北侧，白堤的西端，紧挨着“西湖十景”之一的“平湖秋月”，整个建筑坐北朝南，面向西湖，举头即见南山，可谓西湖美景尽收眼底。从最初有这个念想，在西湖边建个宅园，到寻找、落实地段，直至 1919 年最终的落成，同年 8 月 21 日入住，前后用了近三年的时间。而最后因种种原因，罗苑被拆除，还湖于民，是在 1958 年秋季，这座豪宅与西子湖相伴的时间，只有短短不到四十周年，短到几乎无人知晓这一名园的曾经存在；短到历届政府还来不及弄清“罗苑”的来龙去脉，并试图把它记载到相关的历史档案中去；短到近现代的一些历史、文学丛书中也很难找到它的踪影，而试图让其成为“文保单位”，就更无从谈起了。

对面的“浙江西湖美术馆”，以及蔡元培、林风眠在一起的雕塑，似乎可以向人们诉说，这里曾发生过的一切

今天，当成千上万的各地游客，慕西湖之名而至，当人们踏上平湖秋月这一历史景点，临湖而坐，品茗赏月之时，确很少有人知道，眼前几座有些年份的古建筑，“月波亭”“梅鹤轩”“湖天一碧”，是何时、何人所造，它与西湖的渊源又是什么，以及曾经留下的建造风波、财产归属的争端，并且，在这座豪宅里，曾经发生过什么，所有的一切，在这仅存的三处建筑前，连一个简单的介绍也难以给出。

资料显示，罗苑曾经做过北伐军北上时的兵营；也是国立第三中山大学，即浙江大学的办学之地，并也做过浙江大学的教工宿舍；这里也是中国美院初期建校的旧址，一所让世人瞩目的艺术院校，就诞生在罗苑。今天，与平湖秋月景点一路之隔的“浙江西湖艺术馆”，就是这段历史的延续和匆匆记载；抗日战争期间，日本军队占领了罗苑，并在此安营扎寨，这所名园，又见证了日寇对中华民族犯下的累累罪行。

罗苑存世仅四十年，在这个豪宅里，发生过许许多多鲜为人知的故事，很多已经被永久地遗忘了，所剩不多的回忆，也尽显零打碎敲，但历史终归是历史，曾经发生过的，就无法抹去，也不应该抹去。

二、哈同其人

哈同

我们关注“罗苑”，当然避不开建造“罗苑”的主人——哈同和他的夫人罗迦陵。哈同，这位来自中亚地区的英籍犹太后裔，他的家族曾有过一段非同寻常的奢华与富足时光，但终因战争与过度的挥霍，沦落到一贫如洗。年幼的哈同在父亲的带领下，来到被誉为“富得流油”的巴格达，祈盼重建辉煌，但因受世界范围内日益高涨的反犹主义思想影响下，巴格达犹太人的安全受到严重的影响，于是纷纷移居印度孟买。这是印度西海岸的一个贸易枢纽，虽有一些商机，但对于初来乍到的哈同一家子来说，仍然得不到很好的发展。哈同父亲为此忧郁成疾，终于不久人世。此时的哈同为家中长子，弟妹六个，母亲又重病在身，所有的一切，都压得哈同及这一家喘不过气。哈同不得不再次沦落街头，靠捡破烂维持生机。哈同是在这样的境遇中艰难地度过了自己的童年、青少年时期，但屈强的哈同显然没有因过度的贫困而陷入颓废、意志消沉，相反，志存高远，竭力试图重整家族昔日的荣耀。

穷则思变，在哈同刚满 20 岁的那年，仅仅是听说，在遥远的亚洲东方，有一被誉为“冒险家乐园”和“东方巴黎”的地方，那就是“十里洋场”的大上海。这是一个极具吸引力的地方，它开放、大气、包容。与其在孟买穷困潦倒终生，还不如去那冒险之地，赌上一把，或许还有出头之日。于是，年轻的哈同，可能也没有过多地思考，就搭上了一艘开往香港的南洋商船。几经周折，哈同总算到了香港。而此时，作为英属殖民地的香港，虽已走过了三十几年的历史，

清末民国初年时的上海

旧时上海海关大楼

旧时上海英国领事馆

但它更像是晚清王朝与大英帝国的杂交产儿，一片混杂，各类语言交错，社会管理混乱。年轻的哈同，一眼认定这里没有属于自己的领地。此刻的他，是更急切地希望早日踏上那神秘的“乐园”，即被世界淘金者公认的“大上海”。又是一段北上的路程，哈同终于踏上了向往已久的“神秘园”，一个被外国资本半殖民了的城市——中国上海。时间定位在公元1873年，22岁的哈同，此时随身携带了仅六块银圆。

作为犹太人，往往会在许多国家被歧视，但泱泱中华的大清帝国，却表现出了对所有外国人特有的宽容和友善，世界级的大都市——上海，对年轻的哈同也不例外。但表现在同为外国来的洋人眼里，却有着许多的不一样，虽然哈同家族早就加入了英国籍，但血统毕竟还是犹太人，受世界范围内排犹思想的影响，在外国人眼里遭受歧视也在所难免，所以，无论在当时上海的法租界甚至是英租界，都会受到不同程度的冷眼，这使得哈同十分沮丧。万般无奈之下，哈同找到了早年在孟买时，曾经听父亲说起过的一位老朋友，同样是英籍犹太人——沙逊。

沙逊家族在世界多个城市开有洋行，同样在上海也开有一所洋行。当看到衣衫褴褛、灰头土脸的哈同时，不禁摇了摇头，但既然是老朋友的儿子，给个面子，也就勉强留下。工作是做个门房，哈同虽有不满，但无奈之下，还是欣然接受。

或许，哈同的经营意识是由生俱来，或许是艰难磨砺而成，总之，一个简简单单的门房，也让他做得风声水起、有声有色。因为是洋行，有各类人员进出，而这些人鱼龙混杂，应该说，当年在所有洋行的门口都有一个共同的场景，即乱哄哄的一团，吵吵闹闹也就成了常态。但“沙逊洋行”在哈同当了门房后，情况大不一样了。哈同善于言说，与人交往有其特殊的魅力，他以情动人，以理服人，关心、安抚客户。经他这一管理，客户们都变得很守秩序，原本有点杂乱、焦躁的大厅，也变得井然有序。哈同是怎么做到的，老板也意外地感到惊讶。因客户们十分满意，以至生意日见兴隆。

这难免引起了周边其他洋行的妒忌与不满，尽管方法可以效仿，但哈同以他特有的人格魅力及耐心、周到的服务，与客户进行充分的沟通、交流，这应该被视为“软实力”。由此取得相互间的信任与理解，这是其他洋行所无法效仿的，有许多客户宁可到排队人多、更忙碌的沙逊洋行，也不愿到几步之遥的其他人少的洋行去办业务，因为，即便在这里等候，也很舒心，而且还可以额外地学点英语、法语。所有这一切，其他洋行做不到，但沙逊洋行的哈同做到了。一个门房，能把自身的工作做到如此有声有色，这对于哈同之后的成功，也许就不会感到意外了。就是因为非凡的管理与应酬能力，沙逊洋行的生意日渐兴隆，哈同赢得了老板沙逊的无比赏识，加点钱当然是小意思了，最关键的是哈同无意中为自己今后的“独立单干”，积累了许多经验，赢得了众多的潜在客户，因为，从哈同刚进洋行之时，就暗暗下了决心，那就是：以后也要像沙逊一样富有。

哈同的日常生活极为俭朴，这一习惯贯穿了哈同的一生。从我们力所能掌握的资料来看，哈同一生与吃、喝、嫖、赌无染，他唯一的兴趣是看着资本不断地增值。但光靠节俭，显然是不够的，他同时也是一个理财与投资的高手、一个精明的商人、一个具有出色交际能力的社会活动家，最后也是一个受当时人尊敬的社会慈善人士。

资本的原始积累应该是很艰苦的，哈同也不例外，他的起家是通过对有限的工资及少量小费的积攒，并逐步开始尝试小规模高利放贷，小到只要手头有5—10个银圆，他就会去做一次放贷，哈同放贷的时间一般为一个月，他做的是短、平、快。小额贷款有一个好处，就是一般不易被赖账，再则租界内巡捕保护洋人利益，若有赖账者定会帮着追讨，钱到手后再做第二波，如此快速循环后，他名下的资金也开始不断地膨胀。这对哈同来讲，感到了由衷的惊喜，因为这让他看到，资金是一个不仅伟大，而且很神奇的东西。

仅仅用了2年时间，哈同就拥有了属于自己的一份资金，并出手400银圆，为自己在上海滩买了第一套住房，同时雇了一个女佣，像模像样地过起了白领的生活。当然哈同最终的发迹，并不只是靠放高利贷，而主要获利的应是走私烟土及地产生意。应该看到，清朝末年，朝廷官员腐败，社会风气每况愈下。而在半殖民状态下的中国，洋人又大行其道，上海滩曾经的“华人与狗”，足见当年的政府奴颜婢膝到了何种程度,而哈同作为十足的“洋人”,也在这片“乐土”上，占尽了便宜。

用了近三十年的时间，哈同从刚来上海的一个小混混，摇身成为远东第一富豪，并成了清王朝皇室的座上客。清末民初，孙中山、黄兴、宋教仁、陈其美、章太炎等革命党人,都是他府中的座上客。1912 年,孙中山就任民国临时大总统，从上海启程，前往南京，就是从当年哈同的住宅“爱俪园”出发的，这就足以证明哈同与革命党人的关系。

哈同与孙中山在爱俪园合影

不可否认，哈同有其特殊的人格魅力，他对社会发展有着极为敏锐的洞察能力，同时也具有卓越的经营意识和管理水平，除此之外，还应归功于他为自己定下的极为严苛的生活准则。对于哈同的发迹过程，因非本文重点，故在以后的篇幅中将不再予以赘述。

三、步入婚姻

应该说，一段错误的婚姻，会毁了人的一生，而一段幸福的婚姻则会为人生增添无穷的精彩。哈同的婚姻应属于后者。

1886 年，35 岁的哈同，早已到了“婚嫁”的年龄，但哈同自 22 岁踏上上海滩这座东方的乐园城市,混迹于十里洋场。旧上海的夜晚,灯红酒绿,纸醉金迷,青楼妓院随处可见，一些有钱的风流公子，并不以流连于烟花柳巷为耻，反而津津乐道于其中。但当年上海滩一切负面的东西，都没能影响到哈同，这位洁身自好的年轻人，始终守身如玉，直至碰到他为之倾倒的罗迦陵。

罗迦陵确实是个才貌双全的女子，但貌究竟有多美，因找不到其年轻时照片，很难定论。但她的才气确实过人，这在她之后辅佐哈同经营的过程中都有很多记载，更何况，罗迦陵婚后成了隆裕太后母亲的干女儿，是名副其实的皇亲国戚，这在封建帝制时代，该有多么的荣耀！她可随意出入皇宫，所有这一切，都反映了罗迦陵自身的魅力，否则，要攀上这门王亲，在那个年代也是不可想象的。

罗迦陵

罗迦陵的身世极为复杂，时至今日，也无人知晓其父亲是谁，有记载说其父亲是一位法国商船上的水手，也有说其父是当年法租界的一个法国厨师，当然也有人说罗的父亲是一个中国的码头工人。不一而足。但认为其母亲是上海滩的一个女佣，则没有过多的疑议。我们找到了罗迦陵在中年以后留存下来的一些照片，半老徐娘的她，虽然貌不惊人，但从她丰腴的体态及外表上看，多少透露出混血的基因，所以，她有一半法国血统的说法，好像就不应该被怀疑了。作为混血人种的罗迦陵，其年轻时的美貌也许不必怀疑，就因如此，能让腰缠万贯的哈同一见倾心，也就在情理之中了。总之，罗迦陵出现在哈同面前时的身份，确实是一个没有父母的孤儿，但在她认识哈同之时，究竟是一个卖花女，还是一个与其母亲一样是个女佣，甚至是歌舞厅的三陪女，就又有了很多的谜团。至于哈同怎么会与罗迦陵走在一起，民间传说也是很多，大多具有戏剧性，甚至离奇，似不足为信。比较靠谱的说法是，哈同由于事业发展的缘故，几乎没有时间考虑自己的婚姻。直至 35 岁，一个偶然的机会，哈同认识了罗迦陵，虽然哈同年龄确已偏大，但这十几年的努力拼搏，哈同已有了相当的资产积累。而此时的罗迦陵，年轻美貌，且除了上海方言外，还会流利的法语与英语，这与哈同之间就可以做到毫无交流上的障碍。如此有才有貌的女子，在旧上海滩可谓凤毛麟角，也许就因于此，让对女色从不动心的哈同着了迷，但要娶这么个才貌双全，但又身世不明的美人，哈同无疑也是需要极大的勇气、能力与决心。虽然当年哈同已有了相当的资产，但最终成就于这位孤身浪迹海外的犹太后裔，与上海滩集聪明、智慧与美貌为一体的东西方混血女孩婚姻的，应该还是那张道契。因当时的中国政府，不允许将土地出卖给外国人。使得那些有土地的中国人，在出卖土地给外国人时，常常使用一种变通办法，即以土地永久租赁给外国人的方式，称为——永租，实为变相买卖，而这份永租的契约，被称为“道契”。罗迦陵是否因为这张“道契”，最终嫁给了哈同，不得而知，但不可否认的是，这张道契确实是哈同送给罗迦陵的第一份厚礼。哈同的真心以及富有，最终打动了罗迦陵。1886 年 9 月，35 岁的哈同和 22 岁的罗迦陵喜结良缘，并在上海闸北青云里用犹太教仪式举行了婚礼。

自从娶了罗迦陵为妻，哈同的事业如虎添翼，更有了长足的发展。哈同对罗迦陵是敬重有加，而罗迦陵也很快成了哈同的贤内助。1901 年，哈同创建了自己的洋行，《哈同兴业记》里提到：凡公私事务，哈同“莫不咨之夫人”，而“事无巨细，皆夫人之主”。可见罗迦陵卓识明决。而罗迦陵同时又是一个心机十足的女人，她时刻提防着哈同富足后的“变心”，或是“告老还乡、叶落归根”，到一定年纪携款回他的巴格达，因为罗迦陵明白，那里有他的父老乡亲。所以，罗迦陵早有防范，她的策略是有钱即买土地，随着上海经济的快速发展，土地的价值也在大幅增值，资本也如同滚雪球般地快速增长，虽然指导思想是为了不让资本外流，但这样做的同时，既解了罗迦陵的后顾之忧，客观上，也无形地使他俩的财富得到了快速增值，因为罗迦陵深知，只有土地才是哈同带不走的永久财富。

无数事例说明，这是一对恩爱有加的夫妻，同时又心存各异，似如同床异梦的经济夫妻，直至生命的终结。他俩的关系始终围绕着“钱”而转动。罗迦陵明白，只有牢牢地掌控了作为他们夫妻共同财富的“钱”，才能稳固他们的婚姻关系。

事实情况也确是如此，哈同和罗迦陵婚后不育孩子，却收留了二十余名国内外孤儿为自己的养儿、养女，这既丰富了哈同夫妇的家庭生活，也是他俩一生慈善的一大组成部分。夫妻俩平时更多的心思，是用在了生意、地产、投资、社交，以及宗教信仰上面。他们认为，首先是挣钱，只有足够的钱财，才能充分满足自身享乐的需要，同时也能实现积德行善，救助贫民，也有利社会事业的追求，从而赢得更为稳固的社会地位以及广泛的认同感。

人生在世，许多也就为了争夺名与利，但前者似更显重要，因为有了名，既可令人尊重，也可显示地位，连带之下，可使挣钱来得更为容易，比如人们常说的"红顶商人"。光绪年间，隆裕太后母亲认了罗迦陵为干女儿，而到了宣统初年又被命名为大清正一品夫人，可见其地位之高，无人企及。而正是这些社会地位，让哈同夫妇无论在地产业或是商业中的发展，顺风顺水，如日中天。哈同夫妇的发迹，重点靠炒买地皮。相比之下，罗迦陵更喜欢房地产业，这也是不争的事实，但哈同要在杭州建一座宅园，当作休闲娱乐之用，同时也是哈同送给爱妻的一份厚礼，这绝非突发奇想，至于夫妻俩到杭州西湖的黄金地段置地，建造别墅一事，却又另有了一番故事。

四、罗苑的营造

杭州，历来都是上海有钱人家的后花园。哈同夫妇每年来杭州 1—2 次，旅游度假，游山玩水，尽享山水美色。终于有一天，罗迦陵有了一个大胆的想法，与其来来去去，租住别人的旅馆，不如一劳永逸，建一座属于自己的豪宅，既可投资，又可方便自己使用，来去自由，可谓一举两得。因为只要找个好的地段，增值也是没有问题的。但这种情况，岂不是十足的私家行宫。如此大胆想法，当年除了皇帝，可能也只有哈同夫妇了，而这一主意一旦形成，几乎就无人能予以阻止，因为他们是皇亲国戚，上海滩直至远东的巨富。

辛亥革命虽然推翻了帝制，但中国作为半封建、半殖民地的性质没有根本性的改变，这是一个军阀混战的年代，社会也处于一种激烈的动荡之中。而素有"地产大王""远东第一富豪"之称的犹太大佬哈同，仍然在中国的土地上大行其道，但民国毕竟已不同清朝，至少已明确制约了外国公民在中国购置土地，对很多变通的方法也有了一定的限制，最初遭受阻力的就是罗迦陵试图购置西湖边的土地，更何况是在西湖风景胜地置地造园，更为不易。

在杭州建园的过程中，就难免牵涉另一个重要人物——姬觉弥。此人出生在江苏徐州郊县的一个农家，自幼好学上进，曾在多家私塾求学。在上海谋生过程中，二十岁出头点年纪，就考取了犹太地产商哈同洋行的收租员一职。由于其天资聪颖、相貌英俊，且勤奋机敏，很快得到了哈同的信任，更得夫人罗迦陵的宠幸，并进一步成了哈同在上海住宅——爱俪园的总管、哈同洋行经理，以及创办于爱俪园内的“仓圣明智大学”的校长，是仅次于哈同夫妇的第三号人物，不久之后，又成了夫人罗迦陵不可或缺的左右陪伴。于是，到杭州度假自然也少不了姬觉弥的陪同与伺候。而提出在西湖边建园造屋那年，哈同已六十有五，罗迦陵也五十有余，而刚过而立之年的姬觉弥，精力充沛，也就成了筹建罗苑最直接、最得力的操办手。

上海爱俪园的三号人物姬觉弥

1916年上半年，经姬觉弥多方考察，精心挑选后，确定了西湖边几处候选地块，供哈同夫妇挑选。罗迦陵凭着女人的直觉，首选了平湖秋月西侧的三亩多点的临湖地块。这是南面西湖，北靠孤山的一块极佳之地，于整个西湖周边的环境相比，似乎没有再能胜过这一地块的了。罗迦陵自然是喜出望外，但哈同终究是地皮大王，他过来一看，立马感到地盘太小，且南北宽度仅20余米，东西长度有100多米，狭狭长长，似不宜建造别墅，更不宜园林布局。其实此时的哈同已无心再作投资，对夫人的这一举动也是有所抵触，因为年龄已是六十好几的哈同早有了见好就收的思想打算，从内心来讲，并不想再作过多的资金投入，所以故意想以外部条件不符来加以阻挠，但太太的脾气他也知道，自然也不可公开反对。但哈同生性儒雅，一生待人和气，更不会在夫人面前表现粗俗。一般来说，对夫人的决择不会表现过多的反对，再则夫人对整个家庭的贡献也是功不可没的，所以，哈同虽暗中略加阻挠，但明着还是表现出积极支持的。

地皮虽然看中了，但问题还有很多，比如，民国政府已明确规定，外国人不得在中国购置土地，何况西湖风景区；再则经看中的这三亩几分地，早就被一个崔姓的富豪以三千银圆购走,反收购或存在一定的困难。为此哈同通过关系，找到了当时任浙江省长兼督军的吕公望，但吕公望生性耿直，执法严明，办事公正，无论哈同差去的姬觉弥如何百般利诱，甚至开出赠送别墅的条件，却始终无法撼动这位浙江省最高行政长官的原则立场。

本来此事也就到此作罢了，谁知吕公望半年后另有任用，调离了浙江。而新任浙江督军的杨善德，原在上海当过淞沪护军使，有段时间，因军务繁忙，曾经将儿子杨庆昌寄养于爱俪园，而哈同夫妇也是好生相待。由此两家关系一直很好，正是因为有了这层关系，使得哈同夫妇重新燃起了在杭州西湖置地建园的欲望。

于此，姬觉弥再一次专程来到杭州，拜见了督军杨善德。这位杨督军可没有前任吕公望的那份廉洁，他垂涎哈同家的财产，更何况其子杨庆昌寄养哈同家时，曾戏言要结儿女亲家。在这样一层神秘关系的后面，杨善德感觉正是巴结哈同的极好时机，而摆在面前这区区几亩地的小事，也就不加思索，满口答应了下来。因为有了杨督军的这一后台，姬觉弥在操办此事时的底气也就足了许多，他随即雇上了一个杭州人，管账房的施姓老头，此人能讲一口地道的杭州方言，估计也是为了说话、沟通方便，二人一起，再次来到西湖边，察看这一地块。

这次视察，又有了比较欣喜的新发现，那就是，在这一地块的左右两侧，还有另外两个建筑可供扩建的地盘。这两地块的状况是，紧挨着平湖秋月的西面，有一个叫徐阿昌的中年人，开着一家“西湖春茶楼”，茶楼生意虽谈不上兴隆，但这些来自孤山、岳王庙、昭庆寺等地的茶客，也都是些熟里熟透的老朋友。大家以清茶会友，尽享湖光山色的美景，也可谓无拘无束，倒也显得热闹非凡，因都是些社会底层人士，消费水平普遍不高。这些，店老板徐阿昌都不在意，虽然清贫了些，但安逸、舒心，如同小康人家，安然度日，而小小茶楼，维持一家生机，也是勉强可以的。“西湖春茶楼”的占地面积，满打满算不超过一亩地，但在左右都被挤压得满满当当的弹丸之地里，这点滴的地盘，都是不可小视的寸金寸地。

在这一地块的最西头，有一莲花庵。庵内有尼姑三人，一个当家的澄波师太，带着两个小徒弟，有三间大一点的正屋作大殿，几间小屋作房间，还有一个菜园，共一亩多地。这是一个香火不旺，又无权无势的小庵堂。香客大多为附近的贫民百姓，因西湖周边名山居多，僧、尼多有占据。稍稍有钱的大佬，都奔灵隐、净寺及附近著名的庵堂而去，而平湖秋月一侧小小的莲花庵堂，也只能门庭冷落，师徒三人清贫度日，且相依为命，在此修身养性、普度众生，更为自己超度来生。生活虽不富裕，但也过得平静，且安心、踏实。

但自从姬觉弥等人前来视察以后，这两家的命运就出现了根本性的改变。

“西湖春茶楼”的面积一亩不到，而“莲花庵”相对要大一点，估计一亩三分的样子，加上中间这块尚无建筑，但已被崔姓富豪购走的空地，三处相加，也就有了五亩以上。再加上姬觉弥主意很多，只要再向西湖水域架空延伸一点，建些亭台水榭，占用点湖的面积，造一个园子，应该也是绰绰有余的了。听到这一好消息，于哈同夫妇而言，当然是喜出望外了的。哈同的脾气历来是雷厉风行，喜欢速战速决，于是就希望尽早落实办理，宗旨是能“私办”的，就不要“公办”，一切以钱开路，因为钱对这位大富豪而言不是问题。于是预算拿地的资金也从数千银两，迅速增加到二万两之多。

从最初有这个想法，到最终搞定这块土地，让我们充分看到了当年北洋政府中某些官员的腐败，弱势群体的无奈，以及公众舆论在社会生活中的微不足道。也让我们看到了权、钱相互交织在一起的罪恶势力，在当时那样特定的历史环境下，是如何欺压百姓，作乱于社会的。

先说居中的这块空地，原先就是崔姓富豪为投资、保值而购置的一块备用土地，崔家尚未规划土地的使用方案。这个对付起来就比较方便，反正就是钱的问题。崔家当时拿下这块土地花了三千银两，仅半年时间，哈同夫妇即以五千两的价格予以收购。这笔生意对这位崔富豪，当然也非常满意，所以交易也做得十分顺畅。对于第二块地皮，即最西头的那座“莲花庵”。作为修身养性的“庵堂”，确实也已是破旧不堪了，但要被收购作为他用，澄波师太真没有仔细想过，因为这是她们师徒三人赖以生存的根基呀，没了“庵堂”，这今后的日子又怎么过呢？三名弱小女子，无依无靠，纵有心中再多的不愿，也不敢提出过多的异议，因知道有权有势的人是无法得罪的，也深知欲告无门，且从不知衙门开在何处。如此一来，也只能内心暗暗祈祷，求菩萨慈悲、保佑了。但作为上海滩有名的大慈善家哈同和一生信佛的罗迦陵，自然也不会想去亏待了出家人，当时也是满口答应，非但要重新修缮“莲花庵”，而且还将在新建的园子里，划出几间屋子，作为她们师徒三人的起居与栖身之地。如此一来，澄波师太也只能强颜欢笑，勉强应允了。但尼姑庵怎么拆，又怎么建，之后这三个尼姑又是怎么被安置的，我们虽很关心，也试图作进一步的了解，但在任何相关的资料和传说中，都没有再发现任何这方面的相关内容。但有一点似乎可以肯定，莲花庵拆了，而且肯定是没有被重建，因为在 1919 年以后的所有记载和传说中，从未有人再次提起这里的“尼姑庵”，比较有可能的是将这三个尼姑，安置在建成后的罗苑西头，那里有一排低矮的平房，把她们三人养了起来；或许，她们都不愿还俗，就有可能是送到宝石山下或是灵隐附近的相关庵堂里了，继续出家。但从迹象上看，后者的可能性似乎更多一些。

而紧贴着平湖秋月的“西湖春茶楼”，则成了建造“罗苑”的最大障碍。当姬觉弥首次找到茶楼主人徐阿昌时，遭到满口否决。这一闭门羹让姬觉弥极为不快，但瞬间即想，这世上没有金钱摆不平的事。所以当第二次上门找到徐阿昌时，姬觉弥即开出一个天价，出银圆一万，收购这不到一亩地的地皮与茶楼。要知道，从崔姓富豪手里收购的那块空地，三亩多的面积，也仅五千银圆，而这不到一亩地的茶楼，一万银圆，单价已远远超过前者的数倍之多。不料徐阿昌是个性格耿直之人，心想自己开个茶楼，虽然是为了生计，但更多的还是以茶会友，寻找些人生乐趣，更何况，若因贪图些许钱财，断了昔日老友们聚会的场所，也于心不忍。于是，徐阿昌还是咬定死活不卖。姬觉弥见状，又加了五千，心想这下总该动心了吧，谁知徐阿昌仍不为所动，任凭姬觉弥如何诱逼，徐阿昌始终口风不变，这使姬觉弥心存不悦。但转身一想，这世上还没有哈同家办不成的事，于是打道回府，找到了浙江督军杨善德。杨善德因有意攀这一大富豪为亲家，于是满口答应，这事帮定了。但在具体办理过程中，执行者为杭州地政厅厅长，此人正为修建白堤，以及孤山路到西泠桥段资金犯愁，此刻碰到了豪富要在途中修宅，随即提出希望路与宅子一起修建，修路经费预计在一万二千银圆，并徐阿昌的茶楼则允诺以官价售给。姬觉弥一经匡算，这个总价位同原先承诺徐阿昌私下的交易费用，相差无几，还可同时修复门前道路，岂不美哉，于是满口答应。

权钱交易的结果，最终吃亏的一定是百姓。徐阿昌就成了敬酒不吃吃罚酒的典型人物了。这个耿直的杭州中年男子，听到官府说要以官价收他的茶楼，而收购后的目的是为了修建所谓的牌坊，恢复码头。其实徐阿昌早知其真实用途，他是满口咬定，死活不从。如此一来，徐阿昌又犯了“自古民不与官斗”的大忌。随即，徐阿昌被按“妨碍公务罪”抓入牢中。入了牢房的徐阿昌，还是死不屈从，定然不肯出卖他那唯一用于谋生的茶楼宝地。但是在权力面前，任何反抗也只能是微不足道的，无论徐阿昌如何拼力反抗，都是无济于事。在一张土地转移的地契上，不由分说地强制他按上了手印，不管你是愿意与否，这五千元的一张银票，就丢在了可怜的阿昌面前，这可是他余生唯一的依靠呀，这世道如何会是这样？徐阿昌不解，但又奈何不得。什么叫强迫民意？什么叫有理说不清？而欲告的衙门，又开在何处？面对五千元的银票，徐阿昌犯傻了，当时姬觉弥给出的最高价可是一万五千元，现如今只能按官价收购与补偿，他不甘心，也不知所措。但区区小老百姓，他如何斗得过官府。关于徐阿昌的最终结局，有说其无奈拿走了这五千元的银票，也有记载说徐阿昌因不服判决，最终病亡于牢中。

哈同夫妇通过极不光彩的方式，拿到了“平湖秋月”西侧，沿湖近200多米长的这一地块，即茶楼、莲花庵及中间崔家购得的空地，总计面积五亩以上，实际花费二万二千银圆，还外加了一条从断桥至西泠桥的马路修复工程，这是一笔十分划算的买卖，而姬觉弥以及那个姓施的老头，上报给主子的数字，可就不是二万二千银圆了，也许就足足翻上了一倍。这对于有钱的富豪而言，内外蛀虫实不足为怪，关键是曾有“大慈善家”之称的哈同，对姬觉弥的这一以巧取豪夺、弱肉强食的行径，是否知情？如果知情，那他在日后的享受过程中，是否会心存不安？他慈善家的外衣又如何穿得更为妥帖。多行不义必自毙，也许正是因为如此，罗苑这座豪宅，在建成后就成了众矢之的，以致在其存世四十年的历史中，命运跌宕起伏，从而引起社会各界对这座园子的极大不满，以及连绵不断的抗议。

土地有了，但后续的问题也接踵而来，因为民国政府明确规定，中国的土地是不允许卖给任何外国人的，即便像“道契”这样的变相买卖，也仅限于“租界”之内，更何况杭州西湖是风景区域，出售土地本受限制，出售给外国人，更是无据可循。哈同是外籍人士没有疑问，罗迦陵在数十年租界生活中，追随丈夫，也将自己的身份转成了英国籍，如此一来，购买土地的基本条件，就与政策法规不符。当年虽为军阀混战，但对政府的条款，执行还是很严格的，若想公然违抗，也是不敢的。如此一来，要想以他俩的身份，买下西湖边的这块地，已经没有了可能。

但哈同毕竟是哈同，罗迦陵也非等闲之辈，他们马上就想到以他们的养子罗友良的名义买下这块地皮。罗友良是哈同夫妇领养的长子，是地地道道的中国国籍，置此土地，仅为挂个名头，财产还是掌控在罗迦陵的手上，享受也是哈同夫妇的事。而此时的哈同，也已年近七旬，只要夫人高兴，他也就无所谓了。就是用了这种偷梁换柱的手法，绕过了政策的规定，以罗友良的名义，买下了平湖秋月地段五亩多的沿湖土地，于是，手续齐备，地契到手。应该说，事情办到这里，一切障碍看似完全扫清了，而建园也就指日可待了。

但在“罗苑”整个建造的过程中，仍有很多的阻力。比如原茶楼的老茶客，深知内情，他们明白无误地知道，向徐阿昌收购茶楼的理由，不是为了建造平湖秋月的渡船码头，而实际是给外国人建豪宅。他们既为店老板徐阿昌抱不平，也为失去一个喝茶聚会的好去处而心存不悦；而“莲花庵”的香客们，对一个好端端的庵堂，说拆就拆，心中也产生了许许多多的微词；还有一个重要的原因是，资产阶级革命家徐锡麟，当时的墓就在孤山边上，坐北朝南，面向西湖，而临湖的“罗苑”一造，二丈高的围墙一挡，这墓的风水也就被破坏了。作为名人，其后代为此极为不满，甚至提出抗议。除此之外，当年罗苑建造过程中，有人告发，建筑者有填湖造楼的现象。事实上，确实是按姬觉弥所说，沿湖的建筑，很多都搭出水面近三米。从现时今尚存的“梅鹤轩”，基本可反映当年的原貌。所有以上内容，几乎都触犯了众怒，并为“罗苑”日后的命运，留下了许多伏笔和阴影。

1919 年秋，一座美轮美奂的湖畔别墅，在外西湖北侧、平湖秋月以西的黄金地带落成了。据当年 8 月的《申报》报道：“英商哈同于西湖平湖秋月西首建别墅。哈同于本月二十日晚，车由沪来杭，翌日八时偕其夫人及姬觉弥君先行进屋，爆竹鼓乐一时齐奏，次由吴山仓圣学校洪吉二君率领学生装二十一人行三跪九叩礼，往贺者均由上海搭车而来，男女约二三十人。”

在浙江大学民国时期档案中，保存了哈同的总管姬觉弥所写的《罗苑记》（1925），记录了罗苑建造始末，全文如下：

罗苑记

罗苑者，上海罗友良昆季为其姑母迦陵夫人而筑也。先是友良昆季之大父罗公居于沪，遂入江苏上海县籍。大父殁，其父亦以哀毁，捐馆舍。仅存友良昆季四五人，长者胜衣，稚者福裸。时迦陵夫人已于归英伦欧司爱哈同先生矣。

《罗苑记》碑帖上部——罗苑记

《罗苑记》碑帖下部——西湖罗苑风景全图，乙丑闰四月会宁姬觉弥记并书

怜诸侄之茕茕无依也，出而计其遗产，为之经理，且挈诸侄归，以养以教。今寝寝皆成人。诸侄敬爱夫人。逾于所生，群思有以报之。乙卯秋闲，适夫人自杭州礼佛归，津津述西湖名胜。友良昆季议筑别墅于杭，以贻夫人。闻浙官产清理处有标售西湖田地事，乃嘱余至杭，为之规画（划）。先于孤山之下平湖秋月之侧得壶春楼旧址一亩零四毫二丝，嗣又得毗连崔姓及莲花庵佃地四亩三分八毫三丝三忽，均以罗纯嘏公共堂名列入杭县户籍。仍恐地狭而隘，不敷缔造，复援佃地缴价列准，拨湖滨淤浅地五亩，更呈请官厅酌填湖滨淤浅地三处约一亩有奇（余），注册给照，刊石订界，邦人士元异辞（词）矣。不知底蕴者，或以国籍问题起而相讦，并涉及苏、白祠堤岸问题，徐（锡麟）烈士墓道问题。于是有议请吊销者，有议请查核者。工程遂为之中阻。迨友良昆季投质杭县，原委得以大白，而官厅则断断收回五亩淤浅地，藉以结束。其丈溢修整旧有堤迹之一亩一分一厘九毫四丝二忽，即与门前所让建筑环湖马路之地相抵。凡省署（属）、道署、县署以及警察厅官产处，莫不绘图立案，兹事大定。始鸠工庀材，裒集土木，有楼有阁，有亭有台，杭水屏山，披风遨月。至辛酉夏而落成矣。吴补松方伯榜曰“罗苑”。记罗氏之实也。其时，标售西湖田地者，前浙江官产清理处处长邵君义；调查兼丈量者，前杭县知事姚君应泰、景君崧、前钱塘道道尹沈君致坚，前浙江官产清理处处长江君嶔；给证许可者，今浙江省长、前浙江全省警察处处长兼省会警察厅长夏君超。例得附书。乙丑闰四月会宁姬觉弥记并书。

五、罗苑归属风波

自罗苑建成以后，罗迦陵几乎每年都要到这里赏春避暑，游湖观景，过着神仙般的生活，而每次度假自然少不了姬觉弥的陪同，哈同则根据业务的繁忙状况，有时来，有时不来。就此，哈同家族，在歌舞升平、纸醉金迷的生活中，肆意践踏着西湖的美好景色。

罗苑豪宅的建设，充分反映了北洋时期政府的腐败，以及外国资本列强对中国领土的任意肆虐，这是一起不择手段、权钱交易、欺压弱势群体的典型范例。但随之而来的，是逐步觉醒的广大民众，不断的声讨和质疑，这也使得罗苑这座优雅的湖畔建筑，波折四起，祸福相依。

但也在这一同时，罗迦陵又在罗苑的西侧，另辟一区，建立“迦陵学社”。有记载称，这个迦陵学社，曾参与了 1923 至 1925 年《四库全书》第三次补抄，即“癸亥补抄”的部分工作，倘若确有此事，这是“罗苑”建成后第一个有益于社会公众的好事。

园子建成后不久，直系军阀孙传芳，就是利用了社会广泛的不满以及老百姓的呼声，在掌握了建园过程中的某些违规、违法行为后，向哈同敲诈 100 万的银圆，以作军饷之用，后经讨价还价给了 60 万元方作了事。

也许是因为徐阿昌的这块地皮被强买，也许无端地拆了“莲花庵”，也许是杭州民众的反对呼声过于高涨。总之，罗苑建成十年不到的时间，就在北洋政府消亡之时，1927 年当国民革命军北伐途经杭州时，民国政府终以：一、哈同、罗迦陵均为英国国籍，以罗友良之名购置土地，实为冒名顶替，有违中国之法规；二、罗苑建造过程中有巧取豪夺、强迫民意之嫌；三、罗苑的建造，私扩地盘，其中向湖面扩建三米，沿马路扩建足有一米。

以上三大原因，民国政府将“罗苑”收归国有。随之，二十六军政治部就设立在罗苑。有《申报》记载：“今者国民革命军第二十六军政治部留守处，即设于罗苑，记者往访政治部之某女士，得因畅览无余，临湖数阁，犹擅佳景，素抱闭关主义之罗苑，今乃以供军队之需，也梦想所不至也。”

至此，罗苑回到中国人自己手中。

国民革命军在杭短暂停留，继续北上后，该园即由地方政府接管。政府在发展教育事业的旗帜下，随即划拨给了国立第三中山大学（即一年之后改称为的国立浙江大学），以为学校教学。时间是 1927 年 6 月。

浙江大学接手罗苑后，在国民政府大学院院长蔡元培先生的撮合下，经浙大校长蒋梦麟和西湖国立艺术院院长林风眠共同协商，浙大将罗苑租给艺院，租金为一个银圆。由此，在罗苑这块土地上，孕育了中国现代最早的综合性国立高等艺术学府，培养了一大批像李可染、吴冠中、赵无极等，日后成为叱咤风云中国画坛的人物。但也在这同一时间，为了罗苑的产权问题，哈同家族也开始了旷日持久的法律诉讼。

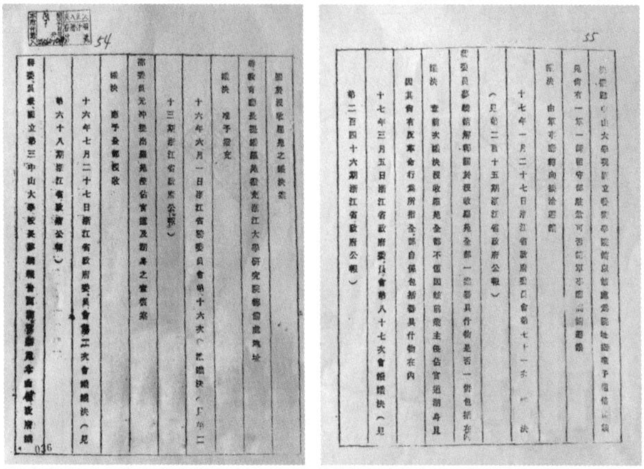

罗苑因违法建设且有反革命行径，被国民政府处以没收

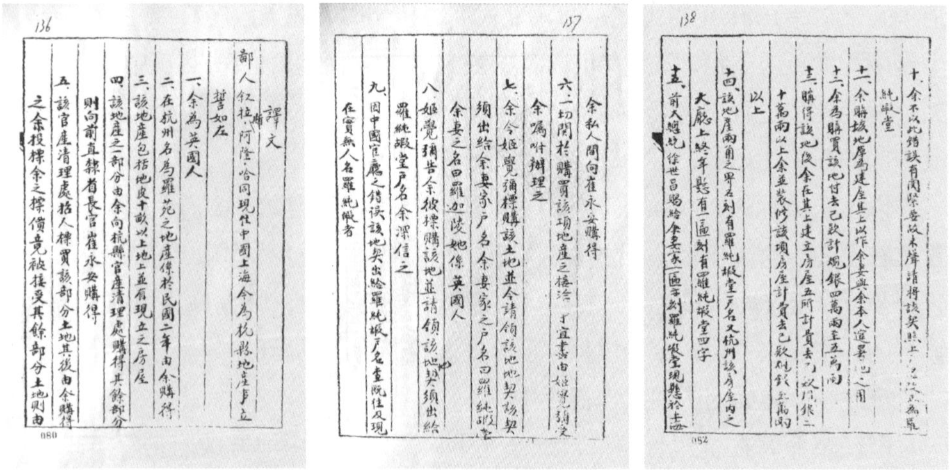

譯文
鄙人叙拉·阿隆·哈同現住中國上海今為杭縣地產事立
誓如左
一、余為英國人
二、在杭州名為羅苑之地產係於民國二年由余購得
三、該地產包括地皮十畝以上地上並有現立之房屋
四、該地產之一部分由余向杭縣官產清理處購得其餘部分
則向前直隸省長官崔永安購得
五、該官產清理處招人標買該部分土地其後由余購得
之余投標余之標價竟被接受其餘部分土地則由
余私人間向崔永安購得
六、一切關於購買該項地產之接洽[illegible]宜盡由姬覺彌受
余囑咐辦理之
七、余令姬覺彌標購該土地並令請領該地地契該契
須出給余妻家戶名余妻家之戶名曰羅純蝦堂
余妻之名曰羅迦陵她係英國人
八、姬覺彌告余彼標購該地並請領該地契須出給
羅純蝦堂戶名余深信之
九、因中國官廳之錯誤該地契出給羅純蝦戶名查既往及現
在實無人名羅純蝦者
十、余不以此錯誤有関緊要故未嘗請將該契照上[illegible]為羅
純蝦堂
十一、余購該地原為建屋其上以作余妻與余本人避暑之用
十二、余為購買該地付去已款計規銀四萬兩至五萬兩
十三、購得該地後余在其上建立房屋五所計費去[illegible]規銀二
十萬兩以上余並裝修該項房屋計費去已款規銀五萬兩
以上
十四、該地產兩角之界石刻有羅純蝦堂戶名又杭州該房屋內之
大廳上終年懸有一匾刻有羅純蝦堂四字
十五、前大總統徐世昌賜給余妻家一匾亦刻羅純蝦堂現懸於[illegible]

哈同的个人立誓（一）

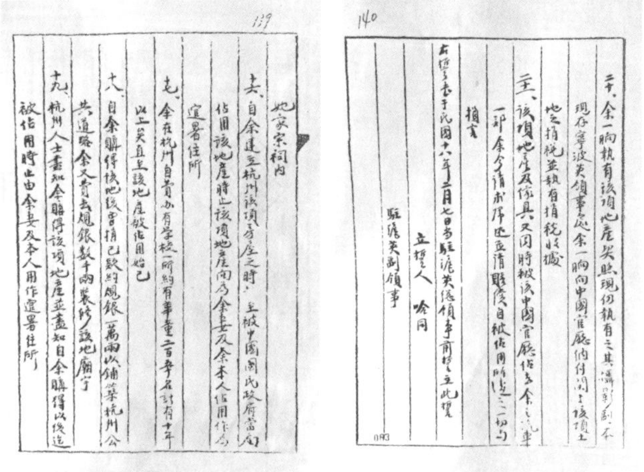

地家宗祠内

十六、自余建立杭州该项房屋之时，至被中国国民政府当局占用该地产时止，该项地产向为余妻及余本人占用作为避暑住所

十七、余在杭州自费办有学校一所，约有华童二百余名，计有十年以上，直至该地产被占用始已

十八、自余购得该地后，曾捐己款约规银一万两以铺筑杭州公共道路，余又费去规银数千两装修该地庙宇

十九、杭州人士尽知余购得该项地产，并尽知自余购得以后迄被占用时止，由余妻及本人用作避暑住所

二十、余一向执有该项地产契照，现仍执有之，其[illegible]副本现存宁波英领事处，余一向向中国官厅纳付关于该项土地之捐税，并执有捐税收据

二十一、该项地产及家具又同时被该中国官厅占去，余之汽车一部，余今请求归还，并请赔偿自被占用时起之一切[illegible]

损失

右誓言系于民国十六年一月七日当驻沪英总领事前誓立此誓

立誓人 哈同

驻沪英副领事

哈同的个人立誓（二）

在哈同家族多次诉讼下，浙江地方政府根据材料核实，又将罗苑发还于哈同，但此时，艺院已在罗苑开始建校，并开展了正常的教育活动。艺院则以房屋已用于教学，无法腾空为由，迟迟不予交还。直至 1938 年，日寇入侵中国，这时国立艺术院已改名为国立艺术专科学校，随着内迁，房屋腾空，但此时的中国，国破家碎，罗苑也同样逃脱不了历史的厄运，昔日锦绣山水，而今草木凋零。杭州沦陷之日，罗苑即被日军占领，将近八年的时间里，罗苑成了日本军队的兵营。

1946 年，抗战胜利后，浙江大学迁校回杭，而此时的浙大，面临着教学资源奇缺，以及战后教学秩序亟待恢复的重要时期，不得已而为之，竺可桢校长毅然决然收回了罗苑的使用权，并由此又引起了一波不必要的产权纠纷。

浙大收回罗苑后，主要用于师范学院的教学之用；新中国成立前后，罗苑又被作为教职员工的宿舍之用，孟宪承、陈立、郑晓沧、俞子夷、夏承焘、姜辛曼等一批著名学者教授，曾在罗苑生活与学习。直至 1958 年，罗苑被拆除，还湖于民，而罗苑，仅留下三处并不完整的建筑，并入平湖秋月景区。时至今日，几乎很少有人知道，脚下的这片土地，曾经还有一个名字叫“罗苑”。

罗苑，在西子湖边，曾经有过出乎寻常的辉煌，它存世时间虽然只有短短的四十年，但浓缩了中国近现代各个历史时期的烟雨风云和时代特征，它像一面镜子，折射着历史前进的艰难步伐。在这期间，基本上每十年一个角色的转换，充分反映了各个历史时期的时代风貌与特征。

罗苑的前十年为哈同家族自用，它在很大程度上反映了半殖民社会中国政府的腐败、无能，以及资本的横行，而那些富人们的穷奢极欲、花天酒地，无疑是建立在国人无尽的痛苦和愤懑之中，而 1927 至 1938 年期间，收归国有的方式虽显粗暴，但符合民意。政府将其归于浙江大学，说明政府已开始树立了文化兴国的初步思想，而且，国立艺专在作为教学用房时，巧妙地回避了产权的纠纷，使得罗苑这一风水宝地，能充分发挥其内在潜质，为培养一代艺术人才，做出了意想不到的贡献。抗战期间，杭州沦陷，罗苑又成了日军的兵营，那是中华民族的屈辱，是帝国主义列强罪恶的深刻记载和写照。抗战胜利后，中国的教育事业得以中兴，而此时的罗苑被用于浙江大学的教学，以及之后的教工宿舍，反映了政府重视教育、重视人才的决心和信念。而到了 1958 年，在社会安定，经济快速发展的大环境下，人民政府又及时地将罗苑拆除，还湖于民，顺乎了多年来民众的意愿。

罗苑，这座西子湖畔曾经的不朽之作，它的每一笔，每一画，与西湖一起，共同见证了清朝末年、民国、抗战时期，以及新中国建国初期历史阶段的风雨历程，从它的兴衰中，我们似乎看到了中国近现代历史的一个剪影！

（徐　正）

第二章 罗苑一览

一、罗苑印象

从西湖南岸遥望罗苑，仿佛觉得罗苑是一艘停泊在孤山脚下长长的航船。若从湖面靠近看罗苑，清楚可见是一座东西狭长约 200 米、南北宽 20—30 米的湖畔别墅，占地近 5000 平方米；罗苑内楼台亭榭、错落有致、豪华精美、形态各异，与湖面下的倒影相映成趣，别墅内建筑物的顶端、高大的林木树冠与背景中的山脊线融合在一起，浑然天成。使人不得不感叹：这湖景房疑似人间天堂。

如果从孤山方向看罗苑，则是另一番感觉，高大的围墙，遮挡了人们的视线，出露的雕花窗台以及楼屋的飞檐翘角，像是蒙上了一层神秘的面纱。

罗苑的大门位于 200 米长的高大围墙中部，大门两侧由石柱组成，走进大门便是小门厅，西侧有传达室，穿过小门厅便是一个大厅，约有 50 平方米，上面用玻璃顶（明瓦）盖着，阳光柔和地照射在水门汀地面上。门厅对面是一座水榭，客人可以在此凭栏观赏西湖景色。南面是吴山、夕照山及雷峰塔，往东望是湖滨公园及街景，往西则是湖中三岛（三潭印月、湖心亭、阮公墩），全湖景色尽收眼底。

往东走出大门厅，北侧是连廊，南侧是湖岸，迎面就是一座二层楼，名“万淑延祥”，总建筑面积约 500 平方米，后人俗称“八角楼”（现称“梅鹤轩”，已改成一层楼）。房间宽敞明亮，楼房南面相连的是精巧的八角亭，分上下两层，楼台东、南、西三侧各有百叶窗，突出在湖面上，观景视线俱佳，别具特色，房间面积约 20 平方米。过了八角楼，是一片园林，草木葱茏，中间有一方狭长形的池塘，水池面积有一百多平方米，池水与西湖相通，池水清澈，鱼儿悠游。池塘四周用块石砌成，池塘中部有小石桥，方便人们从园子中间通行。走到底便是一座小巧玲珑的两层楼房，名“亭楼”，隔墙就是著名的平湖秋月景点。该亭楼现已改成一层亭子，面积约 40 平方米，称“月波亭”。

如若从大门厅往西走，建筑面积要比东面大，穿过宽敞的连廊，可见假山和高大的树木和花卉。再往西便是“纯暇堂”，又称“正觉堂”，虽然只有一层，但由于建在石阶的平台上，却显得高大宽敞。正觉堂西面是二层楼房“傍山枕湖馆”，又名“湖天一碧”楼，是罗苑中最富丽堂皇的二层建筑，面朝西湖，视野开阔，楼下有宽敞的走廊及美人靠，且东西两侧各有边厅。湖天一碧西侧是一排临湖水榭，称“止止亭”“西水阁”，房屋一半突出在湖面上。从西水阁西望，博物馆、中山公园近在咫尺。

罗苑内楼堂亭榭与园林融为一体，整个布局达到小中见大的艺术效果，具有较高的美学内涵与效果。既是杭州传统建筑、近现代建筑发展的缩影，更是杭州悠久历史、灿烂文化的精华所在。

二、罗苑建筑风格与特色

罗苑历经百年沧桑，特别是1959年被拆除、改造后，旧貌换新颜，只留下湖天一碧、梅鹤轩及月波亭三处有迹可寻，并都归并成了平湖秋月景点区域。平湖秋月景区总用地的五分之四，从前都在罗苑范围内。现在还剩下唯一完整的单体建筑就是湖天一碧了，整体结构形式和建筑构件都不曾有过大的改动，它的外部形象没变，风貌依旧。

从地理位置、环境上来评判，罗苑实属风水宝地，真是先乎取景，妙在朝南，冬季背风朝阳，夏季迎风纳凉。

湖天一碧咖啡座

湖天一碧是罗苑的主楼，雕梁画栋，装修精致，供主人居住。北面紧贴罗苑7米高的围墙，南面略偏东30度，正面朝西湖，建有上下二层。上层南面有2.4米宽的阳台，底层除廊道外，正中间部位还有一个4米深、5米宽的平台。在此，西湖美景可一览无余。

湖天一碧建筑充满了江南建筑古老文化的韵味，它的建筑体量适中，平面规正成“品”字形，平均开间约4.5米，进深7.5米多，屋外有内走廊相连，宽达2.5米。中间厅堂，两旁设东西厢房，总宽达44米。如今，其底层已成为咖啡厅，二

西泠书画院

楼是西泠书画院。湖天一碧总建筑面积约 600 平方米。

湖天一碧建筑立面古典雅致，其东南西北四个墙面，全是由 3.15 米高、64 厘米宽瘦长比例的雕花门窗组合而成。每一扇门的上部，都有精致的木雕和与之重叠安装着的透明玻璃，下部实木板材上有着构图优美的图案及古代的文字等。

其建筑特点是，以木构架结构为主，有立柱、横梁、顺檩等主要构件。各个构件之间以榫卯、斗拱来连接吻合。其建筑构造结构，完全遵循我国宋代建筑营造法式的。由于它的榫卯连接方式科学严密，能满足功能需求之外，也很利于防震抗震，在安全性上有一个很可靠的保障。

湖天一碧很美，最显其气魄的就是歇山式样的大屋顶。它的顶部由粗壮有力的正脊和垂脊紧抓屋面，大屋面在东南西北四个方位上，铺满着灰色瓦片；屋面在近飞檐处的部位略带曲面形状，显其柔美；四个角上是飞檐翘角，让建筑在功能上利于排雨水、采阳光；在造型上看，更显气势和灵动感。

坡屋面的内外构造层次条理，严密精巧，更具有结构技术和观赏艺术两方面的功效，显示出我国古代营造法的独特魅力。

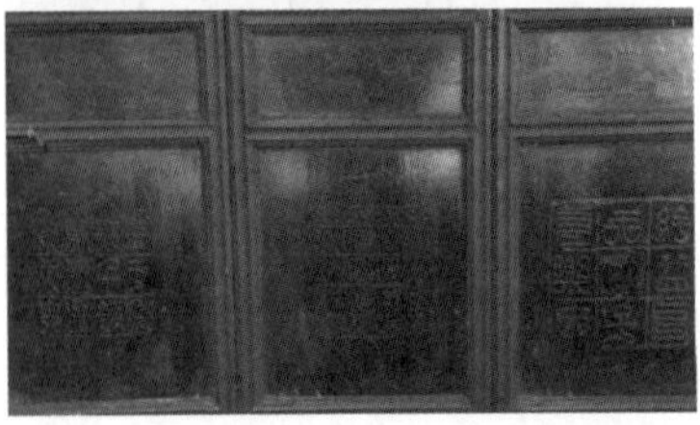

门窗色彩古朴，以土红色为主调，亚光的；上面的文字和图案，都是在凹陷的笔画里，涂着浅浅的青绿色，显得高雅，只是很显陈旧了；高高的木门扇，在开启时，似乎会发出轻微的摩擦声。从门框下端18厘米高的门槛两侧，可以观察到各有一个圆形木凹槽，木门一侧的木轴就直接插入这凹槽里的。而现在那凹槽，是用铸铁件上留有圆孔的构件代替了。古建筑中的门闩等构件，也都由现代的五金件代替了。

如今，罗苑的高围墙早就不见了。从孤山路上往南看，湖天一碧还是从前的模样。建筑没变，功能变了。从前的住宅已经成为咖啡屋、书画社，也算是风雅之处，况且这罗苑旧时的美景，现在向社会开放，让全社会人们游赏。

梅鹤轩原来是二层楼房，一大特点是南侧有八角亭相连，从平湖秋月望过来明显突出于整座罗苑建筑的外面，格外显目，是众多摄影者拍照的首选背景。梅鹤轩四壁门窗与湖天一碧同样刻有各种图案，只是显得陈旧多了。此外，肉眼可见八角亭基础部分是钢筋混凝土桩基，深入西湖水面之下，这在百年之前实属少见。罗苑其他濒临湖面的水榭基础部分也采用钢筋混凝土挑梁，使水榭房屋一半悬空在湖面之上。

罗苑总体上是中式园林别墅，但也采用、融合了西方先进建筑技术，中西合璧，精致典雅，是中西结合的代表作，不愧是杭州西湖风景区名园之一。

（周黔生　刘雅华）

第三章　西湖边的艺术摇篮

一、国立艺术院辉煌十年

罗苑虽然一度为哈同私人所拥有，但是结局却出乎人们意料之外，一座豪华的私家别墅最终成为一座高等艺术院校的校舍，一座优雅的艺术殿堂，这段历史要从国立艺术院的创立说起。

1927 年，国民政府定都南京，设立大学院，蔡元培任首任院长。蔡元培是一位卓越的现代教育家，提出培养人才须有德育、智育、体育和美育四方面要求。上任伊始，蔡元培即成立了一个艺术教育委员会，任命年轻的留法画家林风眠为主任。

在艺术教育委员会的第一次会议上，蔡元培就提出："欲谋全国艺术之普及，须于长江流域，环境适宜，风景佳胜之地，先建设一艺术学院。"随后又提出艺术学院的院址选择在杭州西湖。

1928 年，中国第一所综合性的国立高等艺术学府——"国立艺术院"就落户在杭州西湖湖畔。蔡元培曾留学法国，与艺术家林风眠交谊匪浅，同时蔡氏女儿蔡威廉，蔡氏女婿林文铮，当年一同由法国留学回来，于是蔡元培委派林风眠等人来杭办学。他们在西湖周边觅址，认为位于西湖北岸平湖秋月西侧的罗苑建校最为理想。此时，罗苑刚刚交给浙大，尚闲置。而当时国立艺术院的

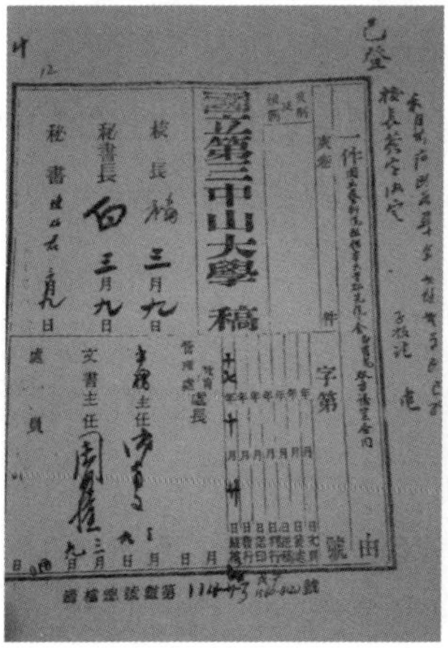
國立第三中山大學
稿

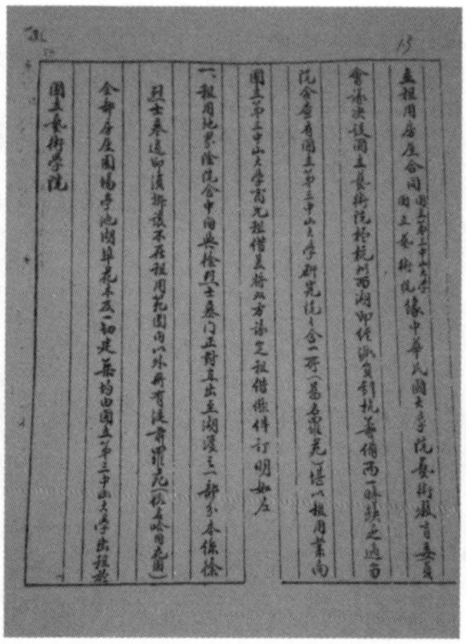

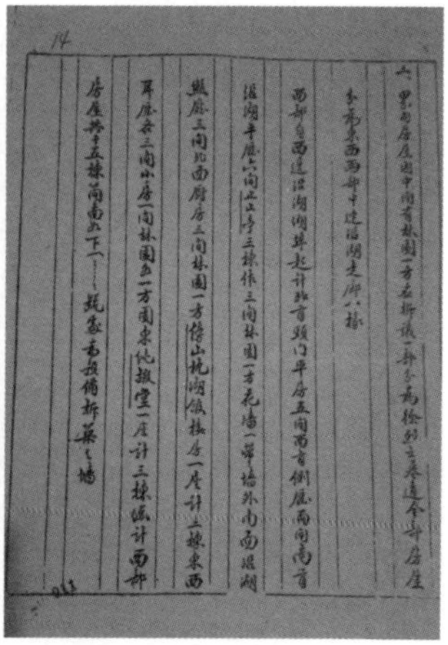

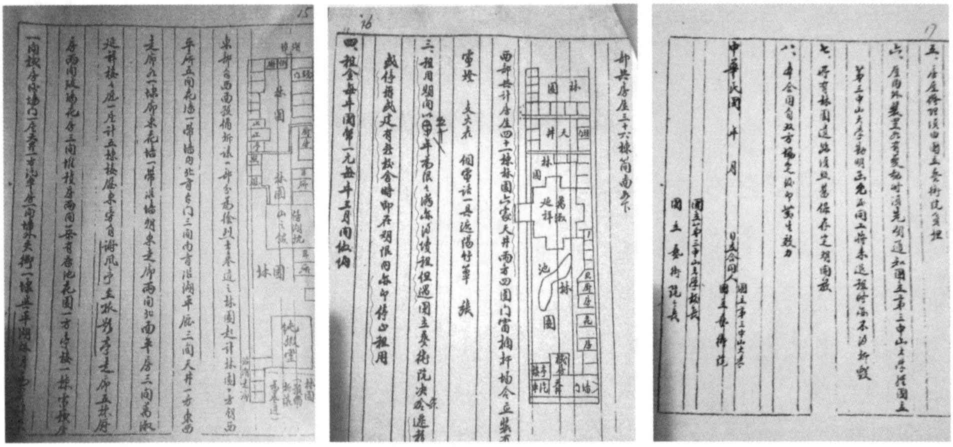

浙江大学与国立艺术院双方租借罗苑合约

开办费只有15万元，蔡元培便和国立艺术院院长林风眠去找国立第三中山大学（即浙江大学前身）校长蒋梦麟商量。蒋梦麟是蔡元培的学生，一说即成，于是签约。国立艺术院租借罗苑作校舍，每年租金为一银圆。双方签字画押后，林风眠将一块银圆交给了蒋梦麟。一个银圆租一座豪华别墅，后传为佳话。国立艺术院能够如此顺利建成，实在离不开西湖边这座花园别墅“罗苑”。租借合约如下：

一、租用地界除院舍中间与徐烈士墓地门正对直出至湖滨之一部分本系徐烈士墓道，即须拆让，在租用范围内以外，所有从前罗苑（旧名哈同花园）全部房屋园场亭池湖埠花木及一切建筑均由国立第三山大学出租于国立艺术学院。

二、界内房屋因中间有林园一方，应拆让一部分为徐烈士墓道，全部房屋分为东西两部，中连沿湖走廊八椽。

西部自西边沿湖湖埠起计北首头门平房五间、西首侧厅两间，南首沿湖平厅六间，止止厅三栋，作三间，林园一方，花墙一带，墙外南面沿湖照厅三间，北厨房三间，林园一方，傍山枕湖馆（注：现今“湖天一碧”）楼房一座，计三栋，东西耳厅各三间，小房一间，林园各一方，园东纯嘏堂（注：又名“正觉堂”）一座，积三栋，总计两部房屋共十五栋，简图如下（“…”号处为预备拆筑之墙）。

东部自西面预备拆让一部分为徐烈士墓道之林园起，计林园一方，朝西平厅五间，花墙一带，墙内北首台门三间，南首沿湖平厅三间，天井一方，东西走廊各一埭，厅东花墙一带沿墙朝东走廊两间，北面平房三间，万淑延祥楼（注：现今“梅鹤轩”，二楼已拆除）楼厅一座，计五栋，楼厅东旁自谢风亭至孤影亭走廊五栋，厨房两间，玻璃花房三间，堆积房两间，筑有荷池花园一方，亭楼（注：现今“月波亭”，二楼已拆除）一栋，电机房一间，机房后墙门一座，天井一方，汽车房一间，墙外夹弄一埭，与平湖秋月为界，计东部共房屋十六栋，简图如下（略）。

西部共计房屋四十一栋，林园六处，天井两方，四围门窗栏杆均合，并装有电灯、支火表□个，电话一具，遮阳竹箪□张。

三、租用期间以五十年为限，限满亦得续租，但遇国立艺术院决定迁移或停办或建有新校舍时，即在期限内亦停止租用。

四、租金每年国币一元，每年三月间缴纳。

五、房屋修理须由国立艺术院负担。

六、屋内外装置如有变动时，须先期通知国立第三中山大学，经国立第三中山大学勘明函允后开工，将来退租时亦不得折毁。

七、所有林园遗迹须照旧保存，定期开放。

八、本合同自双方协定后即发生效力。

从平湖秋月望罗苑（摄于 1931 年）

远眺罗苑（摄于 1931 年）

罗苑西侧（摄于 1931 年）

蔡元培和林风眠

1928 年 3 月，国立艺术院正式成立，4 月在罗苑举行开学典礼，有学生 50 多人，教职员 30 多人。林风眠、林文铮成为首任院长和教务长，吴大羽为西画主任教授，潘天寿为国画主任教授，刘既漂为图案主任教授，李金发为雕塑主任教授。

蔡元培发表热情洋溢的演说 ：“大学院在西湖成立艺术院，创造美，使以后的人，都改其迷信的心为爱美的心，借以真正完成人们的生活。”

民国十七年（1928）六月十九日大学院公布《国立艺术院组织大纲》：

第一章　定名

第一条　本院定名为国立艺术院，直隶于中华民国大学院。

第二章　宗旨

第二条　本院以培养专门艺术人才，倡导艺术运动，促进社会美育为宗旨。

第三章　学制

第三条　本院设左列各系

1. 绘画系 ；

2. 雕塑系 ；

3. 图案系 ；

4. 建筑系。

……

由此开启了中华民国首座高等艺术学院的第一篇章。

1929 年，国立艺术院更名为国立杭州艺术专科学校，校址位于杭州孤山南侧，校舍除罗苑外，还有照胆台、苏白二公祠等。当时校本部设立在罗苑。罗苑房屋在沿湖一带地形狭长，总的面积不大。当时学校的大门在西端，大门一侧有“国

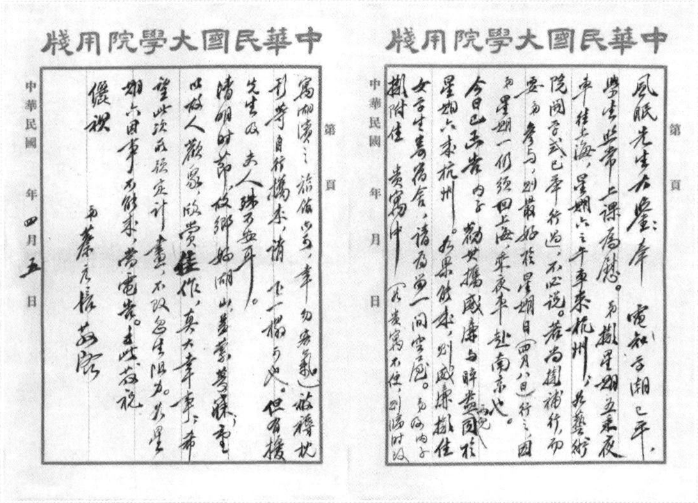

蔡元培与林风眠通信件

立艺术院”校牌。根据中国美院校史文档与图片，可知罗苑西面的房屋，用作院长办公室、教务处、总办公室、会议室、图书馆、会计课、文书课、注册课等办公用房，以及图案教室、雕塑教室、共同课教室的一部分。此外还有会客室、传达室等。而罗苑的中部，当时曾留出四五丈宽的孔道，作为“徐锡麟墓道”之用。所以学校再在两部分开处装上铁门，白天开着，夜间上锁，校警站岗守卫。至于罗苑东面的房屋用作研究生的西画教室、石膏室、医务室等。后来研究部停办，不招收研究生。1933 年增设音乐系，系主任为李树化，分声乐、钢琴、管弦乐等专业。并将原研究生西画教室隔作十数间，作为音乐系的钢琴教室、提琴教室、中国古琴教室等。

1928—1937 年为艺专初创期，学校坚持“学术自由、兼容并蓄”的办学方针，在教学等各方面都获得很大发展，奠定了坚实基础和在中国美术界的重要地位。就连校歌也是西湖味十足，信心满满。

艺专的课程设置比较全面，绘画系主要有：木炭画（即素描）、油画、中国画、水彩画、水粉画等，而中国画又包括山水、花鸟、人物、工笔画等。图案系主要有：木炭画、实用图案、写生、蜡染、舞台设计等。雕塑系主要有：木炭画、泥塑、石刻、木刻等。音乐系主要有：钢琴、小提琴、大提琴、笛子、琵琶、二胡、作曲和声学、默谱等。至于各系各年级的共同课主要有：国文、法文、日文、党义（即三民主义）、几何画、解剖学、透视学、色彩学、中国美术史、西洋美术史、美学、体育、军事训练、护士学等。

当时国立艺术院教师力量也比较强，院长是林风眠，教务长是林文铮，训育主任兼党义教师是叶风虎，秘书兼会计主任是侯慕彝。西画教授先后有：吴大羽、蔡威廉、李超士、方干民、克罗多（法国人）、叶云、李风白、李育灵、方匀、文志新等；中国画教授先后有：潘天寿、李苦禅、张光，林风眠兼教国画；水彩画教员先后有：陶元庆、孙福熙、王子云等；图案教授先后有：刘既漂、雷圭元、杜劳（俄国人）、王纲、孙昌煌等；雕塑教授先后有：李金发、王静远、刘开渠、卡墨斯基（俄国人）、魏达（上海魏达洋行，英国人，兼教石刻）；音乐教授先后有：李树化、普洛苛（俄国人）、吴润苏、朱荇青等；共同课教员中先后有：金少英、孙福熙兼教国文，李树化（兼）、黄纪兴、卢章耀等。姜丹书教几何学、解剖学、中国美术史。周天初教透视学、色彩学，林文铮教西洋美术史，李朴园（兼）教美学。

国立艺术院校歌

林文铮作词　　李树化作曲

莫道西湖好，
雷峰已倒；
莫道国粹高，
保俶倾凋；
看，
四百兆生灵快变虎豹！
不有新艺宫，
情感何以靠？
艺校健儿，
齐挥毫横扫！
艺校健儿，
齐挥锤痛敲！

要把亚东艺坛重造，
要把艺光遍地耀！

许多艺专老校友回忆起当年的学习、生活场景无不为之动情。例如著名歌唱家张权回忆说：“一九三六年暑假，我的老师陪我从苏州到杭州，考上了杭州艺专音乐系。我们音乐系就在西湖边上的哈同花园内，有几间大教室是原来花园里的古色古香的建筑，另有一排琴房，紧靠在湖边，透过地板就能见到湖水，环境十分幽静。我是考钢琴专业进去的，一个月后，学校让我转学声学主科。”

洪士晆回忆说：“音乐系的教室在白堤靠外西湖一侧，为罗苑中一长方形普通平房，用六角形及圆形拱门隔成三个方块，除中间为通道外，两侧均为琴房，约有七平方米。进了门，第一个方块的左侧为钢琴课室兼基本系科教室，第三个方块右后侧是一个突出湖面的湖中亭，为小提琴课室。上课时，亭内琴声悦耳，亭下游艇荡来，艇上游客对于我们能在这样优美的环境中学习音乐叹为仙境。”

洪毅然回忆说，罗苑校本部临湖有座小楼，楼下有个接待室是专为接待贵宾的。平日门窗禁闭，室内一直悬挂着林风眠先生的几幅早期代表作：大幅国画《生之欲》，大幅油画《摸索》和画幅较小的油画《海滨》。

1929 年春，杭州召开西湖博览会，盛况空前，各展览馆分布在孤山周围和北山街一带，学校部分教室也成为艺术展览馆陈列室。图案系刘既漂等教师带领艺专部分学生参加展览会设计、制图、布置、装饰各项工作，收获很大。图案教授雷圭元设计了“西湖博览会”会徽，流传至今，功不可没。

“西湖博览会”会徽

19 世纪 30 年代，浙江大学校长“行为派”的四大心理学家之一的郭任远先生来艺专讲演。他的讲题是《科学与艺术》，主要阐明艺术与科学之关系，强调艺术不应脱离科学，并须求助于科学。论证过程中，他举音乐为例曰：譬如弹钢琴，同一乐曲，不同演奏者的演奏效果每不尽同；不特如此，甚至不同演奏者弹奏同一音符，小往往有微妙差别，是何以故？……

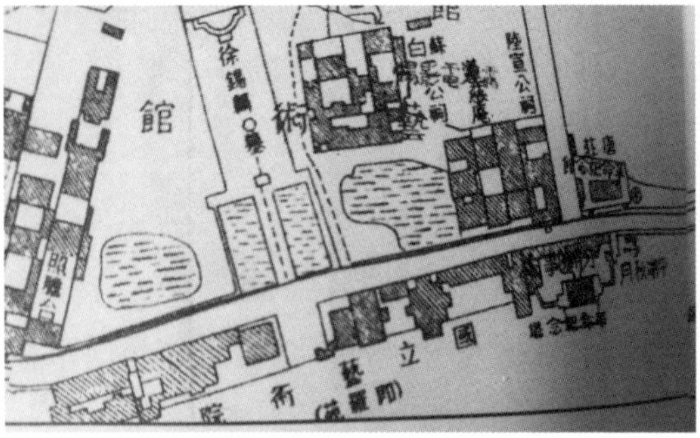

国立艺术院校舍分布图

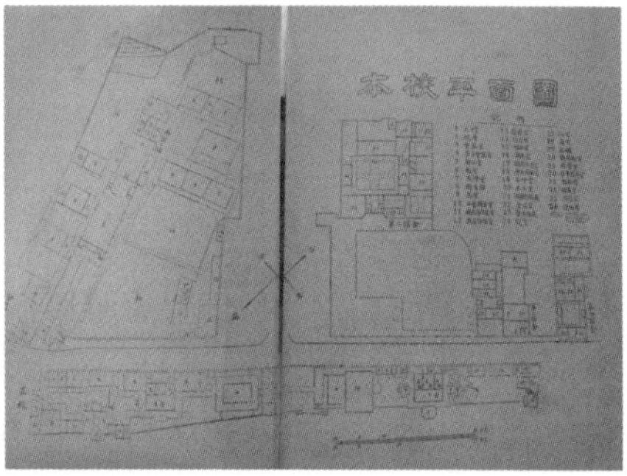

艺专校舍平面图（图中注明罗苑为正校，北部照胆台一带为分校）

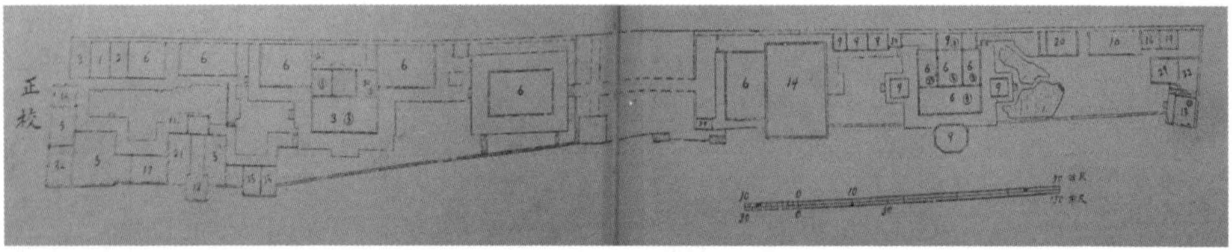

罗苑平面图

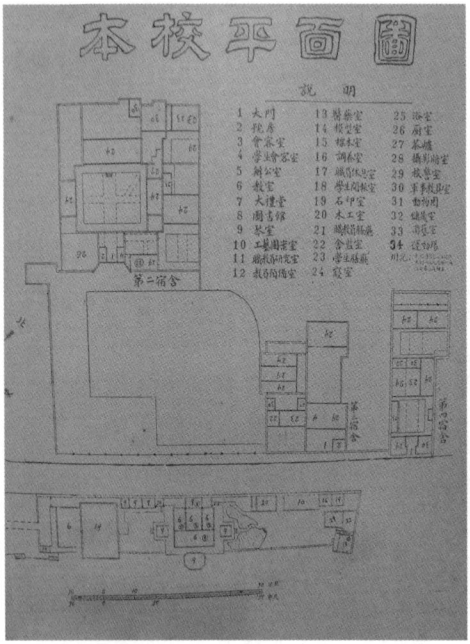

艺专校舍平面图局部（一）

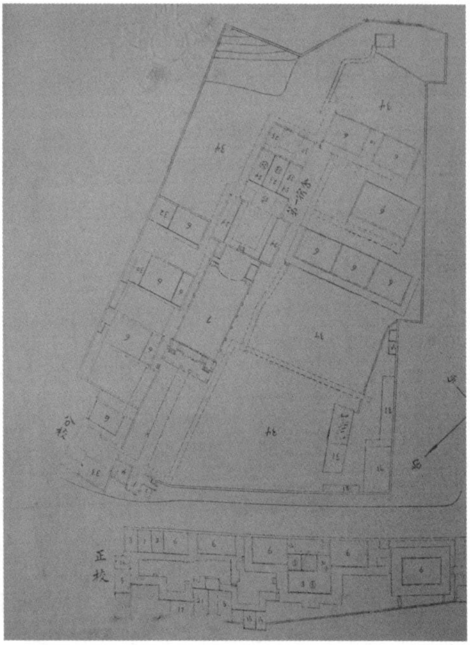

艺专校舍平面图局部（二）

国立艺专时期的罗苑

艺专师生在罗苑内合影

杭州国立艺术院校园内，前排左起第五人王绍维，前排左三李可染，前排右一蒋海澄（艾青），后排左一李朴园，左二吴大羽，左四林文铮，左五克罗多，左六林风眠，左十二蔡威廉（摄于1928年冬）

艺专师生罗苑合影（潘天寿等）

艺专师生罗苑合影

艺专学生游西湖（摄于 20 世纪 30 年代）

艺术运动社部分社员合影

在西湖罗苑优美的环境之中，在各类艺术精英的培养教育之下，杭州艺专的学生们在这样一座艺术摇篮中茁壮成长。

二、抗战西迁及回杭

1937 年 7 月，日本侵华战争全面爆发。11 月，上海沦陷，杭州危在旦夕。国立杭州艺术专科学校被迫撤离杭城，踏上漫长的西迁之路，美丽的校院陷入日寇之手。

为避战火，学校师生颠沛流离，一路向西，途经诸暨、江西贵溪、湖南长沙，最后到达湖南沅陵。1938 年，国立杭州艺术专科学校、北平艺术专科学校合并组建国立艺术专科学校，学校西迁云南昆明。1940 年学校迁至四川璧山，1942 年又迁至重庆沙坪坝磐溪。西迁途中，虽然教学条件极其困难，仍然克服重重困难，开展教学活动，直至抗战胜利。抗日烽火中有许多教授之杰作毁于炮火和劫掠之中，如林风眠的《人道》《人类的痛苦》等成名之作，离杭时都藏在罗苑。抗战中林风眠没有带走的所

正觉堂（纯嘏堂）

有油画，包括《摸索》《人道》《人类的痛苦》都被日本兵割得七零八落。

抗日战争胜利后，1946 年暑假艺专师生复员回杭，此时罗苑已被浙江大学收回，艺专全部集中到罗苑对面原校舍，又盖了一些新的教学大楼。

郑朝在《国立艺专往事》中写道 ：“张君川先生是我们的外语老师，既教英语又教法语，他是浙江大学教授，住在艺专对面的哈同花园，也是艺专的兼职教授，他曾热心为艺专剧社导演俄国戏剧《夜店》，深受欢迎。”

三、新中国时期的美院

1950 年 11 月，学校更名为中央美术学院华东分院，由华东文化部领导 ；

1957 年 6 月，中央美术学院华东分院开始迁址杭州南山路，从此离别美院的摇篮——孤山。

1958 年 6 月，学校更名为浙江美术学院 ；

1993 年 11 月，更名为中国美术学院。

2017 年 9 月，中国美术学院入选国家首批“双一流”世界一流学科建设高校名单。

2018 年，中国美术学院迎来了建院 90 周年，举行了一系列隆重纪念活动，孤山麓、罗苑旧址处处涌动着美院学子。

九十多年来，中国美术学院聚集和培养了二十世纪中国乃至国际有影响的众多杰出艺术人才，林风眠、潘天寿、黄宾虹、刘开渠、吴大羽、颜文樑、倪贻德、李苦禅、李可染、艾青、陈之佛、庞薰琹、雷圭元、萧传玖、关良、黄君璧、常书鸿、董希文、王式廓、王朝闻、李霖灿、邓白、吴冠中、赵无极、朱德群、罗工柳等一代代的艺术家们为我国美术事业作出了杰出贡献。

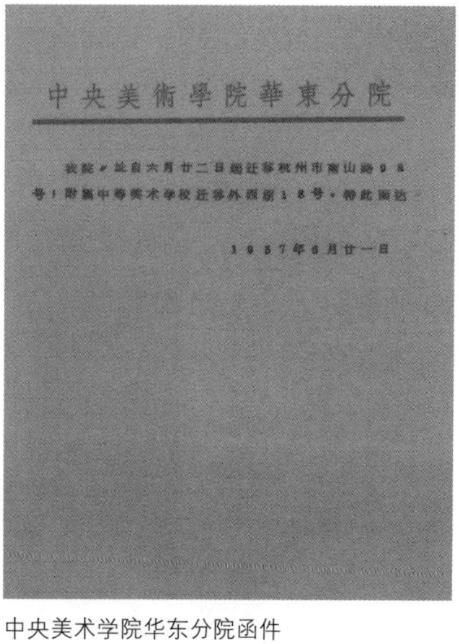
中央美術學院華東分院

我院，並自六月廿二日起迁移杭州市南山路95号；附属中等美术学校迁移外西湖18号。特此函达

1957年6月廿一日

中央美术学院华东分院函件

美院历任院长 ：

林风眠　1928—1938 年

滕　固　1938—1940 年

中国美术学院 90 周年校庆活动（罗苑旧址）（中国美术学院校庆照片引自《钱江晚报》、《都市快报》）

吕凤子　1940—1942 年
陈之佛　1942—1944 年
潘天寿　1944—1947 年
汪日章　1947—1949 年
刘开渠　1949—1959 年
潘天寿　1959—1967 年
莫　朴　1980—1983 年
肖　峰　1983—1996 年
潘公凯　1996—2001 年
许　江　2001—2020 年
高世名　2020—至今

（周黔生）

第四章　浙江大学时期的罗苑

一、浙江大学师范学院入驻罗苑

1937 年全面抗日爆发后，浙江大学离开杭州开始西迁。竺可桢考虑浙大西迁后，东南各省将有许多高中学生因战乱而不能升学，1939 年 1 月，他提出在浙东设立分校。1939 年 3 月 24 日，教育部电令浙江大学：兹为救济浙省失学青年起见，准该校在浙赣交界区域设立分校，专招各科一年级新生，并设置大学先修班，其他各级借读学生亦应由该校登记，另筹救济办法。5 月，浙大浙东分校正式成立，分校校址设在龙泉坊下。6 月设立分校，设文、理、工、农四个学院，时任浙江图书馆馆长的陈训慈为分校主任。1939 年 7 月进行招生考试，共录取新生 141 名。10 月 8 日举行开学典礼。1940 年春的第二学期，分校改称国立浙江大学龙泉分校。1941 年秋，增设二年级和师范学院。各院系学生除师范学院外，读完二年级后需到贵州遵义总校升级学习。

1945 年 6 月 6 日，教育部致龙泉分校，该分校本年 8 月起改为国立浙江大学师范学院，除原该国文、英语两系及国文、数学两专修科外，准增设数学、史地、理化、教育四系。6 月 14 日，接国民政府教育部令，浙大停办校本部（贵州遵义）师范学院 ,7 月中即结束校本部师范学院，并且以龙泉分校为浙大师范学院。

抗战胜利后，龙泉分校迁回杭州，11 月在杭州大学路校本部复课，其中师范学院在罗苑复课。根据《国立浙江大学龙泉分校史料》，当年师范学院教育科目如下：

一年级科目：国文、英文、中国文化史、三民主义、教育概论、普通化学、化学实验、普通生物学、生物学实验、经济学、伦理学、音乐、体育、看护学、军训。

二年级科目：

国文系：国文、英文、中国文学史、西洋文化史、历代文选、各体文习作、教育概论、中等教育、教育心理、哲学概论、经济学、音乐、体育、看护学、军训。

英文系：西洋文化史、英文语音学、英文散文选读及作文、英语会话演说及辩论、中等教育、哲学概论、经济学、音乐、体育、看护学、军训。

8 月 11 日，得知日本接受《波茨坦公告》消息后，竺可桢校长立即致电浙江大学龙泉分校主任路季讷，嘱咐龙泉分校即派人到杭州接受浙大校产（包括罗苑）。8 月 14 日，日本帝国主义宣布无条件投降，中国人民伟大的 14 年抗日战争宣告胜利结束。西迁黔北的浙江大学准备复员东归。

9 月 3 日，龙泉分校派出生物系教授董聿茂和职员陆子桐、杨其泳等抵杭州，办理产权交涉和整顿校舍的工作。当时，日寇虽已缴械，但尚未撤出浙大。劫后校园荒凉，野草没胫，校舍大部被破坏。9 月 6 日他们去接管罗苑，并且张贴浙大封条，次日仍旧日军占驻，未能收管成功。

10 月 18 日，竺可桢校长抵达杭州，亲自指导、参与浙大校产的接管工作，为浙大杭州校产之事奔忙。除大学路、华家池等处，对罗苑的接管也分外关心，十多次亲临现场，指导、研究房产接管事宜、房屋修缮及教学工作安排。竺可桢校长在日记中多次提及接管罗苑情况。

10 月 19 日，竺可桢“偕董聿茂乘车至湖滨，经白堤、断桥至平湖秋月之罗苑（即哈同花园）巡视一周。其中房子尚完好，日人办一佛教大学，并设一小学在内。10 月 22 日，沈鲁珍得知今日青年团欲将木器向外移动，赴罗苑制止”（摘自《竺可桢日记》）。为及早收回罗苑，竺可桢还与杭州市长周象贤、市警备司令面谈、交涉、周旋。

1945 年 10 月后，浙大师生分批启程回杭，逐步在杭州复课，师范学院在罗苑复课，其余在大学路校本部复课。艺专校长潘天寿及有关教师也与竺可桢校长协商继续租用罗苑校舍，但由于浙大本身校舍紧缺，大学路校园已破败不堪，未获同意。

11 月 11 日，竺可桢校长赴罗苑看望浙大师范学院学生，了解教室与宿舍情况，此时已到学生 80 人。此后任命王琎（季梁）为浙大师范学院院长、化学系代主任。

竺可桢在 1945 年 11 月 26 日的日记中写道：“哈同花园前租于艺专，现已收回，并租得艺专仓库数间……师范学院在哈同花园，文理工在大学路。”

对于罗苑，1945 年的《杭州西湖导游》有如下介绍：艺术学校，今为国立浙江大学师范学院，即旧罗苑，在平湖秋月右。为犹太人哈同妻罗迦陵别墅，故称罗苑，额曰“寰瀛一筑”，俗称哈同花园。后改为国立艺术专科学校，战后改师范学院。亭台楼榭，连绵水次，迤逦如带。

1946年6月14日，竺可桢校长至罗苑视察，陪同人员有王季梁夫妇及姚含英、孙增光、潘渊、陆永福、俞子夷等人。7月2日，竺可桢校长偕王季梁至罗苑，与师范学院学生及专修班学生毕业拍照。7月4日，竺可桢签发师范学院教员聘书。计教育学系14人，国文系6人，英文系5人，史地系6人，数学系8人，理化系9人，加普通科目8人，计56人。7月6日上午将师范学院聘书发出，计56份。当时罗苑的师范学院学生285人，其中男生226人，女生59人。师范学院教室课堂有15个。

9月18日，竺可桢校长会晤孟宪承，请其担任代理师范学院院长，并约王季梁代理理学院院长。10月15日上午，竺可桢校长至师范学院会晤孟宪承、俞子夷，请俞子夷担任师范学院专修科主任一职，并规划师范学院房屋之分配问题等。陆永福现已派定为驻师院之训导人员。罗苑内还设立了心理实验室、史地研究所。

根据1947年6月国立浙江大学教职员通讯录，当时浙大师范学院各系教师名单收录如下：

教育系：郑晓沧、孟宪承、李相勖、陈立、王倘、朱希亮、潘渊、俞子夷、王承绪、沈金相、孙祁、吴志尧、赵端瑛、陆永福、陈学恂、周淮水、曾明洲。

国文系：郑奠、夏承焘、徐震堮、胡伦清、陆维钊、任铭善、周憼。

英语系：佘坤珊、董伯豪、李树化、宋雪亭、陈楚淮。

史地系：李絜非、李思纯、黎子耀、张崟。

数学系：苏步青、毛信桂、孙增光、吴祖基、楼仁泰。

理化系：朱正元、周北屏、陈嗣虞、王承基、斯何晚、徐佩璜。

公共科目：舒鸿、沈思岩、胡士煊。

1945年底，浙大师范学院师生开始在罗苑从事教学活动。1947年，师范学院教学活动逐步从罗苑移至城内大学路本部校园，师范学院在罗苑办学前后有两年时间。

据张晓频回忆，他母亲李美兰当年是浙大师范学院英文系学生，于1945年底随龙泉分校迁回杭州，就在罗苑上课。1946年底发生美军士兵强奸北大女学生事件，全国爆发学生爱国民主运动。他母亲说，学校的女生们特别愤怒，她们从罗苑校舍赶到大学路校本部文理学院广场参加大会，参加元旦游行和罢课，抗议美军暴行。平时遇有重要活动或开大会，也会从罗苑校舍赶到大学路校本部去。1947 年 2 月，师范学院英文系并入本部文学院外文系，离开了罗苑。

二、浙江大学罗苑宿舍

1945 年浙大接受罗苑后，已有少数从浙大龙泉分校归杭的教职员工入住罗苑。1947 年下半年，师范学院从罗苑移至大学路校园。自此，罗苑全部成为浙大教职员工宿舍。为方便教师上班，每天有校车接送。

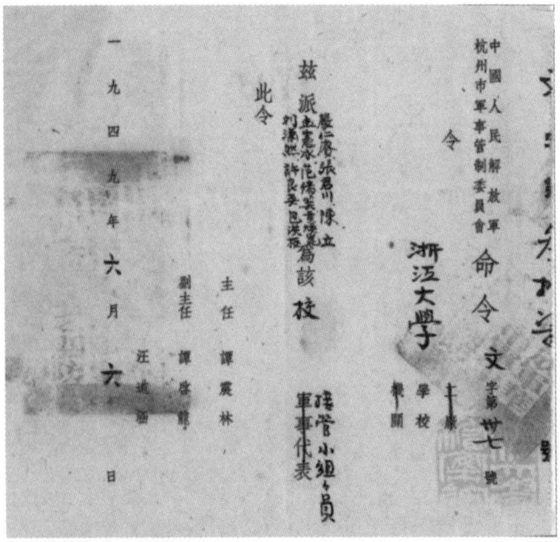
中國人民解放軍杭州市軍事管制委員會命令 [illegible]字第廿七號

令 浙江大學 學校 機關

茲派嚴仁賡、張君川、陳立、孟憲承、范緒箕、劉瀟然、許良英 [illegible] 為該校接管小組組員 軍事代表

此令

主任 譚震林

副主任 譚啟龍 汪道涵

一九四九年六月六日

杭州市军管会任命浙大接管小组命令文件

1946 年 7 月 18 日，学校行政谈话会上，决定下半年单身教职员宿舍与住家租金分三等：校长官舍与罗苑临湖屋租金甲等，每平方米 4000 元；次等者如西斋与教职员单身宿舍，租金每平方米 3000 元；如无地板之小屋，租金每平方米 2000 元。由此可见，浙大员工宿舍中，罗苑的临湖景观房租金为最高档，也证明罗苑住房条件在浙大员工心目中的地位。

1949 年 5 月 3 日，杭州解放。6 月 6 日，中国人民解放军杭州市军事管制委员会任命严仁赓等七人为浙江大学接管小组组员，其中四位（张君川、陈立、孟宪承、刘潇然教授）均居住在罗苑，可见当年罗苑内的教授在浙大有重要地位。1949 年 8 月，马寅初新任浙江大学校长。

当年居住在罗苑内的教职员工共有三十多家，多数是教授。历经抗日战争多年颠沛流离的生活，教师们总算迎来相对平静的教育与生活环境。

查浙江省档案馆资料，《国立浙江大学校外部分校产册》（1950 年 2 月 14 日）有关罗苑的部分资料如下：都 2，图 2，地号 394，面积 6640（平方米），地目宅，地址外西湖（16 号），用途教职员宿舍，备注：哈同花园。此《校产册》标注罗苑属政府划拨，图照税证齐全。

1952 年以前和 1952 年以后入住的教职员名单分别见如下表，由表可见，由于师范学院办在罗苑，所以初期（1952 年前）入住的教师以教育系、中文系、外文系为主，包括多位名师：孟宪承、陈立、郑晓沧、俞子夷、夏承焘、陆维钊、张君川、姜辛曼、董聿茂等。1952 年后，浙大文学院、理学院调整至浙江师范学院（之江山上），这些教师也随之迁往之江山上校园宿舍，而浙大工学院多名教师入住罗苑，其中不少是年轻教师。

1945—1952 年罗苑住户名单			
户主姓名	单　位	迁入时间	迁出时间
孟宪承	教育系	1947.6 前	1951
陈　立	教育系	1947.6 前	1952
郑晓沧	教育系	1947.6 前	1952
俞子夷	教育系	1947.6 前	1952
陆永福	教育系	1947.6 前	
吴志尧	教育系	1947.6 前	
陈学恂	教育系	1947.6 前	1952
周淮水	教育系	1947.6 后	1952
吕　静	教育系	1947.6 后	1952
汤马伟	教育系	1947.6 后	1951
陆维钊	中文系	1945.9	1952
徐震堮	中文系	1945.9	
夏承焘	中文系	1947.6 前	1952
胡伦清	中文系	1947.6 前	1952
周　毂	中文系	1947.6 前	
任铭善	中文系	1947.6 前	1952

（续表）

张君川	外文系	1947.6 前	1952
李　祁	外文系	1947.6 前	
郑儒箴	外文系	1947.6 前	
董聿茂	生物系	1945 秋	
胡玉堂	史地系	1947.6 前	1949
孙增光	数学系	1947.6 前	
孙志绥	数学系	1947.6 前	
曾继铎	电机系	1947.6 后	1953
钱家欢	土木系	1947.6 后	1952
童竞昱	土木系	1947.6 后	
吴西箴	土木系	1947.6 后	
任葆珊	土木系	1947.6 后	
岳颉毅	机械系	1947.6 前	
陈　熹	机械系	1947.6 后	
刘肃然	农学院	1947.6 前	
游修龄	农学院	1947.6 后	1952
孙筱祥	农学院	1947.6 后	1952
黄昌澍	农学院	1947.6 后	1952
姜辛曼	医学院	1947.6 后	1958
龚建章	医学院	1947.6 后	1952
沈思岩	音乐教师	1947.6 后	1952
陈令仪	法学院	1947.6 前	
章启瑜	总务处	1947.6 前	
老　陆	传达员		

备注：少数住户信息不明。

（制表：周黔生）

1952—1959 年入住罗苑住户名单			
户主姓名	单　位	迁入时间	迁出时间
黄钟基	土木系	1951	1958
张勇昇	土木系	1952	1957
刘三喜	土木系	1952	1957
杜铭愚	土木系	1952	1957
何鸣岐	土木系	1952	1957
蒋鉴明	土木系	1952	1958
萧善驹	土木系	1952	1958
胡鸿海	土木系	1952	1959
杜高杰	土木系	1956	1959
全永昕	机械系	1951	1957
王之煦	机械系	1952	1957
徐道观	机械系	1952	1957
洪逮吉	机械系	1952	1958
朱世英	机械系	1952	1957
王毓东	电机系	1952	1957
林新民	电机系	1955	1957
刘湘兰	化学系	1954	1958
施有光	农学院	1952	1958
麻　健	农学院	1952	1958
杨忠裕	校医务室	1952	1958
杨游之	电机系		
史在东	化工系		
陈履高	医学院		
徐学铮	医学院		

（续表）

李洁华	医学院		
于之行	机械系		
蒋建初	土木系		
俞润生	农学院		
杨先生	农学院		
郭爱琴	印刷厂	1956	
王玲妹	商　店		
王若民	办公室	1956	
季学贤	省图书馆	1954	1958
江爱华	省图书馆	1954	1958
刘子亚	省图书馆	1954	1958
李德润	省图书馆	1954	1958
徐敏惠	省图书馆	1954	1958
蒋致远	省图书馆	1954	1958
毛春翔	省图书馆	1954	1958
钱阿富	厨房师傅		

备注：少数住户信息不明。

（制表：徐正荣）

由于，浙大与浙江图书馆有较深的历史渊源，抗战时期，浙大协助文澜阁《四库全书》西迁至贵州，功不可没；浙江图书馆馆长陈训慈曾担任浙大浙东分校主任。罗苑与图书馆古籍部又近在咫尺。1954 年，经浙江图书馆与浙大协商后，浙江图书馆有 7 位职工入住罗苑。

1958 年，平湖秋月扩建，罗苑内居民开始搬迁，罗苑开始拆除、改造，高大围墙及原有旧建筑物几乎拆光。据 1959 年 4 月 26 日《杭州日报》报道：“目前正在进行的有平湖秋月的扩建工作，原罗苑破旧建筑已经拆除，正在整理花木、假山。与平湖秋月连成一片。”罗苑仅剩一幢湖天一碧完整楼房；八角楼经改造保留了底层，且与西面正觉堂整体平移至其北侧整合成“梅鹤轩”；靠近平湖秋月的月波亭只留下了一块原来房子的基础。罗苑范围一概归入平湖秋月景区。

自此，存世近四十年的临湖别墅罗苑从杭州市民视野中消失，只留下脑海中的记忆。至今又过去了六十余年，只有极少数杭城居民还知道这里曾经有一座豪华的沿湖别墅，也只有少数在罗苑工作、就学、居住过中国美院和浙江大学师生或他们的后代会回忆起昔日美好时光。

（周黔生）

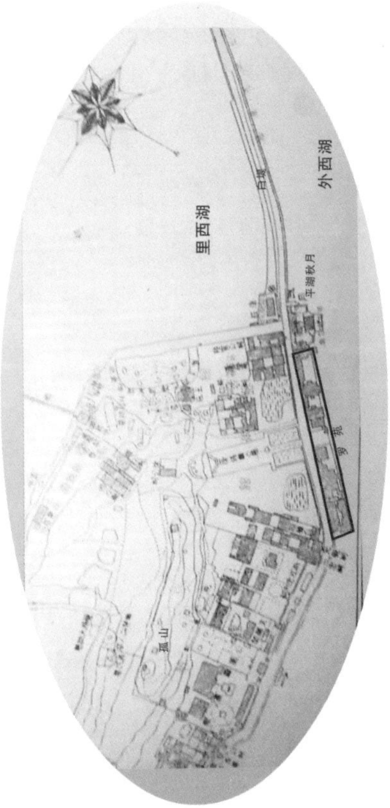

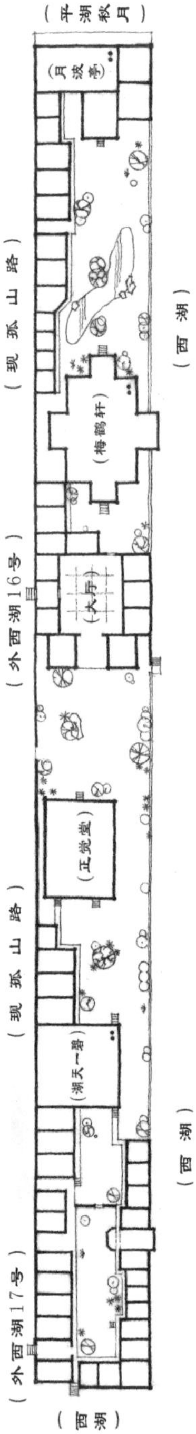

罗苑平面示意图

绘制：刘雅华

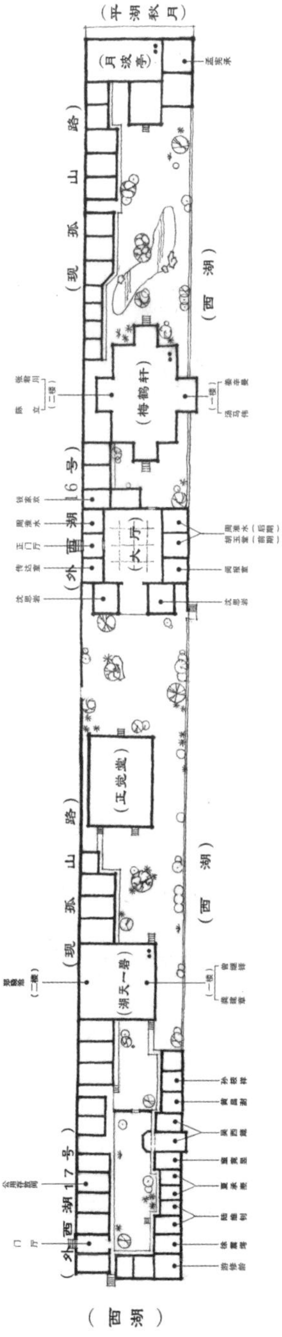

罗苑住户分布示意图

(1945-1952年)

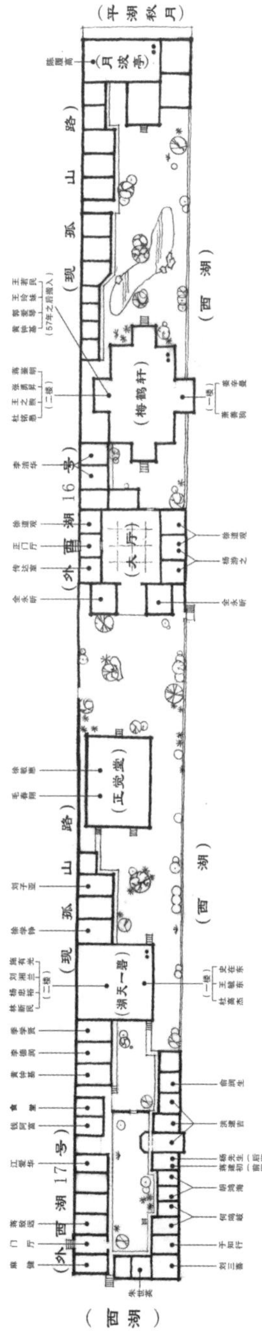

罗苑住户分布示意图

(1952-1958年)

绘制：刘雅华

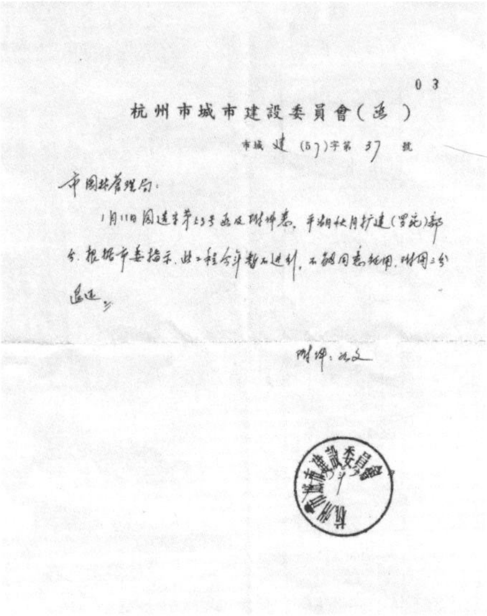

0 3

杭州市城市建設委員會（函）

市城建（57）字第37號

市园林管理局：

1月11日园建字第23号函及附件悉。平湖秋月扩建（罗苑）部分，根据市委指示，此工程今年暂不进行，不能同意施用，附图三份退还。

附件：如文

杭州市城市建设委员会函（1957年）

罗苑东头与平湖秋月相邻

罗苑中西部

罗苑西部与戚继光纪念塔相望

从平湖秋月处望罗苑

罗苑西侧

结冰后的西湖（远处背景是罗苑）

罗苑西南部

罗苑全景

第五章　罗苑轶事

竺可桢与罗苑

竺可桢是浙大的老校长，是中国现代气象学和地理学的奠基人。他从1936年担任校长起至1949年离任，历时13年。在这期间，由于1937年“七七”卢沟桥事变，日本开始了全面侵华的战争。“八一三”淞沪战役后，由于日寇步步紧逼杭州。9月，竺可桢率校西迁。在这漫长而艰苦的9年中，竺可桢倡立“求是”校训，锐意发展浙江大学，开展科学研究，提高学术与教学水平，扩充院系，设分校，培植良好之学风，使浙江大学声誉大增。在学校西迁的过程中，他的次子竺衡和夫人张侠魂相继病逝，竺可桢在这突来的打击下，以极大坚毅忍住精神创痛，顺利完成了迁校任务。抗战胜利后，浙大于1946年夏返杭。

罗苑，也称“哈同花园”，作为浙江大学的师范学院及教工宿舍之地，自从学校西迁回到杭州后，竺可桢与罗苑也发生了许多故事。

1945年8月11日，学校还在遵义时，竺可桢嘱派总务处主任陆子桐接收校产，其中包括城外的哈同花园。9月6日，陆子桐等一行抵达杭州时，大学路尚驻有日军，哈同花园还驻有伪护航支队和佛教会主办的小学，但后即接收。

10月中旬，竺可桢返回杭州后，校务工作非常繁忙，当务之急需要落实教学以及师生住宿用房问题。19日查勘华家池校址后，遂乘车至湖滨，经白堤、断桥至平湖秋月的罗苑。竺可桢在他的《日记》中写道：“房子尚完好，日人办一佛教大学，并设一小学在内。巡视一周后，偕董聿茂至楼外楼吃醋鱼膳。”文中提及的董聿茂（1897—1990），是浙大理学院生物系系主任，中国甲壳动物研究的奠基人之一。时隔三日于21日，在白堤的太和楼（注：此楼原与楼外楼临近，后拆除，约董聿茂来谈校舍之事。膳后又至罗苑与徐声越、钱秀之谈。

第二天22日，竺可桢在《日记》中写道：“沈鲁珍来，知今日青年团欲将木器向外移动，渠赴罗苑制止。对面之艺专（注：杭州国立艺术专科学校）新屋，自日本人退出后即为第三区司令部接收，大部木器将散，而徐锡麟（注：指罗苑对面的徐锡麟陵墓）左边之屋则有八个兵看守，作为第三方面军之仓库，但玻璃、电线均已拆去云。”

“25 日，至英士路 54 号晤毅成，为艺专校舍事。据云，谓艺专本部即罗苑对门之屋，原住日本俘虏将移出，内仅有俘虏卅人，中国兵八人看守。可与驻商品陈列所（即白木商店）第三路司令部第一接管处傅处长接洽。余去至第一接管处，傅不在，见一方科长。据云关于房屋，现已有杭州敌伪所占屋宇分配委员会主持，可晤周市长与竺警备司令（注：时省保安处处长兼杭州市警备司令部司令竺鸣涛）。先至市政府，与象贤（注：时杭州市市长周象贤）谈。渠对罗苑之小学不肯让出，谓大学不能令小学停办。余则谓若得对面艺专新屋，暂时小学可以不搬。”

“艺专教员李树化来，余以上午警备司令部副官处处长吴驰湘已有一条给留驻里湖之樊大队长，嘱其将罗苑新屋让与浙大，约李于下午三点在罗苑相等。派杨其泳往，偕见大队长并至艺专视察。后得杨其泳报告，谓该屋已由该队驻兵暂时为浙大保管，但须即派人前往。”

杭州抗战胜利后，竺可桢校长为“罗苑”一处校产亲力亲为，奔波劳累。从竺可桢当时的《日记》中，可见恢复浙大教学工作的艰巨性。

竺可桢疏通协调各方关系，通过努力，“10 月 26 日午前八点半偕鲁珍、馥初、其泳等至罗苑。事先鲁珍已与警备司令部樊大队长接洽，令看守兵士将艺专之屋交与浙大，故余等人内，看守兵士极为客气。日本俘虏尚有二三十人，正在将物件搬出，云下午可以搬完。28 日九点乘车至哈同花园，知对面艺专之屋已于今日由董聿茂接收，但屋而外仅余极少之木器而已。膳后至哈同花园略憩。29 日八点，姜丹书来，系来接收艺专校产者，并带有潘天寿（注：时任杭州国立艺术专科学校校长）书。始知艺专租哈同花园为五十年期，当函劲夫（注：王国松，字劲夫，时电机系系主任、工学院院长，中国电机工程学会发起人之一）查之。余告以接收哈同花园及对面照胆台（注：照胆台现已不复存在）之经过，至于苏白二公祠（注：位于哈同花园对面，应称白苏二公祠）则由民政厅接收”。（据此证，除罗苑之外照胆台也属于浙大房产，后均一并租给艺专。）

竺可桢校长有两个非常经典的教育问题：“诸位在校，有两个问题应该自己问问，第一，到浙大来做什么？第二，将来毕业后做什么样的人？”竺校长对学生严格的要求，影响着一代又一代的学子。

1936 年以来，每年浙大新生入学的时候学校会把这两个问题印在大学录取通知上，每年毕业生离校的时候学校又会把这两个问题印在毕业纪念册上。1946 年 7 月 2 日，竺可桢在他的这一天日记中，重现了这样的场景："九点半偕季梁（注：王琎字季梁，时浙大师范学院院长，中国化学史与分析化学研究的开拓者）至罗苑，师范学院学生及专修班学生毕业拍照……拍毕，在教室与学生谈话半小时，述浙大历史及毕业生人数与目前人心陷落之情形，又为毕业生十余人题纪念册。"

竺可桢在学校治理中，实施政务公开，而克己奉公，处处以身作则。在 7 月 18 日下午 3 点召开的校行政谈话会上，"决定下年校中住单身教职员与住家分三等：租金甲等校长官舍与罗苑临湖屋，每方 4000 元。次等者如西斋与教职员单身宿舍，每方 3000 元。如无地板之小屋，每方 2000 元。自八月起收费。新建之屋另议"。竺校长在最后强调："照此办法，余住之房间须收每月 12000 元。"

抗战胜利后，随着社会稳定，学校生源增加，教室与宿舍用房趋于紧张，竺校长又想方设法忙着四处解决房子问题。

"7 月 20 日四点半，偕达卿、季梁赴哈同花园，将各屋视察一周。厨房已坍倒，据所见木料则非白蚁，而系朽腐所致。师范学院尚缺学生 160 人之宿舍，季梁欲在哈同花园院内筑一楼房，实则殊不雅观，因狭窄而仅能容至多 120 人，故不如向外发展。"

"7 月 28 日三点，即偕季梁至岳坟前市政府小学地址看地。此处有地一亩八分，可以建筑师范学院之学生宿舍，但沿湖长不达一百码。回至圣塘路晤竺鸣涛，嘱令宪兵搬走。"

由于，罗苑建造时间久远，再加上学校经费捉襟见肘，房屋都需要大修，小补小修已不行了。1947 年 7 月 18 日那天晚饭后，竺可桢校长"偕允敏、松松乘车至罗苑晤沈思岩夫妇，知已迁入住罗苑内大教室。上则王驾吾与吴均一，均贴有条（注：可能是危房封条吧）。至楼上郑家，知晓沧尚未回。与俞子夷夫妇及郑太太谈片刻。据云，罗苑仅住卅余家，下年教室取消，学生搬出后尚可住数家。现沈思岩已搬入，高尚荫亦将住入。尚有心理实验室与现住学生之处可住两家。吴均一与王驾吾所欲住之屋，均不适宜住家，不如留作招待室也……

罗苑失修已久，应改进之处甚多，但如修理将大费钱也”。

1948 年 6 月 7 日，这天浙大发生一起青年军学生（注：系国防预备生）被打的流血事件。事情的起因是，“学生壁报张贴骂青年军之文字”，对方“迫令自治会（注：学校学生自理组织）交出作者姓名……并同时通知青年军杭州负责人许福绵……此间青年中学与艺专（注：在罗苑对面）之青年军同学闻讯均不满意于此等谩骂，如不严办，将于浙大以不利”。此言一出，立即引发学生的极大不满。竺可桢及时出面“解慰之，谓刘忠潮（注：壁报张贴的学生）自承过失，并愿道歉”。但对方不屈不挠，非要把刘带走问话，后刘又被带到训导处询问。在这过程中，“土木工程系学会干事会突发一油印传单，谓刘忠潮受疲劳询问，已入昏迷状态，连饭也没吃。这全非事实……但传单发出不久，即闻喊打声。即有杨振宇来，余遂偕至西斋 102 室，见青年军学生罗振南（电机二）被人以砖打，右眼角出血甚多，户外人人汹汹”。之后，各方互不相让，事态愈演愈烈。6 月 12 日这天下午，竺可桢在《日记》中说：“振公又主张即时用强硬办法，余坚持不可。学生在外虽有秩序，但继续提出问题，直至中膳。膳后余即至刀茅巷，继至罗苑召集校务会议。”这是竺可桢校长离杭去南京之前，在罗苑由他亲自主持的校务会议，将历时五天的学生流血事件最后形成处理的决议。当竺可桢 13 天后出差回杭时，“校中安静如常”，竺可桢在《日记》中这样描述。发生在浙大校园里的流血风波终于得以平息。

在有关罗苑的日记中，足以反映出竺可桢校长与教师们融合互动中，以人为本的治校理念；呈现出竺可桢校长风格严谨的另一面，他也是一位热爱大自然、享受生活的高雅情趣之人。

“1946 年 6 月 14 日下午五点驱车至哈同花园，偕季梁夫妇及姚含英、孙增光、潘渊、陆永福、俞子夷诸人，绕罗苑及照胆台一周。由孙增光雇舟至湖心亭、三潭印月及汪庄，船夫每小时需二千元，外加酒资一千元。余谓其所入高于教授。八点至第一码头上岸，在迎紫路合作餐厅晚膳。”

“1947 年 8 月 4 日晚上八点半至罗苑看灯，今日因观音生日之前夕，故赴天堂烧香者不绝于途。八九点湖滨路人满为患，但至十点下雨大为扫兴，人较少。西湖中有放灯者，但一二盏而已，游艇亦不甚多。至十点余，赴平湖秋月一转，回校。”

“中膳后一点偕允敏、松松赴建德村 B202 晤允仪，约沈君玉女士及其女公子传青、幼子传烈乘车出外游南山。先至虎跑泉、定慧寺，在泉旁拍一照，遂至济公塔院，见新塔院已造就，金碧辉煌，闻建筑费在二三亿元，尚系去年夏秋时之工价也。出塔院后乘车赴云栖，值阵雨，在云栖寺内茶点，由知客性善招待，并取出明万历年莲池大师书手卷及董香光手书来看，后有题跋甚多。莲池大师为云栖寺之开山祖师，寺外有董其昌题莲池大师塔院碑，再上则有莲池大师之墓，内有莲池大师肉身，但不知是否可靠也。墓上筑有屋一楹颇庄严，阶下有明崇祯四年立碑。附近杉竹成林，有一老桧为雷所劈，寺僧谓系藏有妖精云。四点半出，雨已止，驱车至六和塔，余偕松松、传青姊妹登塔一望。五点余至湖滨，见夕阳方将西下，在山峰中渐下映入湖中极为美丽。”

1948 年 6 月，胡玉堂与章曼丽喜结良缘，竺校长专程赴罗苑为二位主婚，并在湖天一碧楼举行了婚礼。竺可桢校长在战后回杭，真是百废待兴，学校许多工作等待他去处理，各种问题等待他去解决，作为一校之长的他却在百忙之中抽出十分宝贵的时间，为一位留校不久的年轻讲师，且前去参加他的婚礼。这就是竺可桢校长的治校之方，这就是他所倡导的求是精神的更好体现吧。

（洪希平）

罗苑长者——郑晓沧

郑晓沧先生于1947年回到杭州后，入住外西湖罗苑浙大教师宿舍。郑先生曾经出任学校的代理校长，因此他是居住罗苑之中的最高职位者，也是一位德高望重的教育宗师。

浙大迁回杭州后，学校工作百废待兴。在《竺可桢日记》1947至1949年的日记记载中，我们清晰地查阅到，竺可桢校长与郑晓沧先生除了学校日常工作以外，在罗苑与郑先生的多次接触，又是商议学校工作，又是召开校务会议，决策处理学校的各项事务。这期间对恢复学校全面工作起到了很大的促进作用。从日记中，我们可以了解到郑晓沧先生既是竺可桢校长管理学校工作中的得力助手，又是竺可桢校长的私人好友。这可能与两人共同的留学背景和共同的治学理念有关吧。

郑晓沧先生出生于书香门第，自幼爱国，痛感国弱民贫、饱受列强欺凌。大学期间，他酷爱中国语文，英文学习亦执班中牛耳。1912年考入清华学校，学习文科，有“能文”之名。后受“教育救国论”的影响，深感“教育”为救国之本。1914年毕业后，即赴美留学，先后入威斯康辛大学与哥伦比亚大学师范学院，专攻教育，师从杜威，获哥伦比亚大学教育学硕士学位。

1918年，郑晓沧先生学成归国后，任教于南京高等师范学校，主讲教育概论、教育原理、中学教育诸课，颇受学生欢迎。期间，先生相继编译《密勒氏人生教育》《杜威教育哲学》《设计和组织小学课程论》《教育之科学研究》等著作，并积极参加从事教育改造的中华教育改进社、中国社会教育社、中华儿童教育社等学术团体的活动，在《新教育》《教育汇刊》《教育杂志》《中华教育界》等期刊著文，阐发教育改革观点。先生将教育视为人民最重要、最可宝贵之根本权利，与社会之安宁与进步以及国家之兴衰联系紧密，认为“教育为一切乐利之源，并为人权之根本保障”，“一地方他日之荣枯，在其对教育事业能否为真切不倦之措施”。教育之本义，不只是传授知识，同时应养成道德。

建设中国式教育，弘扬民族文化。一国之教育应视国情而定，反对“日制”“美制”之相互标榜、入主出奴，宜旷观他国教育，以资借鉴而知比较，汇合众长以备本国之采择，应本国之需要，使其成为中国式之教育。

1929 年 8 月，郑晓沧先生至浙江大学任教，创办该校教育系，任系主任。聘请孟宪承、俞子夷、黄翼、庄泽宣、沈有乾等名师，注重基础，强调实践，积极投入民众教育运动。抗日战争伊始，日寇登陆金山卫，浙大西迁。1940 年，郑先生任浙大龙泉分校主任，斯时遍地狼烟，校舍简陋，生活维艰。郑先生发扬我国古代书院的优良传统，强调学生自学，师生关怀问辩，亲密无间，教学相长，实践其教学思想，要求学生能成为具有“君子”之风的绩学之“士”。他身体力行，学不厌，教不倦，既是一位博古通今之大学者，又是一位育天下英才为己任之大教育家，是兼备绩学之“士”与“君子”之风的典范。

1943 年竺可桢校长（左一）与郑晓沧先生（左三）在贵州

郑晓沧先生热爱祖国，关爱青年，感人事例殊多。1925 年，陈修良参加五卅运动，领导学生罢课而被学校开除。陈是宁波师范四年级即将毕业的学生，时任杭州女中校长的郑晓沧先生闻讯立即予以接纳，致使陈尔后事业有成，为国家贡献至巨。浙大龙泉分校学生罗斯文，肾疾严重，全身浮肿，腹水入胸，呼吸困难，生命危在旦夕。郑先生遍访分校教师，终于找到两位嬷嬷，用其仅剩的两支从德国带来的“利尿剂”，治愈罗学生的浮肿。此后，日机滥炸龙泉，罗的居室一片瓦砾，先生立派学生四处寻找未得，岂知事前罗已被同乡送往龙泉山中，得以躲过一劫。先生闻讯，极为欣慰。关心罗病期缺课，立即通知授课教师为罗出题补考，允其随班升级……

与夫人王秀蕙在罗苑

郑晓沧先生学贯中西，博古通今，治学严谨。在教育学领域，贡献至巨；对中国古典文学与西洋文学，亦有较深造诣，写过大量诗词；在教育史、浙江地方教育史、中外古代教育史方面，贡献尤为突出。先后主讲过教育概论、教育原理、中等教育、教育社会学、普通教学法、英美教育书报阅读、外国教育史等课程，著有《教育概论》、《教育原理》、《英美教育书报指南》、《修学指导》、《初级中学之职能》、《予之教育信条》（译著）、（儿童与教材》（译著）、《人生教育》（译著）、《设计组织小学课程论》（译著）、《教育之科学的研究》（译著）、《修学效能增进法》（译著）、《东方白》（译著）、《小妇人》（译著）、《好妻子》（译著）、《小男儿》（译著）、《新时代的黎明》、《英国文学史纲要》、《中国插图教科书溯源》、《中国具有教育意义书籍附用绘图之历史的研究》、《浙江两级师范和第一师范史志要》、《林启在浙江教育史上的地位》、《颜元的教育思想》、《大作曲家列传》、《流离集》（诗集）等。

与丰子恺在西湖（摄于 1948 年）

1938 年郑晓沧先生一家在江西宜山

郑晓沧先生曾任第二届全国政协特邀代表，第三、四、五届全国政协委员，浙江省政协常委。浙江省教育学会会长、中国民主促进会浙江省第一届委员会委员等职。

1979 年 3 月 12 日，郑晓沧先生病逝于杭州，享年八十七岁。郑晓沧先生耕耘于教育杏坛六十载，成为一代教育宗师。其道德、文章、事功必将与世长存，令后人受益。

（洪希平）

国立浙江大学罗苑宿舍轶事

一、杭州解放前夕的流弹事件

阅读《竺可桢全集》第11卷（收集1948—1949年间的竺可桢日记），在第428页上读到1949年4月27日的日记中有如下内容：

4月27日　星期三

……下午又至保安司令部晤副司令赵蔼辉，谢其昨日觅得为首都警察所拘留之汽车，并告以昨日西湖旁罗苑宿舍教育系助教周淮水之侄被流弹枪伤臂上事，最后询其上海大捕学生事不致再现于杭州否？渠对于最后一点极沉默，是否因须待上峰命令不敢擅说，不得而知。

竺可桢先生在日记中提到的周淮水便是我父亲，当年我父亲住在“平湖秋月”西侧的浙大罗苑宿舍内称作“八角亭”的楼上（参见历史照片八角亭旧貌），与陈立先生为邻，这间突出于湖岸边的八角形亭榭有多扇窗户（百叶窗）朝向西湖。

文中提到的侄儿（表侄）姓徐，1948年高中毕业后到杭州补习，寄居在我父亲住处，准备投考浙大。击伤他的流弹估计来自湖中，究竟何因？如今世人已不知真相，可见当时兵荒马乱，气氛紧张。时隔两天，竺可桢先生避走上海，以拒绝去台湾。一个星期后即5月3日，杭州宣告解放。

八角亭旧貌（摄于1931年）

1946至1949年间，竺可桢先生因工作关系多次到罗苑，有视察校园（浙大师范学院），有召开校务会议，有查看房屋状况，有会晤住在此处的教师。1948年2月12日（农历正月初三）上午到罗苑给郑晓沧、孟宪承、俞子夷、陈立、沈思岩、周鼐、陈熹老师拜年。1947年12月18日宴请李四光（仲揆）夫妇，也有观西湖花灯和赏梅。1951年11月26日竺可桢先生重返浙江大学演讲，再次到罗苑访故友。

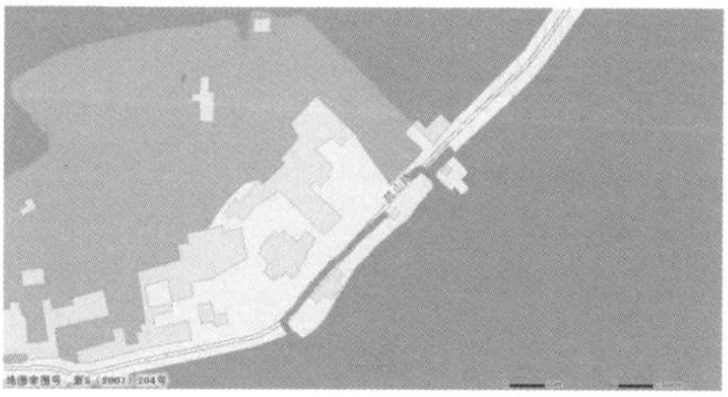

罗苑旧址范围

二、罗苑旧踪

罗苑是一座狭长型的湖畔别墅，东西长100多米，南北宽20多米，占地约五六亩，建筑面积3500多平方米，南濒西湖，北邻孤山，两层楼高的围墙使其与外界相隔，园内楼台、水榭交相辉映，假山、水池错落有致。

八角亭（梅鹤轩）新貌

罗苑原为犹太富商哈同在1918年建造，1927年国人收回，划拨浙大使用。1928年蔡元培、林风眠面会浙大校长蒋梦麟，商借浙大校产罗苑作为国立艺术院校舍之用。

抗战胜利后，浙大复员杭州，重新收回罗苑。1945年10月，浙江大学龙泉分校师生启程回杭，11月在杭州校本部复课，其中师范学院在罗苑。后来师范学院移至校本部，罗苑逐全部成为教职员工宿舍。地图上画线范围内为罗苑遗址。回顾半个世纪以前，罗苑曾经是中国美院的校园，也曾是浙大师范学院的校园和浙大教师宿舍，可谓文化底蕴深厚。

湖天一碧旧貌与新颜

罗苑于1958年后改造成风景区公共绿地，与平湖秋月连成一片，大部分建筑被拆除、改造。原来的八角亭及相连的房屋由两层改成一层，现在成了“梅鹤轩”茶室，临水宜人，湖畔樟树也长大了许多。

八角亭室内地砖陈旧且带有古典风格，很有可能是遗留下来的，记忆中罗苑有好几处建筑底层铺设彩色花纹地砖，罗苑保存较完整的建筑仅有一处楼房——“湖天一碧”，风韵依旧。

三、罗苑当年的用水、用电和交通

罗苑当年有传达室，门厅挂着“国立浙江大学罗苑宿舍”的木牌，居住着30多户教职员工。虽为花园别墅，环境优雅，然而也有不足之处，例如没有自来水设施，要知道罗苑建筑年代是1918年，而杭州自来水厂1929年才开始筹备建造。用水靠各户自行从西湖取水，好在湖岸边有好几个石级埠头可以提水。而房屋突出于湖岸的几户人家，可直接用水桶从窗外吊水，方便至极，我家就如此（此时我家已搬到临湖的水榭），因为水源近在尺咫，所以水缸也不用备，真是应了那句话——“取之不尽，用之不竭”。罗苑内人家都喜欢在湖埠头淘米、洗菜，引得鱼儿纷纷来争食。

那时，罗苑对面的“国立艺专”用水也是到罗苑内湖埠头来挑的，大概罗苑湖岸水质清洁一点吧。有好几个壮汉每天清晨从罗苑边门（铁栅栏）进出，来回挑水，他们个个结实，天热时赤膊上阵，露出强壮的肩膀和发达的肌肉，健步如飞，为儒雅、柔情的罗苑带来一股阳刚之气。

罗苑用水得益于西湖，不用掏钱，但用电可就费了。罗苑内的用电是按每家的灯头数目平均摊派的。1948年初，罗苑电费超出两倍，总务人员希望多出之度数学校付款，然而竺校长态度很明朗：“余不赞同，主张住罗苑者平均每人分摊。”后来许多住家自买电表安装，以减轻电费负担。那时的电线大多采用柔软的花线，电线上方挂着一个白色的“小葫芦”（动滑轮），以便上下调节电灯高度。

罗苑内还设有食堂，方便员工就餐。我父亲单身时就在食堂内就餐，老家带来的一只火腿就挂在食堂内，要吃时就由厨房师傅割下一块烹调，很是方便。

那时每天上午和下午都有校车接送罗苑宿舍的老师们去刀茅巷校区上下班。校车经白堤开至罗苑，车头上赫然四个大字“浙江大学”。那个年代，杭州城里有班车接送的单位凤毛麟角。因为，在西泠桥附近的“陶社”也住有几位老师（王驾吾等），司机会把校车一直沿孤山路开过西泠桥直至岳庙附近去调头。所以，我们一群在“里西湖小学”读书的罗苑里的孩子们，中饭后常常会搭乘到岳庙调头的校车，兴高采烈去上学。记得在杭州市里西湖小学读书时，就看到过算术书上有“俞子夷”的名字，而且知道编写这本书的老先生就住在浙江大学罗苑宿舍里。我经常看到他，身着布长衫，脚着土布鞋，蓄着长须，面容慈善可亲，俞老先生每天坐黄包车上下班。现在网络图书馆上果然能查到当年的《算术课本》（第七册），上面赫然写着“俞子夷”的大名，再仔细看，总印数超过一百万册。1949 至 1952 年间，俞子夷先生编有一系列算术课本，如小学算术课本第一、二、五、六、七、八册等，由此可见使用之广泛，影响之大。可以说，俞子夷先生是我们那一代少年儿童的启蒙老师。

里西湖小学坐落在苏堤北端东侧（现杭州饭店前面“风雨亭”旁），原为秋社房产（后人纪念秋瑾烈士而筑），校门正对西湖，当年小学校长施毓英是浙大教育系 1949 年毕业生，专注国民教育实验。

罗苑里的人们如要进城，也可以从中山公园或平湖秋月坐交通船（游船）到湖滨，价格不贵，坐满六人就开。只听船工不停叫喊：“旗下开来！旗下开来！”招揽乘客。“旗下”指湖滨六公园一带，此处原为清兵营地，现在市民中知道“旗下”的人恐怕不多了。有一天，里西湖小学老师坐船去湖滨，当交通船行经罗苑前的湖面上时，我与姐姐正好看见老师们坐在船上，就兴奋地连声呼叫“郑老师、× 老师”，老师们也开心地挥手回应。这一刻情景，至今仍印在我脑海之中。

罗苑住户买菜不大方便，通常要走过白堤到昭庆寺（今杭州市少年宫）或龙翔桥菜场去买菜。星期天母亲会买比较多的菜蔬，出发前会叫我或姐姐到白堤上接她，我们也乐意这样做。那时大家烧饭用火多用木炭，经常有人把一袋袋木炭送上门，还附带售卖用作引火柴的刨花。

居住罗苑期间，有一件事值得一提，大约 1950 年或 1951 年，校方为每户人家拍“全家照”，说是用于家属在学校医院看病时用的，可以照顾，估计和今天的“子女统筹医疗”有点类似，这件事说明当初浙大领导对职工与家属的关怀。拍照当天，罗苑内各家大人携带小孩，满面笑容来到院内一处台阶前，在摄影师指挥下，各家依次拍摄全家照，大人坐着，小孩子站着，气氛温馨、热烈。

四、难忘的儿童乐园

罗苑被称作花园一点也不为过，院内园林布设巧妙。走进罗苑是一个数十平方米大的门厅，南侧便是我家，临湖的水榭，房屋一半伸出在湖面上，南对吴山，东望湖滨，西眺苏堤，居住此处可谓是朝吸湖光，暮观山色。月夜时分，倚窗远眺，湖光闪闪，夜色朦胧，银色的月光直泻地板上，耳边频频传来风浪击打湖岸的节拍声，西湖美丽的夜色从小已印入我的心中。水榭西侧隔出一小间作为罗苑职工的阅报室，订有时报数份，

从大门向东走，过了“八角亭”，前面是一片园林绿地，林木疏密相间，小道旁长满了麦冬草。园子中间是一个形状不规则的池塘，与西湖水域相通，鱼儿可自由游进游出。池塘中间铺有石板桥，将池塘分成南、北两片，池塘边上垒有石块，池水清澈见底，池底的落叶连脉络都清晰可见，能见度至少一米以上，说明当时西湖水质相当不错。

从大门向西走，里面有个大花园，还有假山，院子里有多处楼台亭阁，其中“湖天一碧”最为精致。如此宽敞的园林建筑自然成了孩子们眼中的乐园，临湖钓鱼自不必说，太方便了（有时大人也会来凑热闹）；走廊上光滑的地砖是打陀螺、拍洋片的理想场所；大树下的空地又是打弹子的好去处；院内众多的草丛则是逮蟋蟀的首选地；更不用说回廊相连的楼房及院中假山是捉迷藏的好地方。

外面的世界更精彩，一到夏天，罗苑的小学生常喜欢结伴去对面孤山上的石亭里做暑假作业，既凉快，又安静。如今石亭依旧屹立在孤山之巅，只是亭中石碑已不存在。离石亭不远处有几棵“金钩子”树，树端的“金钩子”吃起来有甜味呢！罗苑北面的大草坪也是我们经常去玩耍的地方，当时徐锡麟墓、浙军攻克金陵阵亡将士墓还在那里，后来被迁到龙井山下南天竺去了。

罗苑水榭

1951 年 4 月，浙江省土特产展览交流大会在杭州西湖举办，孤山一带有多个分馆，这里每天都有文艺演出，热闹非凡。这可乐坏了罗苑里的大人和小孩，展览交流大会开到家门口，

天天像过节一样。由于大树多，罗苑雪景很是好看，照片中（1951 年冬季罗苑雪景）三位女孩左起周湘锦、沈西蒙、沈凯蒙。另一张照片是罗苑的假山，现仍存在，照片中女孩名陈潭明。

1951 年冬季罗苑雪景

五、罗苑里的琴声和舞会

我家西侧是音乐教师沈思岩、杨增慧夫妇的居所，临湖有栏杆，还有木制的“美人靠”可倚湖而坐。因为两家住房相邻，每天都能听到悦耳的钢琴声飘过来，时而急促，时而舒缓。有时也能听到高亢的男高音飘过来，还能听到“啊啊啊……”“咿咿咿……”的练唱声，一阵又一阵，所以罗苑里的孩子们对于美声唱法已耳熟能详。

罗苑内的假山依旧存在

罗苑的建筑风格是中西合璧，既有楼台亭阁，也有开敞式大阳台和百叶窗。罗苑里的先生们平时着装其实也有两种不同的风格，一类是西装革履，另一类是中山装或长衫。罗苑内时常举行周末家庭舞会，地点是沈思岩老师家中。他们家的琴房兼客厅有三十多平方米，长方形；地面是花色地砖，适宜跳舞；客厅外面宽敞的走廊也铺满花色地砖。每当周末傍晚时分，有沙发、桌子等家具搬到走廊过道上时，人们就知道今晚有舞会了。入夜，西装革履的先生和身着旗袍的太太就会和颜悦色陆续来到沈家，也有从刀茅巷宿舍等地结伴而来。出现一对，笑声一阵；再出现一对，又一阵笑声，气氛愉悦、融洽。当舒缓的舞曲从留声机中流淌出来时，先生们和女士们就开始跳交谊舞了。走廊上聚着不少大人和小孩争相观望。记得留声机是老式的，上方有一个金黄色大喇叭，沈先生坐在旁边经常去摇转留声机把柄。舞者中如今只记得有沈思岩先生夫妇、陈立先生夫妇、曾继铎先生夫妇、龚建章先生夫妇了。家庭舞会是罗苑生活画卷的一页，也算是罗苑的一件盛事，也是浙大一部分先生、太太们时尚生活的展示。

六、离别罗苑

1952 年院系调整，浙江大学文、理学院与之江大学文理学院合并成为浙江师范学院。当年 2 月寒假期间，我们全家搬迁到秦望山上的之江校区。记得搬家那天，我与父亲坐在卡车上，母亲坐在驾驶室内，就这样恋恋不舍离开了我的童年乐园——罗苑。从此，罗苑成了远去的风景、梦中的天堂，取而代之的是秦望山风光，是宽阔的钱塘江和之江大学校园遗韵。

七、后记

多年来，我常常骑自行车来到平湖秋月游玩，少不了到罗苑旧址转一圈。2010 年秋日，我重登罗苑遗址“湖天一碧”楼，颇有感触。时光流逝，洗不尽罗苑铅华，“雕栏玉砌应犹存，只是朱颜改”。绿树丛中，精致的两层楼房依旧濒临湖边。湖天一碧的二楼阳台是眺望湖景的理想场所，放眼环顾，美景尽入眼帘。与六十年前相比，湖山依旧，风貌已改。东望湖滨，高楼林立；南眺吴山、夕照山，新添了城隍阁、雷峰塔。湖中游船如织，一派天堂盛景。下楼回望“湖天一碧”楼，楼北面挂有“西泠书画院”牌子，系沙孟海先生所题。对面人行道旁边有一块纪念碑，上书“中央美术学院华东分院旧址”。于是我想，在罗苑旧址可否也立一块纪念碑——“国立浙江大学师范学院旧址”呢？

湖天一碧北侧外观

（周黔生）

（原载《浙大校友》2012 年第四期）

山色湖光映枕边

“水光潋滟晴方好，山色空蒙雨亦奇。欲把西湖比西子，淡妆浓抹总相宜。”约 948 年前，苏轼把西湖的自然美和他深切的感受结合起来，以西子喻西湖，创造了典型的具有永恒价值的艺术形象。当然，西湖的美是多姿多彩的，具有不同气质、个性和修养的艺术家，面对类似的景物，感受也会不同。清人魏源就曾将白居易、苏轼、林逋咏西湖的诗作了比较，分析了他们的不同特点。但是，苏轼的这一首，无疑是得到广泛赞许、影响最为深远的。南宋诗人武衍说：“除却淡妆浓抹句，更将何语比西湖。”

1954 年秋，我大学毕业后，分配到浙江大学任教美术。那一年，浙大从城东的大学路迁到邻近西湖的玉泉新校舍。从 1956 年春到 1959 年秋的 3 年多时间，我住在西湖孤山下的“湖天一碧”。冬去春来，朝晖夕阴，斜风细雨，朗月清风，“清波荡漾红英暖，绣岭朦胧翠幕寒”，充分领略、尽情享受了杭州湖山之美。“手拂青萝迎旭日，身披彩叶绘霜天。”从二十世纪五十到九十年代，我用水彩、水粉画了大量西湖风景作品，八十年代起创作表现西湖的国画。2008 年，由于西湖申遗的需要，我在短期内创作了 100 余幅扇面。这本画册的扇面作品大多选自其中。

扇面是中国画的一种特殊形式。它兴于晋唐，盛于宋。初为纨扇，明代中期以后，半圆状的折扇逐渐成为扇面作品的主要形式。这种形式轻盈秀逸，我以为用于表现以平远景色为主要特征的西湖风光是很适宜的。

“天下西湖三十六，就中最好是杭州。”自南宋李嵩以来，不少画家满怀激情，创作表现西湖的作品。当代画家分别以国画、油画、水彩、版画等多种形式描绘西湖，呈现出多姿多彩的面貌。愿更多的文学艺术家共同努力，把表现西湖之美的作品推上一个更高的艺术层次。

（杜高杰）

（此文选自《淡妆浓抹总相宜——杜高杰西湖诗书画选》）

湖天一碧新貌

我与“罗苑”的不解之缘

我的父亲蒋鉴明于1950年在浙江大学毕业后留校任教，两年后有幸分得位于平湖秋月旁，“罗苑”八角亭二楼的房子。于是，父亲和我的奶奶一起搬入新房子居住。母亲罗淑华在浙江大学毕业后被分配去了北京工作，后因父亲的关系在1954年调入浙大土木系工作。

父母结婚时，把“罗苑”的家作为他们的婚房。当时，父亲系里的同事们把一幅“罗苑”全景的织锦画赠予我父母，作为结婚贺礼，现一直挂于家中。1956年，我急于想看看迷人的西湖湖光秋色，盛夏刚过就降临到了“罗苑”，于是取名成了爸妈的首要问题。在这之前，有两个邻家姐姐分别以西湖著名景点取名为西泠和南屏。由于，我的母亲正好姓罗，父母顺理成章接受了同事们的建议，为我取名——罗苑。从此，我与“罗苑”结下了不解之缘，且在脑海中留下了我们在西湖边生活的美好记忆。

1958年的春节后，浙大职工宿舍求是村建设完成，且“罗苑”已规划进行拆除后，纳入平湖秋月景区。正当，我们一家恋恋不舍人间仙境之时，“罗苑”又给予我们的家庭留下了一段美好的回忆，我的弟弟出生了。正是“罗苑”和西湖给予父母挥之不去的印记。弟弟跟随父亲姓，取名为当时推开窗就能眺望的蒋庄。蒋庄位于花港观鱼东侧,无锡人廉惠卿所建,原名“小万柳堂”,旧称“廉庄”。清宣统年间转售于南京人蒋苏庵，蒋得此楼后，改建屋宇，并将小万柳堂易名为“兰陔别墅”，俗称“蒋庄”，是现有为数不多保留完整的西湖名园之一。不难看出,我们子女的取名中,父母以“罗苑”缘由而生的西湖情结,真切又浓郁。

当离开“罗苑”时，我还不满两岁，虽然记忆不深，但从父母的言谈举止中可以得晓那时生活在“罗苑”是一段悠闲且十分美好经历。记得不苟言笑的父亲曾经回忆说，那时他只要打开窗就能在自家垂钓，虽然已无从考证他是否有钓到西湖的鱼,但那份罕见的笑容说明了一切。那幅至今挂在我家客厅里的“罗苑”全景织锦画，不仅仅是一份婚礼上的贺礼，而且成就了一段永远难以忘却的印记。

我的名字让我对“罗苑”的情愫此生不渝，“罗苑”更是让多少人唤醒了曾经的记忆。

（罗　苑）

回忆父亲

我父亲陈立，1930 年考取公费留学英国伦敦大学，师从著名的心理学家斯皮尔曼（C.Spearman）教授，斯皮尔曼教授是现代心理学之父威廉·冯特的弟子，蔡元培是冯特在中国的唯一弟子，我父亲就是冯特的第二代传人了。父亲于 1933 年获得心理学博士学位后又到剑桥大学、英国国立工业心理研究所和柏林大学从事心理学研究工作，这都是当时国际上心理学的顶尖单位。柏林大学是格式塔心理学的发源地，几位老师也是心理学史上的顶尖人物，我父亲是中国第一个去过这几个地方的人，这段经历对他日后发展起到了至关重要的作用。1934 年底回国时，正是中国急需工业心理学的研究人员，所以回来后就被中央研究院心理研究所和清华大学合聘为工业心理研究员。

陈立著作

他不负众望，在全无资料可参考的情况下，用短短三个月时间便写出了国内第一部工业心理学专著《工业心理学概观》，首次将工业心理学的概念和方法由西方引入中国，成为我国工业心理学乃至应用心理学理论发展的重要里程碑。他在清华大学建立了中国第一个疲劳研究实验室，工业心理学的研究就是从这里起步的。他一边教学、做实验，还有一半时间要去各个工厂开展调查研究。在长辛店机车厂他发现不同型号机车配件的采购和库存管理混乱，造成要用的配件没货，不用的配件存储过量。当时靠海运,供货慢,厂里怕缺货，每次就多买些配件，造成有些配件“一百年也用不完”，不仅占地方，而且浪费钱。父亲根据抽样统计，帮他们设计了合理的采购计划，每年节约的钱达天文数字，取得了初步成效。1937 年 3 月开始，父亲为南通大生纱厂做劳动环境和操作的研究，正当他带着助手在那里做完实验返回北京，“七七事变”爆发，工业心理学研究被迫中止。8 月 8 号日军攻占了北平，我父亲在一位日侨朋友的帮助下，冲破封锁线南下，途中得知北大、清华和南开在长沙组成临时大学，心理研究所也搬到那里，于是决定到临时大学教育系去教书。在长沙遇到了从杭州逃难到湖南大学寄读的我的母亲王文锦，两人相识、相知、相爱，母亲就跟着我父亲一起到广西，在桂林结了婚。后来临时大学要迁往云南昆明，他们就跟随心理所行动了。心理所转辗桂林、丹州多地，人员也越来越少了。1939 年 10 月，竺可桢校长辗转找到我父亲，想把他从心理所借聘到浙大，任心理学教授。我父亲考虑竺校长的热情邀请，以及他的挚友涂长望也在浙大，他就答应了。于是，父亲雇了条小船，从丹州直奔宜山。

竺可桢赠送陈立的书籍

父亲到浙大后，因为内地工厂很少，没有条件可以再搞工业心理学研究了，于是只好执教教育心理学、发展心理学和心理测验等课程。竺校长爱才，知道我父亲想了解外国学界的新动向，他只要有机会出国考察、访问常常会买书给我父亲。父亲一直将它们珍藏。父亲的课受到学生们的广泛好评，他认为一所真正大学不仅在于积累和传授知识，还必须结合实验研究，所以他十分重视科学实验。浙大西迁每到一个地方，他最关心的是要力争有一块地方可以安置仪器，安排同学们进行教学实验。在那样的艰苦环境中，他认真考察中国教育现状。从 1940 到 1947 年间，先后发表了 20 多篇有关教育改革的论文，还为当时教育部编纂的《教育大全书》撰写了 20 余篇心理学专题文献，内容涉及因素分析、测验统计、工业心理学及心理学流派等，共计 10 万多字。在那样恶劣的战乱环境下，父亲竟有如此丰富的成果，这对于今天的人们来说，是无法想象的奇迹。他的智力测验与人格测验的研究，是当时的新兴课题，成果在国内外备受重视。

1944 年，中共南方局建议建立一个公开的、广泛的、进步的科学工作者组织——中国科学工作者协会，我父亲也是 100 多位科学家发起人之一。1945 年 7 月 1 日，中国科学工作者协会在重庆成立，选举竺可桢为理事长，李四光、涂长望为监事长和总干事。

1947 年深秋，我父亲在他的办公室，对青年教师开门见山地说 ：“中国科协已成立，竺校长是理事长，涂长望是总干事，我是干事，负责筹备杭州科协，具体工作由你们去做，我把文件都拿来了，你们只要按世界科协和中国科协的章程放手去做，上面由竺校长和我顶着。”当时白色恐怖严重，父亲如此放手风险不小，青年教师们能得到这样的支持就更难得了。

1948 年 1 月 7 日，中国科协杭州分社成立。在浙大的心理实验室召开成立大会，我父亲为主席，理事杨士林、过兴先、周志成、任雨吉。同年 10 月 4 日 ，中国科协杭州分会召开第一次全体会议，选出竺可桢、陈立、王淦昌为监事，黄焕琨为主席。1949 年初，中国科协杭州分社从浙江大学的范围扩展到社会，在工厂企业、工程部门、科研机构中发展会员。这时国内形势已在转变，解放大军即将渡江。科协在地下党领导下积极组织会员参加护厂护校活动，浙大成立了应变委员会，罗苑内部也成立了护校小组，但这里住的是手无缚鸡之力的教授们。如何让这些教师参加这一活动，我父亲回忆道 ：“为保险起见，我们就与对面的西湖艺术专科学校联防。我们采用很简单的方法，拉了一根绳子，另一头装了铃铛，一旦发生什么情况，一拉绳，就向对方报警，请艺专的学生出来救援。”就这样，在罗苑内组织男教师们巡逻，我父亲、胡玉堂、沈思岩等都参加过值夜巡逻活动,护卫大院教职员工及家属的安全。最终迎来了杭州的解放。

6 月 5 日杭州解放不久，父亲发起组织了浙江中国科学工作者协会，举行解放后首次全体会议。会议的主要内容是科协工作者庆祝杭州解放，故而邀请市军事管制委员会谭震林政委及其他领导人参加。他们知道，杭州刚解放没多久，军管会要处理的事务繁多，顾虑他们来不了，但不管怎么样，他们还是把请帖送过去了。开会那天，时任浙江日报社的社长陈冰已早早来到会场，他告诉我父亲，谭政委得知消息后，当即表示，尽可能抽时间参加。大家听了这消息后都很高兴,就等着他的到来。可是大家左等右等,谭政委还是没来。过一会，父亲征求陈冰同志意见，是不是会议先开起来，熟知谭政委脾气的陈冰同志婉转地说，我们再等会儿吧。话音刚落就传来了“谭政委来了”的声音，大家马上起身相迎。只见谭政委快步走向会场，口中不停地致歉道 ：“对不起，对不起，让大家久等了。”父亲请谭政委先讲话，在热烈的掌声中，谭政委作了精彩生动的报告。庆祝大会结束后，大家留下来吃饭。我父亲盛情邀请谭政委与大家共餐，他再三推辞，经我父亲苦苦挽留，他终于留下来和大家一起就餐了。所谓就餐就是每人一份很普通的盖浇饭，虽然简单，但大家都吃得津津有味。谭政委看在眼里，深有感触地说了一句：“你们科技工作者的生活太清苦了。”

6月6日，杭州军事管制委员会派军代表林乎加、刘亦夫来接管浙大，学校组成了九人接管小组，我父亲也是其中成员之一。6月8日，军代表发出第1号通告，宣布本学院的人不参加本学院的接管领导工作，是为了避嫌，我父亲负责接管教务处。教务处的摊子很大，除进行资产的清点工作之外还对教学计划、课程设置进行初步改革和调整，废除了三民主义等十一门科目，同他一起接管的还有任铭善、谭天锡、陈伦三人。除此之外，他还要去接收之江大学，接管英士大学，忙得不亦乐乎。接管工作结束后，仍担任教育系主任。这期间，父亲又接到上级委派给他接管的新任务。因浙大附中也是与教育系有关联的，所以他去接管浙大附中并兼任校主任委员。那阵子，父亲白天干完工作后，晚上回到罗苑，还要与教育系的同仁切磋，与孟宪承、郑晓沧、俞子夷等商量教改等问题，同时也向他们请教。其中孟宪承先生是他最好的知己，孟先生比我父亲长八岁。我父亲很尊敬他，好

前排左四为李寿恒、左六为王国松、右六为陈立

浙大教育系毕业同学留影（1949年5月），其中在罗苑居住过的教员有第一排右起六潘渊、七郑晓沧、八孟宪承、十陈立，第二排左起一周淮水、二陈学恂

多事都找他商量，如系里的人事问题，一些活动的安排都会与他商谈。我那时虽年幼，不懂事，但我印象最深的是，我父亲见了孟先生他们来家，都要我们喊孟公公、孟婆婆好，所以日子长了，我见到他们都会主动问好。在我的印象中，他们就像我的外公外婆一样，和蔼可亲。孟先生后来奉调到上海任华东师范大学校长。离开罗苑时，孟先生还把一对藤椅送给我们，我们一直保存到现在，看到它就会想起当年在罗苑的幸福生活。

孟公公、孟婆婆送的藤椅

1949 年的最后一天，也就是中华人民共和国成立后的第一个除夕，大家都在想怎么过这个新年，住在罗苑的曾继铎夫妇请客，请我们全家过去吃年夜饭，饭后沈思岩家又举办舞会，罗苑内的教授、太太们又上他们家聚会，在欢笑声中迎来了新的一年。

1950 年 3 月，我父亲被邀请参加竺可桢主持的中国科学院召开的心理学座谈会，就有关设立心理研究所问题进行讨论。6 月 12 日，我父亲被中科院任命为中国科学院专门

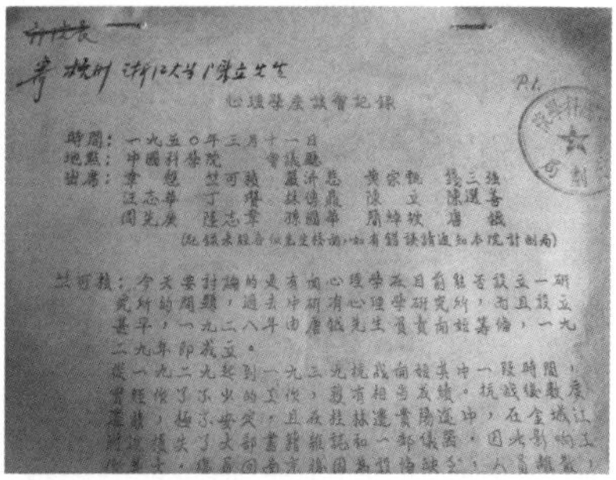
心理學座談會記錄

中国科学院心理学座谈会记录

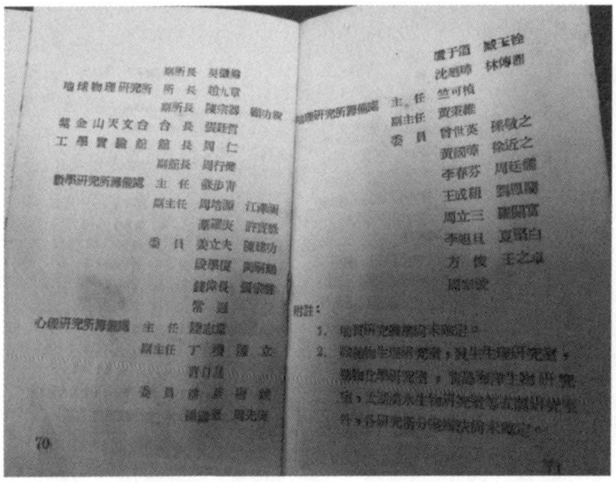

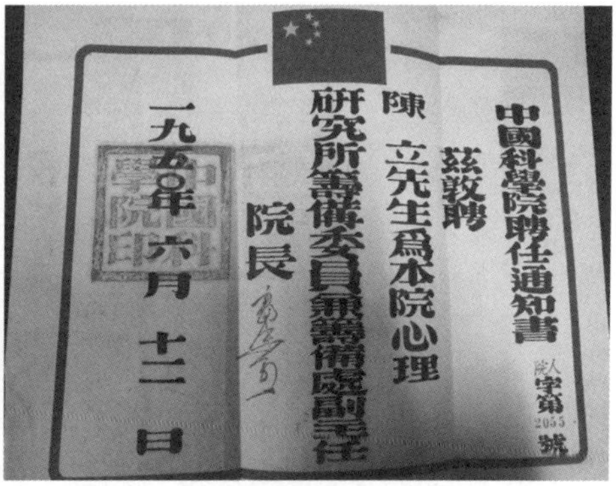
中國科學院聘任通知書
院人字第2055號
茲敦聘
陳 立先生爲本院心理研究所籌備委員會籌備處副主任
院長
一九五〇年六月十二日

中国科学院院院内各单位负责人名单及陈立任命书

委员，心理研究所筹备处副主任，担纲筹建心理研究所，在工作地北京开展一系列的调研活动。然而，浙江省不肯放人，强要将父亲召回；国务院第二办公室主任张际春来函调，省里还是不答应，说我们这里也需要，马上任命他为文学院院长。从此，他就被留在了浙江。

1949 年 8 月，马寅初出任浙江大学校长，他也来过罗苑，找我父亲商量有关浙大附中的事，还约我父亲一起去爬北高峰。

1951 年土地改革开始，父亲本有授课任务，可以不参加土改工作队，因他担任了文学院院长，要起带头作用。于是，他带领文学院 113 名师生赴安徽五河县参加土改运动。在这次运动中，夏承焘、王承绪、吴定良、陈学恂、王西彦、管佩韦等也去了。五河县是淮海大战的战区，土地贫瘠，生产文化十分落后，有的队员只能睡在稻草铺的地上，大米饭也很少见，生活十分艰苦，但大家都能坚持下来。在土改即将结束正要返回学校时，父亲接到苏步青来信，传来将要进行院系调整的消息。大家议论纷纷，一致推荐我父亲为代表回杭反映。他步行七八十里路，到临淮关赶上去上海的火车，通过华东军政委员会秘书长吴克坚转交浙大师生不要拆分的申述信。当他回到杭州，省政府已派刘丹来到浙大。不久，省文教厅任命刘丹和我父亲为筹建浙江师范学院的正副主任，把浙大的文学院和理学院的一部分和之江大学的文理学院，以及浙江师范专科学校合并成浙江师范学院。我们家也就从罗苑搬到了六和塔旁秦望山上的浙江师范学院。

父亲是学心理学的，中华人民共和国成立初期整个心理学界的大气候还是不适合做研究。全国盲目地学根基较浅的苏联心理学，工业心理学则由于国家实行计划经济和严格的部属管理，基本上没用了，他后面还是搞了教育心理学。“文化大革命”前夕，姚文元化名“葛铭人”抛出《这是研究心理学的科学方法和正确方向吗？——向心理学家请教一个问题》一文，以批判我父亲关于《色，形爱好的差异》的实验报告为突破口，从方法论到任务，全面否定已有的心理科学研究，给它们判下了形而上学、唯心主义、伪科学的罪名。我父亲在报上回应了他的指责。“文化大革命”开始，这场葛陈辩论，几乎成一边倒，且扬言带他去全国游斗。那天，我给父亲准备了棉大衣，我父亲也作好了应命的准备。幸好浙江省里有人出面阻止此行，才使我父亲逃过了一劫。

中国心理学从此被打成伪科学，几乎十年不得翻身。中国科学院心理研究所被撤销，中国所有学校全部都不能讲授心理学，心理学研究工作全部停止。全国原就不景气的心理学受到了沉重的打击，损失是无法估计的。直到 1976 年 10 月粉碎“四人帮”之后，延续十年之久的“文化大革命”终于结束，迎来了科学的春天。谷牧副总理批示，“心理学不是伪科学”，曾经被迫停止的心理学研究才得到了恢复。虽然，父亲此时已是年近八旬的老人，但他仍然怀着激动与喜悦的心情，老当益壮，一心扑在事业上。他十分重视心理学研究队伍的建设，他提议举办高校实验心理学进修班，以解决心理研究人员青黄不接的现象。1979 年春，他主动承担了在杭州大学心理学系举办第一届进修班的任务。他从北京、上海等地聘请一批国内知名专家来授课，他自己也亲自给学员们上课。这个培训班成为中国心理学恢复和振兴的摇篮，来自全国各地的几十位学员后来都成了基础心理学教学和科研的骨干。

1980 年，父亲率中国心理学代表团，参加在德国莱比锡举行的第 22 届国际心理学大会，使中国心理学会正式加入国际心理科学联合会。父亲在大会上作了题为《冯特与中国心理学》的特邀发言,总结中国心理学界评论冯特的结果，客观反映中国心理学界对西方心理学的评价和认识，引起国际心理学界的重视。

我父亲创办了杭州大学心理系，开设了工业心理和管理心理专业，不久又有了国家重点工业心理实验室，培养了一批博士生、硕士生。他年届百岁还指导博士生，跑工厂，做研究。他为中国心理学科的发展和人才培养倾注了毕生心血。

国际心理科学联合会学会主席鲍利克，在父亲的百岁寿辰庆典暨从教七十年学术研讨会上的贺词是对他一生贡献的最好总结：“陈先生的一生对推动心理科学的前进，发展中国的心理学事业，以及将心理学引入中国的社会与经

陈立指导心理学实验研究

济发展所做的巨大贡献，得到了全世界的高度认可。”

（陈亦平）

罗苑的童年记忆

1945 年抗战胜利了，浙江大学开始搬迁回杭。我的父母也结束了在外漂泊不定的日子，带着我的哥哥来到了杭州，搬进了西湖边的罗苑。这里已成为浙大的教职员工宿舍了。父母搬进了临湖八角楼旁的二层楼房。这房子南北通透，南窗面朝西湖，是漂亮的湖景房；北面的窗是面朝孤山，往下就能看到孤山的大草坪，平视可以看到宝石山，看到里西湖，又成山景房了，真是美妙极了。这与父母在贵州的住房相比真是天壤之别。

母亲住了一段日子后萌生了一个念头，希望提高自己的知识水平，想出国留学。于是母亲辞了工作，一门心思地攻读起英语来了。她认为只有她的水平提高了，才能更好地辅助我父亲，当一个好妻子。母亲补习完英语后，她去找了竺可桢校长。竺校长在 1947 年 8 月 23 日记里这么写道："午后睡一小时，陈立太太王文锦来，嘱余作函与 Washington 大学之 Franz Michael 请求入该大学为学生。"于是，竺校长为她写了推荐信。但因民国政府另有规定，未考取官费无法兑现外汇。因此，母亲无奈取消了这个计划。

一年之后我出生了，出生前母亲还“带”我去游了苏堤、六和塔等地。那天，竺校长的日记里是这样写的："八点半偕允敏、松松赴哈同花园并送霞妹，杨其泳夫妇赴灵隐烧香，九点偕卓如（父亲）夫妇、小孩凡凡（我哥）与卢析薪乘车经苏堤，先至六和塔，凡凡与析薪、卓如登塔之最高层，凡凡与松松同行，卓如夫人有孕近八九个月，允敏不愿走动，留在车中。"这是我第一次隔着母亲的肚皮跟着他们一起出游吧。

过了一个多月，我出生在头发巷的浙

大医院。那天一早，住在罗苑的邵瑞珍阿姨就赶到医院来看我。这是她后来告诉我的。在遵义时，邵阿姨曾经是我父亲的助手，她一直和我们来往比较密切。我长大之后爸妈都忘了我的时辰时，我去问邵阿姨，她说："我头天晚上去你还没生出来，第二天一早去，你已经出生了，所以你是清早生的。"那时的同事关系特别融洽，我母亲在浙大医院做产时，隔壁一张床上住进了数学系白正国教授的妻子。她是头一次生孩子，没有经验，也没有充足的准备，结果生了孩子后肚子饿得要命，没有吃的。我母亲见此情况，就把她自己的食品拿出来分给她吃，直到今天她女儿白婉宜还把这事记在心上。

自我出生后，我哥哥就多了一个玩伴。我躺在床上，我哥哥时不时地跑过来望望我，摸摸我。大人们告诉他："这是你妹妹，你就喊她妹妹吧。"这个"妹妹"一声喊，就成了我的小名，一直被他喊到老。

我太小，也不会玩，时常被大人抱到罗苑外面的草地上晒晒太阳。我母亲的手很巧，给我打了一身绿色的毛衣毛裤。那天，我坐在草地上摇晃着小手，路过的人见了说我："真像一只小青蛙。"从我牙牙学语开始，我母亲就教我发音，她是中文系毕业的，国语十分标准，而且是字正腔圆，悦耳动听。我开始跟着母亲学说话，尽管我不能完整地表达整句话，但我还是会喋喋不休地说。那天轮到我父亲看孩子，当天他在日记里写道："亦平是用右手，与亦凡完全不同，兴趣亦大，说话虽无意义，但喋喋不息，像煞有介事般。此孩虽智力不高，但将来一定是善于交际，言语当有些发达，或者这一方面的能力可以高一些，足以补偿其他方面。"

我大概是在三岁时就被送到幼儿园去了，因为家中的哥哥老拿我来当标杆："妹妹如不去上学，那我也不去。"我母亲只好把我也送进了幼儿园。刚开始时我很害怕上幼儿园，只要一听说，"幼儿园的车子来了"，吓得魂都掉了，脸色苍白，怕得要死，真是一副好可怜的样子。过了一段时候，幼儿园的生活我慢慢习惯了，我的情绪才稳定下来。我那时模仿能力极强，老师在幼儿园给我们上课，回家以后我也要来当一会"老师"。于是只要有人来我家，像外公（外公是铁路工程师，参与修建浙赣铁路，他就在里西湖的铁路局上班），我二舅（也是铁路工程师），还有我外婆、姨婆等，都会被我拉到椅子上去，我还找了一把钥匙当哨子，往嘴里一放就说："上课了，上课了。"煞有介事地要求他们都坐好。

在国立艺专院内

全家照（摄于罗苑八角亭）

有一回早上起床，我母亲摸摸我的额头好像发烧了，本想不要我去幼儿园，但又怕我哥哥也会赖着不肯去上学，最后我母亲想了想还是把我送走了。结果到了晚上，我发烧体温到了四十度了,这可把她吓坏了。于是，她赶紧找楼下的姜辛曼大夫。姜大夫仔细地看了看我说，是扁桃体发炎了，用点抗生素，会好的。第二天，我母亲就把我留在家里了，还把外婆也叫来一起看护着我。这回我哥哥倒是很听话，乖乖地去学校了。我休息了一个星期也就好了。

浙大西迁我哥哥在遵义时生了一场大病，高烧不退。那时，我父亲正和竺校长出差去湄潭。竺校长接到我哥哥生病的电话后，赶紧叫我父亲先回去。偏偏车子上路后又抛锚了，我父亲只好弃车步行，连夜赶路，脚上打起血泡，也没有停下来歇一歇。等到父亲赶回遵义城，一时还找不到特效药，耽误了最佳治疗时机。我哥就此留下了后遗症，这是我父母最放不下的心病。在往后的日子里，我母亲总是想尽一切办法细心地照顾他，并鼓励他，希望他能像正常孩子一样生活成长。

我哥哥长得很结实，从身体和心理看上去也还不错。每次，他放学回来，含笑的脸庞像一朵小花似的一跨进家门，照例是一声“姆妈”。如母亲在家时，她就会上前摸摸他的脑袋，关切地问他在学校里的情况，并希望他能在课堂上发言，结交小朋友。可我哥哥胆子特别小，小朋友也不敢交，如果学习上遇到有些抽象概念的东西，他就犯难了。这时，母亲就会坐在他身边，不厌其烦地一遍又一遍给他作解释，帮他复习功课。我哥哥只要有一点点的进步，都会使她高兴不已。我母亲在那天日记里写道：“俞子夷的女儿今天突然对我说：‘亦凡进步了，能独立上讲台读书，也肯在课堂上写字了。'”当时，我母亲听了这消息激动得就要哭出来了。我哥取得这么一点点的进步，母亲在背后付出了巨大的努力，真是煞费苦心啊。

我母亲为了培养我哥哥的自信力，不得不在罗苑的大院里广为结交小朋友，想让他能在人群中不孤独。1951 年下半年，浙江省物资交流大会在孤山召开。孤山上开通了小火车，小孩子们当然是很想有机会去坐一坐的，我母亲就买了票带上我们，还邀请了罗苑里的一群小朋友一起去坐小火车。我那时虽只有三岁多，但我记得很清楚，我们是在西泠桥那边上的火车，小火车沿着山坡开，我坐在母亲的怀里看着窗外的风景。小孩们坐在火车都开心不已，而我哥哥有了一批玩伴，心情愉快极了，他的脸上也露出了开心的笑容。如今，父母都已离我们远去，当年他们的一番苦心我能理解。我已从他们手里接过了接力棒，照顾好我哥哥，告慰我的父母亲。

兄妹留影（摄于 1952 年）

（陈亦平）

罗苑，难以忘怀

1945 年抗战胜利后，浙江大学从贵州迁回杭州。在竺可桢校长努力下，把原属浙大房产的“罗苑”收回，作为浙大师范学院校舍。1946 年，浙大因缺乏教师宿舍，罗苑成为部分浙大教师的宿舍。学校先后安排文学院、工学院、农学院部分教授、教师入住。我的二姐夫夏承焘当时是浙大国文系教授，与教育系陈立教授等，第一批携带家眷入住罗苑。之后，我与儿子游汝恒，也入住了罗苑。

我二姐游淑昭（字柔庄）和夏承焘（字瞿禅）于 1925 年结婚，他俩婚后一直没有生育。抗战前，承焘姐夫在之江大学文理学院工作，任中文系教授。抗战结束后，姐夫任浙江大学国文系教授。1946 年，承焘姐夫携我二姐入住罗苑临湖西侧一排平房中的两间房，他俩对罗苑的居住环境和周边的西湖风景非常喜爱。

1948 年，他俩居住罗苑已三年。承焘姐夫在我二姐生日那天，欣然作词《风入松》一首，注明“内人生日作，时寓湖上罗苑三年矣”。词中提到的孤山、画船、段（断）桥、西泠，皆是围绕着罗苑的西湖景点和景色。

风入松

中年以后说恩情，饭软与茶清。
正如久作西湖客，等闲忘黛碧螺青。
双燕漫窥双影，孤山只爱孤行。
画船日日过娉婷，羡我好林亭。
段桥沽酒西泠柰，不须嫌如此劳生。
记取邻翁一语，他年画也难成。

《风入松》词，姐夫描写了当年居住罗苑的生活环境和心境。此词已收入1981 年出版的《夏承焘词集》。

二姐于 1972 年因病去世。1973 年，二姐逝世周年日，承焘姐夫又亲手抄录《风入松》词，怀念我二姐，怀念与夫人住在在罗苑时的美好日子。

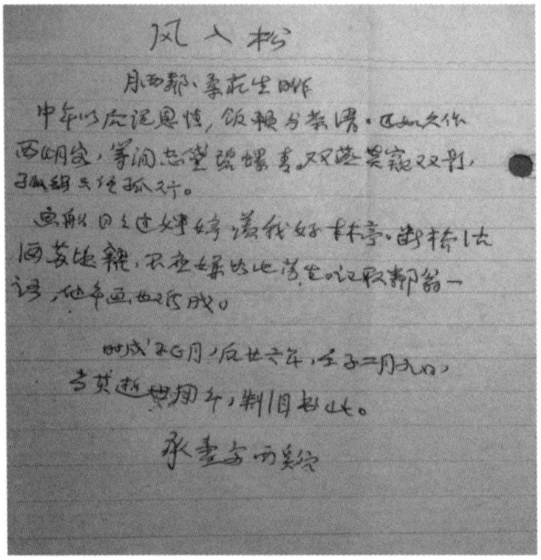
风入松

中年以后说恩情，饭软与茶清。正如久作西湖客，等闲忘黛碧螺青。双燕漫窥双影，孤山只爱孤行。

画船日日过娉婷，羡我好林亭。断桥沽酒西泠柰，不须嫌如此劳生。记取邻翁一语，他年画也难成。

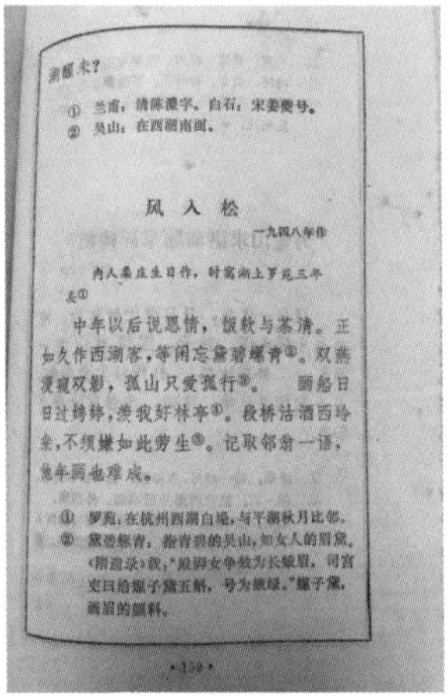
① 兰甫：清陈澧字。白石：宋姜夔号。
② 吴山：在西湖南面。

风入松

一九四八年作

内人柔庄生日作，时寓湖上罗苑三年矣①

中年以后说恩情，饭软与茶清。正如久作西湖客，等闲忘黛碧螺青②。双燕漫窥双影，孤山只爱孤行③。 画船日日过娉婷，羡我好林亭④。段桥沽酒西泠柰，不须嫌如此劳生⑤。记取邻翁一语，他年画也难成。

① 罗苑：在杭州西湖白堤，与平湖秋月比邻。
② 黛碧螺青：指青碧的吴山，如女人的眉黛。《隋遗录》载：“殿脚女争效为长蛾眉，司宫吏日给螺子黛五斛，号为蛾绿。”螺子黛，画眉的颜料。

1920年,我在温州出生。1939年,于省立第十中学(温州中学前身)高中毕业,考入位于金华的国立英士大学农学院，我和后来成为爱人的张月季（原名月姬）同学，是英大农艺系1939—1943年首届毕业生。毕业后，我留校任教。而张月季因成绩优秀，英大毕业后即被上海进出口商品检验局录用，负责农产品进出口检验工作。1944年夏，我与月季结婚。1946年7月，儿子汝恒在月季娘家金华出生，张月季产假满后仍到上海工作。至1949年5月，金华解放，英士大学被宣布解散，部分教师遣散回家。我与十来名教师被浙江大学选中，调入浙大，我任浙大农艺系助教。

1950年，我作为一名“单身”浙大助教入住罗苑。因我爱人在上海工作，儿子汝恒就跟随我二姐、姐夫一起在罗苑生活。初入罗苑大门，印象很深，过道东西两侧就是花园，花园内有池塘、假山，与亭台楼阁间或其中。朝南面临西湖边，有一幢幢翘檐建筑。这就是当时的浙大教师宿舍。在建筑群中，特别高而漂亮的是一幢屋顶及楼体呈八角形的两层楼，即“八角楼”。这幢独特的八角楼，楼下“四只脚”就跨在西湖湖水中。从临湖的南面和东、西面的四扇窗户眺望,四季变化的西湖一览无余。我二姐与姐夫他们就住在“八角楼”的一楼。

我居住在罗苑最靠西头临湖那一排平房的一个单间里。房间虽小，但房子窗户也是朝南面临西湖的，也是名副其实的“湖景房”。房屋的窗是木制百叶窗，地面铺的是长方形黑色水磨地砖。

因临湖有窗户，常能听到西湖水轻轻拍打房子墙角的声音，也能天天看到西湖及对岸吴山。住在罗苑，使我充分享受到“水光潋滟晴方好，山色空蒙雨亦奇”之西湖风景，十分美好。

我那时年轻，又会游泳。有一天，想看看临湖房屋边的西湖水有多深，就从窗户中爬出，光着双脚站在西湖中，但见水面只漫到我的双膝，脚底下踩着的不是淤泥，而是乱石。显然，这是临湖岸边建造房子打地基时，散落余留的石块。

在罗苑，我曾有过一次被“虫咬”的遭遇。

我住的房间光照通风良好，但因为最靠西边，夏天太阳晒得长久，夜晚室内温度也比较高。逢大暑天气，我睡在床上嫌热，就索性睡到那光滑的黑色水磨地砖上，凉快的感觉让我很快进入梦乡。但是有一天，睡在水磨地砖上的我，突然被右小腿上一阵剧烈的刺痛而惊醒，急忙跳起身打开电灯，赫然见到地上一条 2—3 寸长的蜈蚣，赶紧用鞋子把它打死。这时，不知是惊吓、还是被蜈蚣叮咬后的毒素反应，直觉得全身汗毛竖立、头皮发麻，情急中想到邻居黄昌澍老师，一位畜牧兽医系教师，也就不顾半夜三更，去敲他家的门。黄老师起身开门后，听了我的讲述，说："不用紧张，马上回去拿肥皂蘸水，搽在疼痛处，就会好的。"我回屋后，赶忙在灼痛处涂抹上肥皂水，不一会儿，疼痛果真逐渐消退了。看来蜈蚣蜇咬我的时间还不长，就被我打死了（若被大蜈蚣蜇时间长，毒素吸收多，须上医院处理）。这条蜈蚣，估计是从罗苑花园的花草丛中爬出来"潜伏"在我房间里的。

自从有了这次"遭遇"后，无论天气有多炎热，再也不敢睡在地砖上了。不过，我这种在罗苑居住时"睡地砖、被蜈蚣咬"的经历，也只因我住在罗苑最西侧平房，空气特别热而地面较潮湿之故，仅是一个特例吧。但从另一方面，也说明罗苑内花园花草繁茂、自然生态环境好。

当时与我一起入住罗苑的，除相邻平房大间的浙大农学院讲师黄昌澍一家三口，还有浙大工学院的教授一家。浙大园艺系讲师孙筱祥，他也是单身，就住在与我同一排平房的另一个单间。

罗苑设有食堂，我们单身教师平日大多在食堂用餐。周末或假期我也会自己买菜烧饭。当时离罗苑较近的昭庆寺（现杭州市少年宫）菜市场，和龙翔桥菜市场，我曾经都去买过菜。那时烧饭用的碳炉子，呈圆筒形，高约 45 厘米，直径 25 厘米左右，可以放在走廊使用。有时，我还与居住罗苑的教师们一起到"楼外楼"聚餐，改善一下伙食。

在罗苑的两年里，除出节假日，我和孙筱祥、黄昌澍三人去位于华家池的浙大农学院工作，每天上下班都由浙大校车定时接送。校车从罗苑到华家池，又从华家池返回罗苑。

1952 年夏，随着全国高校院系调整，浙大农学院从浙江大学分出，单独成立浙江农学院，我们三人是一起离开罗苑的。

我留在浙江农学院。黄昌澍离开浙大后，先后去了南京农学院、江苏农学院、南京农业大学。孙筱祥调到北京农业大学。

在罗苑居住的两年里，那时我作为浙大农学院农艺系助教，除了担任系里所有课程的实验课，我还开了一门公共必修课“农业概论”。内容是介绍农学院各门学科的大概内容，使不论那一个系的学生，对农业领域都有一个总体的鸟瞰式的了解，这对以后做学问不至于片面化很有好处。

新中国成立之初，不少地方存在“一边倒”学习苏联的倾向。学校停止英语教学和进口英语书刊，改学俄语和俄语书刊。当时，学校存在缺少俄语师资和教材的问题，但苏联的外语却是英语，进口的都是英语书刊。那时，我正好“单身”住在罗苑，就充分利用业余时间，跟着上海华东广播电台广播俄语教学节目，听广播自学俄语。一年后，我到上海参加俄语口试和笔试，成绩及格，拿到华东俄语广播学校的毕业文凭。回校后，我开始在教师业余时间讲授俄语，并且担任俄语教研组负责人。直到三年后，首批俄语专科学校的毕业生分配到学校后，我才退出俄语教学，回到农艺系。

20 世纪 50 年代初，我遵照毛主席的教导“洋为中用”，申请创办内部刊物《农业科技译丛》，翻译英文最新科研成果。《农业科技译丛》获准出版后，受到本校教师和兄弟单位科研人员的欢迎和好评。为了培养扩大外语翻译人才，我还编写了一本《农业科技翻译讲座》，配合举行课堂讲解，很受教师们的欢迎。

在罗苑这两年里，我除了到华家池农学院上班，业余时间基本都用来学外语、备教材、办“译丛”。因此，除了农学院的同事，我与其他住在罗苑的浙大教师没有什么交往。但对孟宪承、曾继铎、郑晓沧、俞子夷、陆维钊、任铭善诸位，是有印象的。尤其是音乐教师沈思岩、杨增慧夫妇，因为周末的晚上，常能听见杨老师弹奏钢琴的音乐声。我偶尔也会忍不住走出家门，到沈家窗口观看陈立夫妇、曾继铎夫妇等一对对先生和夫人，在钢琴和留声机伴奏下跳交谊舞，但自己从未进入沈家“舞池”。

夏承焘与郑晓沧（右）在罗苑（摄于 1948 年）

在罗苑生活，因环境安静优美、心情愉快，孩子也有二姐和承焘姐夫帮助照料，使我有充分的时间花在教学工作的提升方面，也是在那

游修龄三兄弟三姐妹合影，后右 1 游修龄，前右 1 二姐游淑昭（夏承焘夫人）

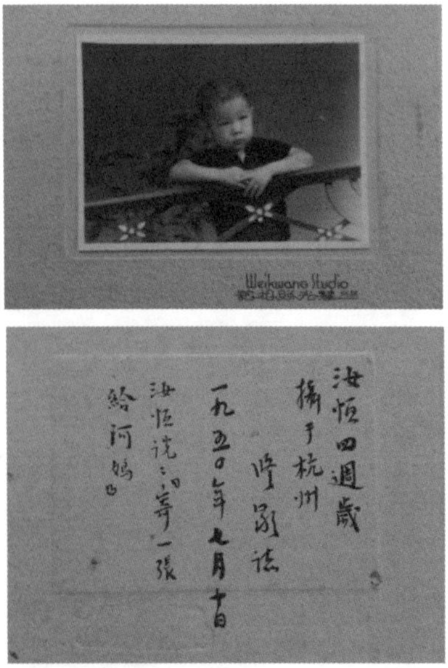

罗苑时的游汝恒（摄于 1950 年 7 月 10 号杭州大华照相馆）

裘立群留影（摄于 2015 年月波亭）

时，打下了比较扎实的基础。

罗苑，我曾在那里居住、生活过两年，虽然是短暂的时间，但美好的印象难以忘怀。

而游汝恒，童年也在罗苑生活过两年，留下了儿童时期宝贵而难忘的记忆。

1950 年下半年，汝恒开始上幼儿小班，是在岳坟幼儿园上学。从罗苑到岳坟幼儿园约 3 里路程。他记得很清楚的是，每天从幼儿园上学，到幼儿园放学，“都是和比我大的几个小朋友一起，自己走过去，自己走回来，不需要大人接送”。对此，他颇为得意。他还与几个小朋友翻过孤山,到幼儿园上学去的经历呢。有一次，他对罗苑印象很深的是，有一次，他被屋顶掉下来的一片天花板砸在头上，幸亏那片天花板比较薄，没打破脑袋。还有经常看到大人们打开窗户，把吊桶放到西湖里，可以吊上西湖水来的情景。他对“吊西湖水”这事很有兴趣，但是，人长得还没窗台高，也就只能想想罢了。汝恒因年幼对罗苑的回忆并不多，但记得“住在罗苑，能看西湖风景，看到游船，看到戚继光纪念塔，还可爬孤山”。汝恒感觉童年生活在罗苑是快乐幸福的。

1952 年夏，汝恒将上幼儿大班时，正逢全国高校院系调整。夏承焘与陈立教授等一起，调到新成立的浙江师范学院（位于钱塘江畔现浙江大学之江校区）任教，汝恒也跟着姑妈姑夫搬到位于六和塔旁的头龙头浙师院教师宿舍。他们三人住在一幢坐北朝南带有院子的独立二层小楼。小楼二楼三间是住房，一楼就是幼儿园，朝南的大院子，就是幼儿园的活动场地。

汝恒跟姑妈和姑夫一起离开罗苑了，但他对与他们一起在罗苑时的生活，还记得“每天早上姑妈把牛奶加在泡饭里”，让他吃（因为不喜欢喝牛奶）；还有“姑夫吟诵诗词时，声调有时高有时低，有时摇头晃脑的”。

罗苑，虽然于1958年杭州城市改造中消失，但平湖秋月西侧，还有月波亭、梅鹤轩、湖天一碧，保留至今，与平湖秋月西湖风景融为一体。

我们曾经在罗苑生活过的浙大教师及家人，对于罗苑的美好记忆不会消失。罗苑，西湖景区这一处中西合璧的花园建筑，在历史的记忆中不该也不会消失。

（游修龄、游汝恒口述，裘立群记录整理）

忆罗苑　思父母

我们的父亲沈思岩，1913年出生于江苏武进。声乐教育家，中国音乐家协会会员。早年入上海音乐专科学校，求教于俄籍美声学家休斯林。自1936年始，专门从事音乐、创作等教育工作。

1942年，父亲受竺可桢校长聘请，到遵义浙大教音乐。不久，组建起浙大合唱团，并在团里担任指导。1943年，来浙大的第二年，河南发生了严重的旱、蝗灾害，为了赈济灾民，父亲主持以“赈济豫灾”为名的音乐会。1944年，日寇攻陷贵州独山的消息传到仅300千米之外的遵义。学校合唱团连夜赶排抗日歌曲，并连续三天开了“劳军”音乐会。父亲亲自指挥高唱《歌八百壮士》，整个会场回荡着“中国不会亡，不会亡，不会亡”的歌声，使坚定抗战的激情达到了高潮。会后，合唱团成员积极加入抗战服务团

沈思岩（右二）遵义赈济豫灾音乐会（摄于1943年）

的行列中。在遵义期间，父亲以极大的爱国热情创作了不少鼓舞民众坚持抗战的歌曲，如《贵州谣》《我不能把枪放下》等。

抗日战争胜利后，1946 年父亲随浙大返回杭州。中华人民共和国成立前夕，杭州已被白色恐怖笼罩着。1947 年 10 月 26 日，浙大学生自治会主席于子三等四人被捕。29 日这天,为纪念冼星海逝世两周年,父亲在学校排练《黄河大合唱》结束后，当他走到学校门口时，发现有 3 个形迹可疑的人走上前来，对父亲说："沈先生,今天晚了,我们送送你。"并骑着自行车一直尾随着我父亲到了断桥后，才从父亲身边呼啸而去。就在这天晚上，于子三在监狱被杀害。显然，父亲遭到了特务的跟踪、恐吓。但他不惧怕，不退缩，照常以举办音乐会来回击反动势力。于子三被害后，为了抗议反动派的暴行，浙大学生进行了"反迫害、争自由"的游行，并掀起了全国性的"反内战"学潮。30 日，在纪念冼星海逝世二周年的音乐会上，父亲指挥合唱团演唱了冼星海的《救国军歌》《生产运动大合唱》《黄河大合唱》《满洲囚徒进行曲》，并又加演了著名作曲家舒模（系中共党员）的《你这个坏东西》，以示抗议国民党反动派。但在这次演唱会上，学生们为了保护父亲的安全，则让他的学生替代他指挥。1948 年 1 月 4 日，国民党为了阻止浙大学生为于子三出殡，派出大批军警包围了学校。此时，父亲站在了主席台上，面向阳明馆前，朝着悲愤的学生队伍，开始教唱挽歌：

我们抬着你的遗体向前走，
走在祖国的土地上。
仇恨的人们听着记着，
今天将烈士埋葬，他日开出民主之花。

著名科学家朱兆祥先生在怀念父亲的文章中提到："沈先生主动地为歌咏队创作了许多鼓舞士气的群众歌曲，培养了歌咏队的小指挥，甚至几次推着破自行车参与学生的示威游行，这在当时的教授中是绝无仅有的。"

著名音乐家孙慎先生为父亲题词："以歌代枪的音乐家——沈思岩。"

在抗日战争期间，我们的父亲与母亲杨增慧相识，为了共同的志向走到了一起。在 1938 年 11 月 20 日婚礼上，父亲指挥大家唱《义勇军进行曲》，展示了他俩抗战到底的决心。此后，在父母亲的一生中一直相互尊重，相互恩爱，相互扶持，不论工作上有多忙，生活中有多困难，他们都共同担当。父亲在浙大工作的一段时间里，母亲不是浙大教员，但她一直积极支持父亲的工作。在合唱团演出时，母亲担任钢琴伴奏，平时则辅导学生练习钢琴，使他们能参与今后的演出活动。1948 年暑期，父亲创作了由母亲取名的大合唱《八月的葵花》。母亲取名的寓意是，八月正是收获的季节，而葵花永向光明，表示“解放”在即。可以看出父母亲对光明的迫切向往和执着追求。中华人民共和国成立后，母亲成为浙大的教师，开始正式教授钢琴和音乐欣赏课。

在浙大举办的众多音乐演唱会上，在学校举行的多场重大活动中，往往会出现我们的父母双双在一起的身影，父亲在台上指挥，母亲在台上用钢琴进行伴奏。正由于音乐这一独特的艺术形式，影响着、感染着人们的心灵，以及音乐人的人格魅力，父亲和母亲赢得了浙大师生们的广泛赞誉。

1947 年，我们全家搬进罗苑，居住在大门进入的天井西侧圆洞门过庭两侧房间。南边间是我们临湖的卧室，推出窗户就能看到西湖的湖光山色。日出日落间，变幻无穷，色彩斑斓的云层曾是幼年留下的最深记忆。沿湖走廊上的“美人靠”（系一种靠椅的雅称）是我们夏天纳凉聊天的最好去处。

北边一间是我家客厅，它靠近罗苑的北围墙。由于母亲是一位善言好客、兴趣广泛的主妇，更是父母双双热爱音乐的缘故吧，这间客厅，成了居住罗苑的陈立、张君川、曾继铎、龚建章、徐声越、任铭善、胡玉堂、王文锦、邵瑞珍、林学检等伯伯、阿姨常常光顾我家的地方，甚至还有来自家住在城里的教师。在这间客厅里，举办过舞会、结婚庆典，还成为浙大合唱团各声部领唱的练习场所。当夜幕降临之时，人们随着美妙的音乐，踏着轻盈的舞步，那阵阵的欢声笑语中，每个人的脸上洋溢着由衷的幸福暖流，在罗苑的上空回荡着，久久不愿离去。多年之后，老朋友相见的言语里，众多的回忆文章中，都会提及在罗苑我家客厅中，欢聚在一起的日日夜夜。这竟成了一辈子挥之不去、难以忘却的记忆。

母亲杨增慧

在罗苑我家西面有个大院子，北侧有个铁栅栏门。

与母亲在一起

合唱团成员在罗苑沈思岩先生家

1952年9月，沈思岩（中）及夫人杨增慧（左）和学生陈晓光（右）在罗苑

记得1949年初的一天，有人发现铁栅栏门被竹帘遮挡住了。之后听父亲说，这样做主要为了防止国民党撤退时流寇的骚扰，用竹帘拦住铁门后，在外面的人就看不见院子里面的情况了。虽然，罗苑离校本部较远，但学校对教职人员的关心还是很细致周到的。

还记得新中国成立不久美国搞细菌战的事，罗苑的老师们组织起来，分片负责轮流值班。母亲做了长筒袜，把它紧紧地绑在父亲的裤脚外面，说是怕细菌侵入身体。值班人员则用口罩、手套、帽子全副武装。虽然，大家心里都觉得，不知能不能抵挡得住细菌，但都非常认真地做准备。现在回想起当年的罗苑，真像一个大家庭。大家心往一处想，劲往一处使，不分彼此，这样的人际关系多么难能可贵啊。

罗苑是我们姐妹度过难忘童年的地方，是我们姐妹无忧无虑快乐成长的地方，也是我们结识发小们的地方。

1952年，国家进行了院系调整。父母调离了浙大，经历了上海华东师大、北京艺术学院等院校的工作。1963年，父亲受命到首都师范大学创建音乐系，并担任系主任。母亲在中国音乐学院从事钢琴教学工作。虽然，我们家一直在北京，但对罗苑的思念从未停止过。在罗苑生活的那些日子，将永远留在我们全家人的记忆中。

2011年10月10日，我们向学校档案馆捐赠了父母亲创作的剧本、曲谱手稿26

件和历史照片 31 张。父母亲在浙大工作的十年，是他们一生中最难忘的十年，是他们为之付出汗水和心血的十年，也是他们获得诸多收获与喜悦的十年。父母亲的史料存放在浙江大学档案馆是最好的归宿，相信父母亲在天之灵，也一定会赞同我们这样做的。

（沈凯蒙　沈西蒙）

罗苑里的音乐之家

走进“国立浙江大学罗苑宿舍”，向右拐，庭院里时而传来嘹亮的男高音，时而传来悦耳的钢琴声。罗苑里的大人小孩已熟悉哈同花园内的天籁之声，都知道这是沈思岩先生和杨增慧女士在客厅里练唱和练琴，一年四季长歌不断。他俩一位擅长声乐，一位擅长器乐，珠联璧合，琴瑟和鸣。沈家两位女儿沈凯蒙、沈西蒙像是一对小天使，天真活泼，在罗苑宿舍内人见人爱。她俩在歌声、琴声中长大，有时跟父母一起去参加合唱活动，从小接受音乐熏陶，两人都喜欢弹钢琴。他们一家，可真是罗苑里的“音乐之家”。

沈家是 1947 年 7 月入住罗苑的，住房紧邻西湖，房前有一个湖埠头，可以和西湖水亲密接触。过了几天，竺可桢校长即上门会晤沈先生夫妇，不久又到罗苑与沈先生商量浙大借钢琴之事，后来竺可桢校长又数次到沈家。竺可桢校

沈凯蒙、沈西蒙与合唱团员在罗苑

沈凯蒙、沈西蒙在罗苑家门口

竺可桢校长与浙大合唱团员合影，第一排居中竺可桢，第一排右一沈西蒙、右二沈凯蒙，第二排左二杨增慧（戴围巾者）、右三沈思岩（摄于1948年）

沈思岩与赵无极两家在罗苑

画家赵无极

长是音乐爱好者，有一次特意到罗苑和教师们一起听音乐（唱片）。竺可桢校长支持学生开展音乐活动，1948年元旦，竺可桢校长参加“浙大合唱团庆祝元旦音乐演奏会”。演奏会后，竺校长与浙大合唱团员合影留念。

沈思岩和杨增慧两位老师在浙大开设声乐、器乐及音乐欣赏自选课程，学生都喜欢听他们的课。1950年考入浙大的学生陈绥章回忆说：“在音乐教室里还存放有三架钢琴，我们班级有的同学还选修了杨增慧先生开设的钢琴课，每到周末晚上总能在这里听到‘唱片欣赏’。”浙大合唱团团员有时也会到罗苑沈先生家拜访、交流，师生同乐。

有一天，浙大合唱团团员租了好几条小船，划到罗苑湖埠头，兴高采烈把沈先生一家接上船，并且按不同声部分坐，一起划向湖中。然后，在沈先生的指挥下开始合唱，一首接着一首，许多游船被热烈的歌声所吸引，慢慢围拢过来，掌声不断，游船上的客人还禁不住连声高喊，“再来一首”，欢乐的气氛久久荡漾在西子湖上……

沈家有时在罗苑举办舞会，罗苑内一些时尚老师也会和颜悦色来参加。沈思岩和杨增慧两位老师风度翩翩，待人和善，我们小孩有时在他们家过道上嬉闹，也从不说一声责备的话。

沈先生夫妇与罗苑对面杭州艺专的赵

无极夫妇是好友。赵无极 1941 年毕业于国立艺专，留校任教，日后成为知名画家，其妻谢景兰是艺专音乐系才女。赵家来罗苑玩，沈家也去北山街赵家玩。

1948 年 10 月下旬至 11 月初，浙江大学邀请著名的女高音歌唱家周小燕、小提琴演奏家马思聪夫妇来校举行演出，竺可桢校长自然请沈思岩教授出面接待。演出会期间，竺校长宴请了周小燕女士和马思聪夫妇，作陪的有沈思岩、杨增慧夫妇和李树化等人。周小燕独唱音乐会、马思聪小提琴演奏会分别在浙大体育馆举行，音乐会盛况空前，师生反应热烈。竺校长亲临罗苑对面的艺专礼堂欣赏马思聪小提琴演奏。

马思聪夫妇演出前几天，在沈家中练习，所以那几天罗苑的老师从沈先生家门前走过时不免有点好奇，听到如此悠扬、美妙的小提琴声，不由得停下脚步朝沈家客厅里张望。在杭期间，沈先生邀请周小燕女士来家做客，还陪同马思聪游览了玉皇山。这场音乐盛会为沈思岩夫妇增添了浓重一笔，罗苑“音乐之家”名不虚传。

（周黔生）

妈妈陈凤梧在罗苑的日子里

1951 年夏，我大哥黄钟基带了弟妹从东北沈阳调来杭州，并在母校之江大学担任教学工作。不久，之江大学土木系并入浙大，我们随着大哥从钱塘江畔的西斋（即之江大学宿舍）住进了西湖边的罗苑。1952 年春天，我 52 岁的妈妈从上海老家迁到杭州，与我们一起生活。刚搬到罗苑时，我们住在“湖天一碧”西侧靠北的平房里（20 号），后来搬到东面八角亭的楼上，它是一幢三面环湖漂亮的西式小楼。

我的妈妈上过师范学校，能读会写，是个知识女性，这在她的同时代女性中并不多见。家乡刚解放，在时局极其动荡的形势下，妈妈支持大哥离家千里，北上建设东北，并且又把二哥送进军营，参加了解放军。那时，我和弟妹们年纪还小，妈妈则承担起全部的家务。由于两个哥哥都是在解放初期参加革命工作，因此能得到离休干部的待遇。

我的妈妈待人真诚、亲和、友善，获得了邻居们的好感。在罗苑居住没多久，妈妈就被大家推荐为居民区的小组长。这个居民区小组长的职务，现在看起来不怎么起眼，可那个年代在政府基层组织中，是一个很重要的岗位。妈妈担任小组长后，一心一意地扑在工作上，热心地为居民们服务。哪家有什么困难，只要讲一声，她都会尽力相助。还时不时地上门做家访工作。此后，在北山派出所负责罗苑户籍工作的民警陈华松的动员和鼓励下，妈妈担任了居民区卫生委员的工作。一提起居民区的卫生工作，给人的感觉，就是又脏、又烦、又累的工作。我的妈妈毫无怨言，她觉得这是上级对自己的信任。妈妈遵照上级要求，积极投入爱国卫生运动中去，以自己的实际行动影响，并带动群众搞卫生，除“四害”。那个时代的卫生工作，曾经经历了一场声势浩大的群众性运动。家家户户，男女老少挥舞涂抹着肥皂水的脸盆，在院子里，在罗苑大门外的草坪上，捕捉蚊子；在孤山的树丛中，人们或敲着脸盆，或打着锣鼓，或击着竹竿，或高声喊叫，汇聚的音响，震耳欲聋。“四害”之中的麻雀真的会从天上掉下来。可见，那个时代群众被发动起来的威力有多么巨大啊。在我妈妈勤勤恳恳、认真负责的工作下，居民区的居住环境变好了。在不知不觉中，罗苑苍蝇没了，大家夜间乘凉也很少有蚊子叮咬了。1958 年，由于妈妈工作出色，赢得了居民们和上级领导的信誉，被评为杭州市“除四害讲卫生”的先进工作者，并获得杭州市爱卫会颁发的奖状。

我大哥在东北工作期间，不幸染上了肺结核病。后来，因无法工作，他就在家养病，浙大也曾几次安排他到临安去疗养。我和弟弟、妹妹三人正在读中学。那时，我妈妈每天都有繁重的家务活要做，但这一切从不影响妈妈的社会工作。后来，她又担任了居民区的治保委员和调解委员。妈妈肩上的担子越来越重，工作上却丝毫没有松懈。为了辖区安全，有时夜间还要佩上红袖章，打着手电筒，与其他人一起到孤山一带去巡逻。有一

陈凤梧（第一排左三）与全家在罗苑旧址合影（摄于 1960 年初）

孤山放鹤亭九曲桥合影，左一黄慧熙、左三陈凤梧（摄于 1954 年夏）

杭州市1958年除四害 講衛生
先进工作者奖狀

陳凤梧同志在夏秋季除四害 講卫生运动中获得优異成績 依照本市1958年夏秋季除四害 講卫生先进工作者标准 評选为本市除四害、講卫生先进工作者

杭州市爱国卫生运动委員会

1958年10月

妈妈的奖状

次，罗苑里有一家的老人走失了。我妈妈四处打听，四处寻找，最后从孤山那边把老人给找了回来。她还经常去西泠印社附近的俞楼开会，和户籍警陈华松及俞平伯老先生的弟媳毛曼珍，李洁华、钱文珠、曹静文等一道研究、部署居民区工作。

妈妈出生在旧时代的封建社会，幼时被迫缠过足，她的双脚已经严重变形。我的妈妈就是用她这样一双小脚，每天迈着小步，这家进，那家出，奔走往来于各家住户之间，克服着常人难以想象的困难，执着地行使着居民区小组长的职责。虽然人很辛苦，但她还是很乐意为大家服务。

从 1952 年入住，到 1959 年平湖秋月景区扩建我家搬离，我妈妈在罗苑整整住了七年之久，可称得上是罗苑的老住户了。妈妈是个慈祥的老人，在罗苑，大家都十分亲切地称呼她“黄妈妈”“黄伯母”“黄奶奶”。

（黄慧熙）

难忘的童年

在平湖秋月的西头曾经有过一座名园——罗苑，也称哈同花园。1952 年 11 月，我就出生在这座名园最东面外形八角的小洋楼里，现在已被改建成梅鹤轩茶室了。在那个年代里，大人们整天都忙着单位的工作，很少顾着自己的家。一大早，爸爸妈妈（张勇昇、朱回春）就坐着校车去上班了，阿姨就把我放在一个立筒里，她自己则可以做其他家务事。这种立筒在当时还是比较流行的，它是用木板制成的圆筒，底端铺有踏脚板，上端齐胸处开口，小孩站在里面可以双手趴在筒口，累了也可以睡在里面。这真是看娃做家务两不误。我就是站在这样的立筒里，看着窗外美丽西湖的景致渐渐长大的。

在我的记忆里，在罗苑对面草坪上看露天电影，可是个大事情，尤其对我们小孩子来说更是件特别兴奋的事啊。那天，一家老小匆匆吃完了晚饭，急急拿着各自的小板凳，早早地在银幕前占据了有利位置。孩子们呢，聚在一起，一边奔跑着，一边大声喊叫，玩着躲猫猫抓抓儿的游戏；大人们则叽叽呱呱嘻嘻哈哈地聊着他们那些互相感兴趣的事儿。沸腾的露天电影场简直成了一场欢乐的家庭 party 了。

在我们这一幢漂亮的小楼的旁边，有一个小院子，庭院不大，却有假山、小池塘。在小池塘的上面有青石板铺就的弯弯曲曲的走道。小院子里有一棵很大的枇杷树，每年一到五六月间，橙黄色的甜甜的枇杷都把树枝压得弯下了腰，十分的诱人。我们这帮小馋鬼，还分了工呢，大哥、大姐爬树上去摘，我和二哥则负责在树下接，手里捧不下了，就赶紧用围兜兜来装枇杷。忙得兄弟姐妹们个个满头大汗，且不亦乐乎。自 1957 年从罗苑搬出后，只要有机会来曾经住过的地方，我都会去看看这棵给我儿时带来欢乐的枇杷树。后来，有一次去时，发现这棵大枇杷树不在了，我还伤心了好长一段时间呢。

我们择西湖而居，儿时发生过许多与水有关的有趣故事。

有一次，杭州连续下了好几天的大雨，西湖水倒灌上来，把大门进来一排平房的阶梯都快要淹没了。我从我家西面的窗户看下去，只见传达室的伯伯正忙着在清理水里漂浮上来的垃圾。

那时，西湖里的鱼虾可多了。哥哥姐姐上学前，先把准备好的蚯蚓穿到鱼钩上，然后把带有绳子的鱼钩从二楼放到湖里，等到下午放学回家，常常会有惊喜的收获。在罗苑时，也经常听到，有人不用鱼饵，光把鱼钩抛下去，就能把小虾小鱼钓上来的传说。

学校里有几只小船停在我家楼房檐下的水面上，哥哥姐姐常带着我们几个弟弟妹妹去划船。一次，哥哥们故意把他们坐的那只船弄翻，并且沉到水里好长时间都没有浮出水面，这时坐在另一只船上的我见状后被吓坏了，大声哭了起来，以为再也见不到哥哥了。当然，这只是哥哥们吓唬吓唬我这个小妹妹的啦。还有一次，在我们楼的东面通向平湖秋月一个边门外，我和邻家强强哥在玩。这时，强强哥哥指着栓在湖边的一只小船问我：“你敢跳下去吗？”话音刚落，我就不假思索地往下跳。其实，那时我才三四岁，根本不会考虑后果。哪想，船是随着风浪在晃荡的，我一脚下去，掉进了湖里。我接连喝了好几口水，强强哥见状可慌了，拼命喊“救命啊，救命”。这时，正好一位路过的阿姨听到救命声，赶紧跑过来，奋力把我从水里拉上岸。我只记得，妈妈闻声急急赶来，把我抱在怀里时，我才放声大哭起来。事后，妈妈带着我找到了那位救我的阿姨，当面向阿姨表示了感谢。依稀中，记得是一位长着长辫子的阿姨，她在平湖秋月工作。妈妈教我去感恩给予自己帮助的人，这一幕，在我幼小的心灵里留下了深深的印象。

西湖在阳光下碧波荡漾的美景给人以心旷神怡之感，但在记忆中的西湖还给过我另一面。那是1956年的一场台风，因为我们罗苑的住房大多是紧靠湖边的。在台风到来之前，我们小孩却一点都不害怕。我还记得，我和二哥两个人披着一块大浴巾在床上蹦啊跳啊，玩得好开心，大人们则忙着防台风的事。为了担心风会把窗户刮走，他们用粗绳子的一端捆住窗户，另一头则绑在桌子的脚上，设法把窗户固定住。罗苑里的人还自发组织起来，进行巡逻检查，看看谁家的门窗如没有关好，就及时提醒他们。即使这样，有的住户的窗户还是被风吹到西湖里了。可见台风的威力有多大。

美院就在我们罗苑墙门斜对面，到休息日或节假日时，就会在学校的礼堂里组织舞会。那时，人们的社交活动很少。我的爸爸妈妈年轻又漂亮，也会挤出时间去参加，放松放松心情。但更多的时候，我见到的是，父亲经常为教学工作，伏案编写教材到深夜；妈妈常常去医院值班，有时星期天也照样上班。

父母亲在罗苑家中

罗苑大门口（外西湖16号）合影，前排左起朱回春（母亲）、张务强（二哥）、张务萍（姐姐），后排从风（奶妈）、张务菊（怀抱者）、张万里（大哥）（摄于1953年）

我父亲在浙大土木系从事教学工作。二十世纪五十年代初，全国院系调整时，土木系并到西安交大。当时，我们家里的行李都已打好包，等待北上了。后据说，在竺校长的一再坚持下，才使浙大保留了土木系。看起来，还是与罗苑有缘分啊。

罗苑的童年生活真是五彩缤纷。春天，我们在白堤上欣赏桃红柳绿的美景，可以在锦带桥上放飞风筝。夏天，我们可以在湖里戏水；戴着自做的荷叶帽，在孤山上“打游击”。秋天，我们在浸润满苑的桂花香味中，唱着歌，划着小船荡漾在湖面上。冬天，我们在对面的大草坪上堆雪人、打雪仗，尽情地玩耍。

罗苑啊，是我梦萦魂绕，终生难忘的儿时乐园。

（张务菊）

罗苑——我儿时的天堂

家父龚建章在英国伦敦大学热带卫生与医学学院获博士学位后回国，于1948年受恩师孙宗彭教授邀请，被竺可桢校长聘为浙江大学医学院教授，教授寄生虫学。他在浙大教过的许多学生中，有不少都成为我国医学界学科的领军人物，其中就有神经生理学家、中国科学院院士陈宜张。那时，在浙江地区做丝虫病、血吸虫病的研究和防治工作，需要经常去农村采集标本，即使处于国内战争时期和新中国成立初期，社会治安不好，他还坚持下乡。有一次，家父在去村里采集标本的路上，被土匪抢劫，甚至受了伤。

龚建章教授在伦敦（摄于1947年）

1948年家住罗苑时，我才4岁，我真正记事是从这里开始的。位于平湖秋月西侧的罗苑，当时是浙大的教师宿舍。人说“上有天堂，下有苏杭”，这罗苑可谓是天堂中的天堂，只可惜那时我年龄太小，不懂得欣赏这天堂的美景。罗苑是一个建在西湖边的典型中西合璧的江南庭院，院内大树参天，绿树成荫。在绿树花丛间散落着一栋栋一二层的楼阁，每栋楼像是一个独立的花园别墅，但又相互连通。沿着鹅卵石铺就的小路，穿过圆形的拱门，绕过前面的假山后，才能见到另一栋小楼。有的房子甚至一半伸向西湖，由扎根湖底的几根石柱支撑着。我们住在一栋中式的二层楼房的底层，窗外的走廊朝西湖的一侧，是一排镂空栏杆的木椅子。高大的门窗上，雕有精美的图案，透出中国传统文化的韵味。门前是一块高出地面的平台，在平台的左侧有一棵大树，依树搭建了一个简易的小厨房，再向前跨十步即是西湖，正面恰对着三潭印月。

当时，我们烧饭喝水用的是井水，家里则备有一口大水缸，平时把井里打上来的水先倒进水缸里，往水缸里加点明矾，起到将杂质沉淀的作用。我记得，家里有个脸盆架，上面有个挂毛巾的 T 型架子，在下面的十字支架上可放脸盆，洗完脸的水就泼到门外的草丛中。每天一大早就会听见倒马桶的吆喝声，各家各户赶紧忙着去倒马桶，刷马桶。

春季里，烟雨朦胧，一叶扁舟泛游在西湖之上，渔夫身披蓑衣坐在船头垂钓，两脚轻轻地伸向水中拍打，一手在空中划出优美的弧线，且不时向水中撒下一把把碎菜叶去吸引鱼群；夏天，“接天莲叶无穷碧，映日荷花别样红”这首出自宋人杨万里笔下的佳句，是西湖此时此景的真实写照；秋天的夜晚，西湖上星星点点的亮光，是渔民用灯光吸引螃蟹钻进捕蟹的竹笼里；冬日，在西湖波光粼粼的水面上，一个个小黑点时隐时现，却是野鸭在湖中潜游玩耍的身影。

儿时最喜欢的游戏是钓湖虾了，棉纱线上结个鱼钩，再在鱼钩上穿上一段蚯蚓，垂在紧靠岸边的水里，不一会儿，石缝里的小虾出来探头觅食，就会被我们活捉；晚上把竹编的空菜篮放入水中，第二天提上来只见爬满了青壳螺蛳。当然，这都成了我们餐桌上的美味佳肴。最让孩子们钦佩的是门房的儿子“瘌痢头”阿四，他能手拿竹篮跃入湖中兜住鱼儿，还能用梭镖刺中水中的大鱼，真似梁山好汉“浪里白条”了。

晚饭后，与爸爸妈妈去孤山散步。爸爸教我站在放鹤亭前，对着里西湖背后的山，用手掌卷成喇叭状，拖着长调大声呼喊：“老——和——尚！”一串串回音则从山那边传来。这是我第一次体验回声。

我家隔壁住着美国留学回来的电机专家曾继铎教授和邵瑞珍阿姨，他们的女儿曾思美经常跑到我家来玩。我父亲很喜欢孩子，常常给她各种好吃的东西，惹得我醋心大发，于是乘人不备偷偷地欺负她。一次，她为了“回击”我，甚至在我肚子上狠狠地咬了一口，至今还留有疤痕。这可是罗苑留给我的纪念啊。

1952 年院系调整之后，我们和曾教授家都搬到上海。数十年来，两家从未中断过联系，我报考高中时得到曾阿姨的辅导；报考大学时，我父母不在身边，又得到曾伯伯的指导；即便在最艰难的“文革”期间，两家的经济都不很宽裕的情况下，哪家的孩子下乡缺钱用了，都会尽力给予对方资助。

声学教授沈思岩家是罗苑的“音乐之家”，教授们喜欢去他们家聚会，我父母也是沈家的常客。大人们在欣赏音乐和跳舞的时候，我们小孩就玩着自个儿的游戏，且也乘机捞点好吃的。我是哈同花园出名的淘气鬼，曾将沈西蒙家的爱猫扔进西湖，是想看看它究竟会不会游泳。结果我闯下大祸，猫却被淹死了，惹得沈家全家大怒。我和沈家的两个女儿，沈凯蒙和沈西蒙，曾同乘一辆黄包车上学。我和凯蒙挤在座位上，经常欺负西蒙，她只能被挤到下面坐“二等座”。院系调整时，沈伯伯调到华东师范大学任教，全家也即迁往上海。那时每年春节，父母都会带我去曾、沈两家做客，这成了我家的惯例。1960 年，我去北大念书期间，周末经常去沈伯伯家“蹭饭”，尤其是在三年“困难”时期，这可不是一件容易的事，谁家愿意留一个大小伙子在家吃饭啊！沈伯伯一家于我有恩。奇怪的是虽然我们在罗苑只相处了四年，但两家的情谊六十多年都没有中断过。在我们曲折的人生旅途中，去过上海、北京、四川、深圳以及英国等多地，甚至老一辈都离世了，我们这些七十多岁的老人至今见面时仍会相互热情拥抱。这都源自罗苑时的友谊。

那时，杭州人似乎特别讨厌上海人。我们经常趴在围墙上向街上黄包车上的游客扔石子（我们以为他们就是上海人），当游客追进哈同花园时，我们这帮淘孩子早就鸟兽散，逃之夭夭了。

一个深秋的清晨，满地落叶，薄雾蒙蒙。我一人去后孤山玩时，看到树上吊着一个死人，吓得我扭头就跑。这是我生平第一次见到死人。那时正是“三反五反”、镇压“反革命”运动时期。

我 4 岁就上小学了，并不是什么天才儿童，只是父母白天要上班，想找一个地方来管束我,就把我送进了学校。我上的第一个学校是里西湖小学。有一次，在放学回家的路上，我一边走，一边看小人书，看得津津有味，以致走到西湖岸边都不知觉，结果掉进了湖里，喝了不少西湖水，还差一点被淹死，幸亏船夫及时把我救起。我真是命大啊。

在里西湖小学上了一个学期后，我转到杭州城里的弘道小学，据说是一个质量较好的教会学校。不知怎么搞的，我从小就不爱念书，成绩不好，就越加不愿上学，甚至为了逃学，做出了把书包埋在沙堆中之举。然后，去书摊看小人书。我又没有表，等看到其他同学下课了，我就把书包从沙堆里扒出来，若无其事地回家去了。学校发现我好几天没去上学，老师告诉我妈妈，东窗事发了，自然少不了一顿痛打。

在杭州这几年的事情，我记得不少，唯独学校里的事，我毫无印象，足见我对学习毫不上心。但在我的记忆中有一件事比较深刻，那就是一篇受老师表扬的作文。我记得作文的题目是《苍蝇与蚊子的对话》。那时正值抗美援朝时反细菌战，小孩的作文也要联系实际。我写的是苍蝇与蚊子的对话，它们企图将细菌传染给人们，最后被爱国卫生运动消灭了。

这里曾经是给我留下最美好童年回忆的地方。罗苑被拆除了，唯有我们住的那栋楼还在。它曾经做过水上派出所的办公室，出售旅游纪念品的小商店，最后又被咖世家咖啡馆租用。每次去杭州，哪怕只有一点时间，我也会去西湖边罗苑旧址的长椅上静静地坐一会，细细回味着昔日在这儿发生过的那些故事。

由于抗美援朝战争的需要，国家在上海组建了中国人民解放军医学科学研究院，从全国各地抽调了一些医学方面的专家，爸爸也是其中的一员，他所从事的是反细菌战的事业。1952 年 9 月，我们全家随迁上海。

再见了，罗苑，我儿时的天堂!

（龚雅谦）

罗苑记事

父亲曾继铎，留美硕士。1947 年 10 月回国后，经他的老师王国松教授举荐，到浙江大学电机系任教，入住西湖边上罗苑浙大教工宿舍“湖天一碧”，与沈思岩和龚建章教授为邻。那年，我四姐思美刚出生，4 岁的三姐龙翔被寄养在上海，家里除了爸妈，还有从江西老家来杭的奶奶、大姐玲翔（16 岁）、二姐凤翔（13 岁）。

大姐和二姐应该对罗苑有记忆，最近我三姐给远在西安的大姐打了电话，她已 88 岁高龄，还清晰记得凯蒙和西蒙一家以及雅谦一家。

大姐 1949 年 8 月参军，离开罗苑，到南京当了个文艺兵，估计凯蒙对她会有印象，但西蒙和雅谦不可能记得我大姐了。

我是 1950 年出生的，应该算是出生在罗苑，后来随父亲一起搬到刀茅巷。什么时候搬的家，估计是在我母亲调到位于上海的华东师范大学之后。对罗苑的记忆都是来自他人的回忆。

曾继铎（左三）、邵瑞珍（左六）夫妇与郑晓沧（左五）、任铭善（左二）等在罗苑

曾慧锡在罗苑旧址留影（摄于 1970 年）

曾慧锡与沈西蒙在平湖秋月合影（摄于 1970 年，背景罗苑旧址）

我的祖母曾经告诉我，我出生后，家里给我请了一个奶妈，她是本地人。我的奶妈每天等我父母上班后，就把我带上，去家门口的湖埠头等她的情人——一个在西湖上做艄公的人。这个划船人把我们接上船后，在西湖里玩一整天。在那时候，不是每个临湖的房子都有湖埠头，据说当时临湖的人家都是到西湖洗衣服、洗碗、洗菜的。

1953 年 3 月，我母亲邵瑞珍调到华东师范大学教育系任教，我们子女随母亲一起迁至上海。父亲于 1955 年离开浙大，调至上海交通大学电机系任教。

2018 年 9 月，我从加拿大回国省亲，和三姐从上海到杭州、江西、西安一路寻根、问祖、省亲。

到杭州这一站，在亦平的陪同下，我俩到浙江大学西溪校区校档案馆，成功查阅到我们父母亲在浙大求学和工作期间的资料。

手捧着这些在战火纷飞年代，尤其是浙江大学西迁途中留下来的宝贵资料，我们看到了父母当年中国抗日战争时期，为祖国教育事业所做的贡献。

遗憾的是，父母亲的这段历史，生前他们缄默不语，而我们也没来得及问……又经历了“文化大革命”时期的抄家，能留下来让我们回忆的东西少之又少！

（曾慧锡）

梦中罗苑

曾坚（曾思美）与母亲在罗苑院子里

童年是在罗苑度过的。1953 年，我随母亲搬去了上海。5 岁以前的事，真的记不起多少了，只有那梦中的罗苑。它依稀的轮廓犹如一幅草草的铅笔画，存在我永远的记忆里。随着岁月添进了许多内容。草草的铅笔画已成色艳浓重的风景画。这就是我的罗苑，一块风景美丽，才俊辈出，藏龙卧虎的宝地。梦中的罗苑,有着矮的围墙,一个小门，还有个门房。进去，穿过一个花园，那里满处的花总是开着的，踏着小径，再上几级石台阶，那就是罗苑第一家。我们，还有龚伯伯、沈伯伯，三家住在和大观园里一样的中式楼房里。清晨打开长长的两扇门，迎面就是西湖，那朦朦胧胧的晨雾升腾而起，扑面而来，还带着甜味；一颗高高的桂花树就在宅旁，每年的秋天，金桂飘香，随风落下，扫在一起装入糖罐，就是正宗的桂花糖。我帮我母亲采集过，这我记得。白天大人们都去上班了，我们孩子的任务就是拼命地瞎玩。跑来跑去，爬上爬下，沾花惹草，岳坟、西泠印社，还有平湖秋月，都是我们的玩耍之地。我只是跟着一群比我大的孩子，领头的就是西蒙姐姐，好事坏事都是她出的主意。她的姐姐凯蒙，可是我的救命恩人呀，雅谦哥哥把我推进了西湖，凯蒙姐拉了我上来。冬天，棉袄湿了，冷得发抖……这是真的，只是我不记得了，事后大人们说的，还有我咬他一口的疤痕为证。如此美丽的西湖边，多么快乐自由的童年。在孩子们的眼里，罗苑的大人们都是青年才俊，他们睿智潇洒，个个学业有成，事业满满。几十年过去了，历史证明他们就是这样一群在许多领域为祖国做出了贡献的中国知识分子。在网上，我们可以搜索到他们的著作、理论、贡献和生平。一方湖水养一方人。曾经住过罗苑的人们，能不忆罗苑？几十年后，每次回国探亲，我必去西湖这个让我梦回萦绕的地方。在平湖秋月倚栏，静静地望着那唯一还留着的小楼，曾是我们三家人住的罗苑旧居，现在是卖西湖藕粉的小店了。爸妈，沈伯伯，沈阿姨，龚伯伯，龚妈妈，怀念你们。

曾坚（曾思美）

永远的家园

二十世纪二十年代，杭州“西湖十景”之一平湖秋月西侧，曾有一座神秘的私家花园——哈同花园（即罗苑）。它是著名犹太商人哈同与其妻子罗嘉陵在杭州的私宅，曾闻名整个杭城。抗日战争胜利后，哈同花园作为浙江大学教工宿舍，我们的父亲曾经居住于此。

家父张君川为浙江大学资深教授、著名戏剧理论家、翻译家。1940 年，他受聘于西迁途中的浙大，教授德文、俄文和戏剧理论。家父通晓英语、俄语、德语、法语、日语、西班牙语、意大利语等十七门外语。先后在全国六所大学担任过教授，为中国戏剧界培养了一大批剧作家和表演家。他研究莎士比亚戏剧理论六十余年，被誉为中国的“莎剧之父”和中国的“莎学泰斗”。父亲在清华大学读研究生时，曾受到革命的启蒙，聆听徐特立的《抗日战争形势和国民任务》的报告。后在上海《侨声报》当记者时，又有幸聆听过周恩来的《关于隐蔽对敌斗争的报告》，并与范长江、茅盾先生多有接触，从而接受了共产党人的诸多思想，开始了由一个传统知识分子向进步知识分子的转变，为今后成长为爱国进步教授奠定了基础。1946 年浙大回迁杭州后，他以自己的专业为武器，亲自导演了《夜店》等进步剧目，与反动黑暗势力作斗争，《夜店》也因此轰动杭城。《夜店》在杭州公演后，学生、市民蜂拥而至，场场爆满，历时一个月而不衰，成为杭州话剧史上浓笔重彩的一页。1949 年，杭州解放前夕，竺可桢校长坚持“浙江大学是浙江的大学绝不外迁”，与浙大进步师生共同抵制蒋介石迁至台湾的命令，从而使浙大留在了杭州。1949 年 5 月，杭州解放。杭州军管会代表林乎加亲自点将，家父被任命为军管会接管浙大的 9 人小组成员之一，并担任了医学院接管组组长一职，为浙江大学的顺利回归新生政权发挥了重要作用。

浙大从遵义回迁杭州后，父亲住进了西子湖畔的哈同花园。当时父亲住在临湖一座小洋楼（八角亭）的二楼，小楼的一半跨在湖面上，高大的门窗都是木质雕花的。在这里，家父曾经不顾个人安危，将进步学生藏匿在家中，躲过了反动当局的追捕；在这里，地下党和进步学生曾经秘密开会，家父通宵守在门外放哨；在这里，度过了多少个不眠之夜，因家父上了特务的黑名单而被特务跟踪监视；在这里，家父也见证了解放军开进杭州，浙大拥入新中国的胜利时刻；在这里，家父还迎来了一生中最幸福的时光，在美丽的西子湖畔与我母亲李敏女士相识、相知、相恋，并结为夫妻，有了自己的家。从此，因为父母，我们一家人与哈同花园结下了不解之缘。

1952年院系调整时，父亲调至中央戏剧学院任教。在北京期间，我们相继出生。儿时起，我们就知道，在杭州我们曾经有个家，在平湖秋月旁边的哈同花园。那里有秀丽的山峦，明镜似的湖面，随波荡漾的小船；有四月的桃花，六月的荷花，八月的桂花；有古代诗人苏轼的“欲把西湖比西子，淡妆浓抹总相宜”的魅力；有许仙、白娘子相会在断桥的凄美爱情故事。父母亲记得，离哈同花园很近的地方有个餐馆叫“楼外楼”，打个电话就能预订到最美味的鱼头浓汤和油爆虾（那都是刚刚从西湖里打捞起来的鱼虾）；也记得窗外平静的湖面上，常有坐着游客的小船摇过；远处墨色的山峦，在淡淡的云雾中时隐时现；在日出、日落的霞光下，西湖则不断地变幻出绚丽的色彩；沏上一杯香喷喷的龙井茶，依坐在窗前，美丽的湖光山色尽收眼底。

父母婚纱照

由于父母亲一直心心念念地想回家，几经努力，终于1962年调回杭。家父在杭州大学外语系任教授，负责培养戏剧理论及莎士比亚研究生。他是教育部核发的杭州大学第一批硕士点的学科带头人。父母亲回杭后的第一件事，就是带着我们全家

与父母亲在罗苑旧址合影

来到平湖秋月。可是，哈同花园已不复存在，我们原来的家由两层小楼，变成了美丽的亭子（即现在的梅鹤轩）。西子湖畔的秀丽景致，使我们领略了家的温馨和味道。回杭州后好多年，每逢节假日，家父都会带着我们去看看我们曾经的家。一家人围坐在梅鹤轩的亭子里，听父亲给我们讲述家的美好故事，使得我们久久不愿离去。

时至今日，每每走过那深深镌刻在我们脑海里的哈同花园，那秀色可餐的绿水青山，那霞光中古朴的八角亭，都会有一股莫名的暖流涌上心头——它是我们心中永远的家园。

（张俐俐　张俐莎）

我的罗苑记忆

望着书柜中摆着的祖父母合影遗像，我的思绪就像穿过了时光隧道，回到了幼时的乐园——哈同花园。哈同花园即罗苑，在我祖父母居住时该花园属于浙江大学教师的居所，有许多浙大的著名专家、学者在这里度过了他们的美好时光。

我祖父 1948 年入住罗苑，1958 年才离开，前后共十年，可说是浙大教师中居住罗苑时间最长的住户了。

记得那年我 4 岁（1952 年），被带进了有着高高围墙的“西湖边上的花园房子”。这座房子既漂亮又清静，房间门外有一条宽宽的地砖走廊，走廊边上装有镶着花纹的木栅栏杆，一眼就能看到碧波荡漾的西湖以及湖中的小岛。走下走廊便是假山重叠的小花园，种着各色花草树木。记得幼时，我被祖母牵着在走廊上跑啊，跳啊。年岁再大些，我就跟其他小朋友一起在小花园里捉迷藏，爬假山，捉蜻蜓；在走廊上跳牛皮筋，跳格子，踢石头……玩得不亦乐乎。

那时的祖父在我印象中是位严厉、慈祥的老人，他对我的行为举止都有管束，坐要有坐相，站要有站相，与朋友走路不能勾肩搭背，吃饭时让长辈先动筷子，等等。但当他看到我寂寞时，又会教我拍皮球，教我数数，还边玩边说：“把你妹妹接来，有个玩伴。”幼时的我体弱多病。当我生病时，祖父就会抱着我坐在沙发上摇晃，一边哄我，一边给我唱“东方红”。我生平的第一首歌就是听祖父唱的歌曲学会的。

暑假里的每个夜晚是我最期盼的时候，吃完晚饭后祖母会把椅子搬到走廊上，于是我与祖父就坐在椅子上，欣赏欣赏湖景，数数天上的星星；祖父也会海阔天空地给我讲故事，什么“三国演义”“武松打虎”“许仙与白娘子”，以及罗苑的来历等，我百听不厌。

我妹妹来杭后，祖父对我们的学习也非常上心，有空就教我们背唐诗。我记得，在小学一年级时的暑假里，祖父就让我们学写毛笔字，一撇一捺，一竖一勾，他都要手把手教；祖父在教的过程中，把字的结构耐性地讲解给我们听；他还认真批改习作，写得好的用红笔圈起来。我上小学高年级时的毛笔字经常受到老师夸奖表扬，我想这些都得归功于祖父教诲吧。

我与妹妹幼时都是贪嘴的馋猫。为了控制我们的零食欲，放假时祖父就规定，必须上午 10 点才能每人发两三块猫耳朵小饼干。所以每到 10 点，我们就会缠着祖父，一个劲地叫“好公，好公”（我们家乡对祖父的称呼），这时祖父就会从书桌边站起来，且笑眯眯地从柜子上取下饼干盒，把点心分发给我们。

我妹妹幼时脸蛋红通通的，像个大苹果，活泼漂亮，人见人爱。每年正月初一，祖父医院眼科的同事们都会一起上我家拜年。我祖母会端上早已准备好的各式春卷、糖果让客人品尝；我妹妹则为客人表演少儿节目，我祖父会笑得合不拢嘴。而我呢，胆小，总躲在后房不敢露面。还有一次，我妹妹调皮，一个人溜出罗苑大门外。那时，西湖边经常有外宾游玩，他们看见我妹妹可爱的模样，就抱着她游孤

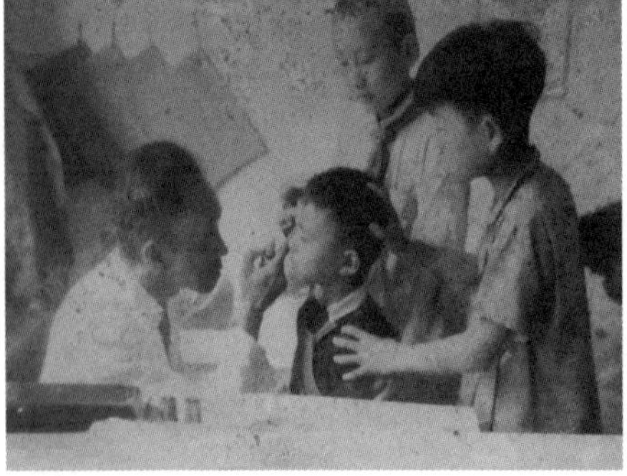
姜辛曼医师在给儿童治疗眼疾

姜辛曼夫妇与孙辈合影（摄于 1967 年）

姜辛曼夫人在罗苑

山去了。因为找不到妹妹，急得我祖父真像热锅上的蚂蚁，坐立不安，幸好过一会儿，外宾送我妹妹回家了。

罗苑花园里有二处通向西湖的台阶，台阶大约有七八级。那时的西湖水非常清澈，祖母有时会拿着床单等大件直接到湖里清洗。有时，我们小孩也会走下台阶，把手伸进湖水中玩水嬉戏。我小学二年级时的一个夏天，我与同学一起在罗苑的湖边台阶下玩，我们把脚伸进湖水中来回划动拍打，好惬意啊。但不知怎的，我脚一滑整个人就跌进水里了，幸亏同学马彩娥一把抓住我，把我拖上岸，吓得我以后再也不敢走近湖边台阶了。

春去秋来，斗转星移。往事一件件、一桩桩浮现在眼前：罗苑的风声，雨声，湖水拍打湖岸的节奏声，夜晚猫咪们的嘻闹声，都让我浮想联翩，回味无穷……

“罗苑”是我欢乐童年的印记，“罗苑”我永远怀念你！

（姜颂期）

我们的祖父——姜辛曼

祖父姜辛曼教授，1900年出生于江苏江阴华士镇上颇有名望的官宦之家，因自幼体弱多病，其父母就让他学医以强身健体。医专毕业后祖父一直在苏州、镇江、无锡等地各大医院从事眼科工作。民国时期，祖父通过考试成为赴美留学的中国医生。祖父在美学成后婉拒了美国导师的挽留，毅然回国，与林巧稚等著名专家一起在北京协和医院共事数年。后因家乡老母牵挂，祖父便南下先后在南京、无锡、苏州等地各大医院眼科工作。抗战时期，祖父又携家属随医院内迁至贵州等地。抗战胜利后祖父回到南方，同时供职于无锡、苏州、南京、镇江等地医院。不久，祖父应浙江大学医学院王季午院长聘请，赴杭州担任浙江大学医学院眼科教授兼浙大医学院附属一院首任眼科主任，直至1973年8月病故，享年72岁。

回顾祖父的一生，从医四十八年，他对医务工作及院、科行政工作一丝不苟、极端负责的精神，在我们幼小的心底留下了深刻印象。特别是他对病人的极端热忱，关爱备至。在他的眼里，大人物，小人物，他都一视同仁。那时每到周日，许多大学教授如杭州大学的姜亮夫、严群，美院的陆维钊，书法大师马一浮等都因眼疾来家找祖父咨询，后来都成了朋友。而对瓶窑农村来的有位名叫月芝的病人，祖父看到她家境贫困，眼疾严重，又住不起院，就将她安排在家中住下，让祖母照顾，并想方设法自掏腰包为她去舟山等地购买

浙大一院開院紀念合影人員名單

第四排：費鎣璊　潘志遐　戴樂培　張正勤　孫仁燈　田洛來　陳松年　白濛　殷闓茂　沈矛令　孙婉英　李壽臯

第三排：沈乙白　吳杲諴　俞增福　姜叢信　汪輝忠　戴銘瑾　朱國華　詹鏡霞　張德璊　王永馥　章文學　任一陽　黃錄才

第二排：張泰甫　羅鴻賽　俞壽民　蔡鉞侯　俞培琴　李鴻濱　陳信寶　馬逢順　徐文正　施穀經　孫國珍　駱文博　肖慶園　王靄芝　屠珍荃　吳嗣輝　蔡琛

第一排：楊松森　王欽明　趙易　劉雲華　梁樹今　郭紹宗　張簡青　王季午　竺可楨　竺可楨夫人　李天助　張發初　姜辛曼　樓福慶　李志彬　賀續君

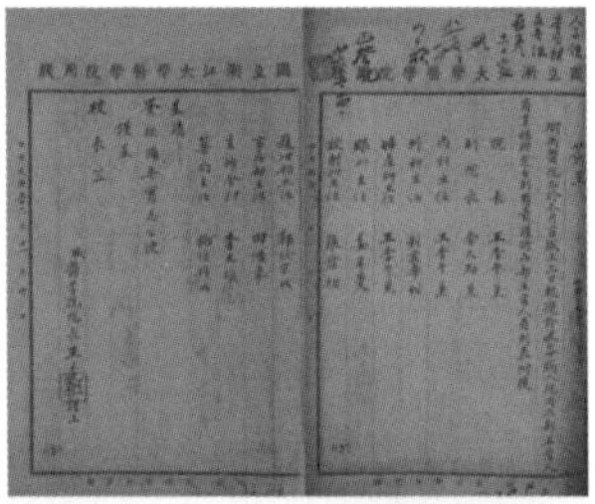

第一排右起第四位为姜辛曼教授

新鲜鱼肝油等各种药材治病。在我们的记忆中祖父对医术是精益求精，白天他在医院接待各种病人，每到晚上，他就翻阅各种厚厚的英文书籍，查阅疑难杂症的治疗方案，召集科室开病例研讨会。他没有娱乐，没有休息时间，除了看书还是看书，或批阅杂志社转来的医学文稿。

竺可桢校长对祖父关怀备至，1948 年 2 月 16 日和 1949 年 2 月 13 日，两次来我家看望我祖父。

祖父的英文水平非常好，在北京协和医院工作时，曾多次在全院大会上为外国专家做翻译，但他还不满足，在他五十多岁时还定时收听广播学习德语、俄语。

祖父在美国留学时，曾将祖母的陪嫁饰品卖掉后重金购买了一套先进的眼科器械，二十世纪五十年代祖父看到医院医疗器械匮乏，就主动无偿捐献了这套器械给浙一医院眼科。

二十世纪六十年代初，为了编写大型的《眼科全书》，祖父不顾年老多病，想方设法查找相关资料，呕心沥血，终于在 1965 年与唐国藩主任合作完成了全书的编辑出版工作。

“文化大革命”期间，祖父曾因“学术权威”遭遇迫害，但他始终没忘记自己是位治病救人的医生，当医院有病人向他求助，他仍一如既往、满腔热情地接待诊治病人。

祖父晚年，因患癌症曾先后施行了三次大手术，他对抗病魔的顽强毅力也使我们晚辈感动不已。虽然他的疾病得到了省、校、院各级领导的高度重视与关怀，但祖父最终还是因抢救无效，与世长辞了。

祖父以他毕生的精力，实践了自己的誓言，为人民卫生事业，兢兢业业，鞠躬尽瘁！

（姜颂期　姜颂颐　姜颂彭）

五十年风雨相随——忆我的父亲

父母亲在西湖前留影

父亲徐道观在浙江大学西迁途中考入浙大机械系，随学校千里跋涉，一路颠沛流离，于1939年底抵达贵州遵义，并于1946年毕业，留校任教。随之东归、返杭。1988年退休。

五十年间，父亲与浙大患难相随，休戚与共，终生服务于教育事业，反映了一代知识分子孜孜不倦地追求与不灭的理想！

1946年父亲回杭州，1952年搬入罗苑居住，1957年底搬离罗苑。在之后的教学道路上，父亲在学校党委和行政的领导下，创办了浙江省高校首个“农业机械系”，为浙江农业机械化的建设和发展，做出了卓有成效的贡献，于此，也走向了自己人生和事业的巅峰。

(一)

父亲毕业后，工学院王国松院长找他谈话，征求留校意愿，父亲欣然接受。后经院务会议讨论并报请学校，聘用任教。学校决定父亲留校的时间是在遵义，但当时抗战已获胜利，学校决定回迁。回迁期间，大部分教职员工都是零散回杭。但教授以及有家眷的员工，则是由学校安排专车，当然还有一些是集体搬迁。而像父亲这样的助教，学校仅补贴少量盘缠，自行回杭。父亲回杭途中，须经南昌老家，这是父亲离家八年后，第一次回家，当时心情非常激动。由于留校、东返等一系列情况都是接踵而来，父亲根本来不及写信通知家里，只能是“突然袭击”。据父亲回忆，当时刚进家门，就看见奶奶坐在堂前，正与几个人打麻将。父亲进家后也没人搭理他，只能在边上站着，过了些许的时间，才有人过来说：“我们这里没人要理发，你好走了。”父亲当时手上提了一只很小的手提皮箱，据说以前的理发师傅都是提着这样的小箱子，里面尽是理发的工具，走街串巷，吆喝着为大家理发。八年前，父亲离家时被家里人称为“北瓜”，意为胖子，而眼前的这位瘦高个，面容憔悴，显然未被大家认出，以致闹出了笑话。父亲出现在家人面前的模样，反映出西迁学业的紧张以及条件的恶劣与艰辛。父亲的二哥，当时已在江西省立银行任副经理，家境可谓富裕。他为父亲购置了一套西装，一双皮鞋，这个基本上是当年大学老师的标配。于是，穿着整洁的父亲，信心满怀，赴杭州浙大正式就职。

父亲到杭州后，拿到的第一个月工资，做了几件事。第一件事，寄钱给母亲。第二件事，去医院拍了一张 X 光片子，因在学生时期，曾罹患肺病 ，X 光显示，病情完全康复。第三件事，与老同学一起去了趟上海。也许是因为抗战胜利了，也许是因为毕业后有了工作，那段时间心情特别好。

（二）

父亲刚到学校，就被安排为张德庆先生的助教。张先生是国内著名的内燃机专家。1946 至 1947 年期间，他任浙大机械系主任。由于，张先生在上海兼有一份工作，每周在浙大讲课的时间为 3 天，另外 3 天去上海。张先生课后的答疑、批卷等大量的课务工作均由父亲来承担。当时，父亲已看到，相比较蒸汽机械，内燃机械更为先进，是国家今后的发展方向。但当时在遵义念书时，学得更多的是蒸汽机械。父亲给张德庆先生当助教时，很多知识都是边做边学，并从中掌握了更多的知识。可惜父亲当时忙于教学，没有抓住时机进修，以致二年后张先生调回上海，父亲在内燃机械学科方向上，就没有再进一步深入研究下去。这是父亲第一次失去主攻专业的机会。张德庆先生离开浙大后，1948 年，学院又聘请了铁道部老专家程孝刚先生担任机械系主任。程孝刚提议父亲担任系教育秘书并兼系机械工厂负责人，重点是加强学生的教育实习环节。父亲服从安排，也是欣然接受。1949 年初，程孝刚先生接到一项任务，须利用学生实习，完成一批列车机务零件的加工。因此项任务比较繁重，父亲要求脱去教育秘书的工作，全力投入工厂的建设和学生的实习中去。直至 1952 年程孝刚先生调离浙大，父亲一直忙于机械工厂的建设和发展。1952 年，“三反”“五反”及“思想改造”运动暂告了一个段落，国家有计划地着手全国高校的各项调整与改革。随着 1952 年院系大调整工作的展开，浙江大学的文学院、理学院、师范学院、农学院、医学院被相继划出。浙江大学仅保留了电机、机械、化工和土木四个系，定位为一所纯工科性的大学。随之而来的是，专业教研室的进一步确立和调整。

父亲当时被明确，从工厂中脱出来，回教研室工作。当年，父亲的一位同班同学刚从美国学成归来，到浙大后，学院聘他为副教授。此时，他正在着手组建一个热力学教研室，因父亲所学专业与其相近，进入热力教研室本是顺理成章，更何况这位老同学，多次邀请父亲做他的副手。此时父亲却有点为难，因为系里已先于老同学的邀请，安排他去制图教研室任副主任，并有了明确的要求，协助陆迟先生进行制图教学体制的改革，将原先的英美教学法，改革成苏联模式，以及教材的重编工作。一边是老同学的盛情邀请，以及国内还刚刚起步的新兴专业的诱惑；一边是组织安排的工作。

画法几何及机械制图是一门传统学科，它是机械设计制造过程中不可缺少的一门专业基础课，但它的成熟性，清楚地表明其发展空间是有限的，而眼前面临的是，学校须对教学模式进行大规模的改革，以及教材的重新编写，任务十分艰巨。父亲在这一人生的重大决策上，再次选择了服从组织的安排。这对于父亲个人来说，也许是一次并不准确的选择，但对学校工作而言是十分有益的。母亲对于父亲的这一选择，一直持反对态度，她经常会在不同场合，表现出抱怨的情绪，但父亲本人，却从未表露出对这一决定的任何怨言。直到晚年，这位老同学病重住院，父亲前往探望。老同学相见，又到垂暮之年，大家不免互吐真心。父亲回家后，借老同学的话语表达了自己当时的一种心境。当时，老同学拉着他的手说：“当年，如果你来了热力学教研室，我的工作可能会轻松不少。”言下之意，由于当年没有与父亲一起共事，他在工作中和工作之外面临了很多的棘手问题，以致心力交瘁。我父亲的性格，虽耿直，但随和，很容易相处，也正是老同学与父亲同窗数年，相知甚深，才会有此肺腑之言。父亲的这一番借言，是否有对人生选择的另一种思考，他未言明，故不多作议论。但有一点，父亲信任组织，对组织的安排，从未有过任何微词！ 1953 年，父亲到了制图教研室后，积极协助陆迟先生进行教材的修编，同时也对教学的模式、方法进了全面的改革。父亲谈到，用了大约 3 年的时间，把英美的教学模式改革成苏联模式，成绩还是很显著的。1956 年，父亲加入中国共产党。1957 年，反“右”斗争开始，父亲的二哥、三哥，分别在江西南昌和广西南宁被划为“右派”。这对刚入党的父亲，无疑是一种政治上的考验。父亲天性诚实，在第一时间里，即将此事向组织进行了汇报。然而在生活上，父亲深知二哥家庭生活陷入了困境，他每月都没少往二哥家寄钱，虽为杯水车薪，却彰显了患难与共的兄弟之间那种携手相持，以及那份浓郁的手足之情！随着反“右”斗争的结束，1958 年初，周荣鑫调浙江大学任校长，说明国家对高等教育予以了充分的重视。周荣鑫校长到浙大后，增设了很多新专业，其中包括了农业机械专业，父亲被调任该专业任教研室主任。这一调动，对父亲的事业生涯意义重大，也可以说，完全改变了他的人生轨迹。父亲回忆，当年他没有坚持自己的意见，而是又一次服从了组织的安排。“大跃进”运动以后，国家加大了对农业机械化的发展，但当年这方面的人才奇缺。而作为纯工科性质的浙江大学很快做出了积极的反应，机械系也为此做出了极大的努力。为支持农机专业的建设，学校从其他专业的 55、56、57 三届学生中，调拨一部分学生，转学农机专业。这些学生虽有不同程度的微词，最终还是服从学校的调遣。但 1959 年后的进一步调整，就引起了学生较强烈的抵触。

（三）

1959 年，省委、省政府作出决定，将浙江大学的农机专业与当时浙江农学院的农机专业合并，新成立浙江农学院农业机械系，地点设在石桥附近的“池塘庙”。浙江大学与浙江农学院随即做出反应，决定由父亲负责系里的教学工作，原农学院的许乃章先生同为副系主任。这一决定对父亲来讲，确实有点勉为其难了。主要原因是当年农学院的教学环境极为艰苦。其次，学生的抵触情绪极大，当时从其他专业转入农机专业时，已经十分不悦，但毕竟还是在浙江大学内部调整，而现在是转校，即学生考取的是浙江大学，而他们毕业后却拿得是农学院的文凭。故而，对父亲来讲，一要克服自己的畏难情绪，另要协助做好学生的思想工作。父亲很少与我们谈起工作上的事，但在这件事上有点破例。父亲谈到，新创办一个专业也需要循序渐进，更不用说一个系。由于地理上的原因，浙大现存的教学资源，且农机系都难于共享。又因办学地点距浙大十余千米的池塘庙，交通十分不便，公共交通很少，骑车需一个多小时，条件艰苦不言而喻。再则，新系的创建，师资力量奇缺，农学院的所有教学资源，农机系基本不能与之共享，即便是数学、物理这样的基础课，都难以共享。当时农学院基本为农科性质，少量属于理科，相比较之下，有机、无机化学，生物化学有着较强的优势。而作为纯工科性质的“农业机械系”，很难得到农学院现有课程的支持，因为二种课程设置是很难找到其中的共同点。当年，办学面临的几个大的问题：1. 学生数量多，仅 60 级扩大招生，就有近 200 人，加上浙大带过来的学生，学生总数达 600 人之多，而专业设置有农业机械设计与制造、农业机械化、农业电气化三个，这实际上已经达到了学院一级的规模。2. 师资力量严重不足，特别是基础课和专业基础课教师奇缺，虽然在浙大的支持下，分配了一批优秀毕业生，支持农机系建设，但力量仍显单薄，主要是因为这些刚毕业的年轻教师，相对教育经验缺乏。当然，在特殊情况下，也只能“赶鸭子上架”了。3. 办学条件，包括实验室简陋，当时正值自然灾害期间，教育经费十分紧缺，加之交通不便，学生即使出门实习，这交通费用也会令人挠头。问题是明摆着的，农业机械属工科性质，当年学制为五年，这么多的学生，而课程是一天也不能停，学生的实习也一天不能停。父亲的性格是不善言表，但对上级领导和组织的决定执行度高，而且实事求是，只要认准的事就坚定不移。他不善于指挥人，许多工作也不委派别人去做，而是亲力亲为。在新的工作岗位上，他脚踏实地，勤奋苦干。晚年，父亲在给侄儿的信中说，农机系开办之初，浙江大学给予了极大的支持。比如，允许调配一部分相关专业的专职教师，最重要的是在父亲去农学院之前，周荣鑫校长为对口支持农机系建设，专门召开了一次校务会议，全校的系主任均出席了，父亲当时也参加了会议。会上，周校长明确指出，为支持农学院农机系的建设和发展，浙大相关的专业以及专业教师，都应毫不推诿给予支持（这个内容，当时经校务会议记录在案）。这一点，对农机系在最初几年的发展，起到至关重要的作用。浙大给予了新建浙江农学院农机系政策与人员上的支持，但具体落实到工作中还得一项项认真地去做。浙大与池塘庙相距近 15 千米，当年虽有 5 路公交车可直达浙大，但每天开往池塘庙的班车只有早、中、晚各一趟，交通极不方便；那年头通讯也不发达，而父亲采取的方式就是骑自行车，要用一个多小时才能骑车到浙大。记得最初的一段时间，父亲经常往返于浙大与池塘庙之间，请教师来上课，联系学生实习。这看似一件简单的事，但那年头教师外出上课不记工作量，实验室人员增加了额外的工作，也没有任何的报酬。但父亲在浙大时人缘关系比较好，请教师的事，一般都由父亲亲自出马。我现在还清楚地记得，这些来讲课的老师，时常会来我家吃午饭，事先也不通知，往往是说来就来。父亲常说的一句话 :“添饭不添菜，来个客人就多拿一副碗筷。”饭桌上，他们从不喝酒，没有任何的客套，坐下即吃，吃好就走，尽显随和、亲切。当然，一个系要发展与壮大，仅靠外援是不行的。浙大在 1960 年前后，分配了为数不少的应届毕业生，充实农学院农机系的教学力量。除此之外，农机系也从浙大带过来的学生中，选拔了部分学生留校任教。这些年轻教师，均是经选拔后的优秀学生，但初期，年轻教师缺乏教学经验。在这一阶段，父亲采取了一些措施，经常带领一些高年资的教师，抽空去听青年教师讲课，帮助查找问题，以期尽快提高他们的教学水平。在学校领导及各级组织的支持与帮助下，建立了多个校外学生实习基地，逐渐，农业机械系初具规模。从 1959 年起，在三年自然灾害的最困难时期，以及在之后经济恢复的日子里，父亲带着一群年轻人，在远离学校本部，办学条件极为艰苦的情况下，通过几年的艰苦努力，白手起家，从无到有，并使之快速崛起，成为浙江农业大学规模最大的系（或是之一）。为国家培养了大批合格的农业机械人才，为加速推进浙江省农村机械化建设做出了极为有益的贡献。综观父亲一生的事业生涯，服从组织安排；工作认真、积极努力；且严以律己，不谋私利，不图名利；在工作中任人唯贤、弘扬正气、从不庇护错误。许多教师都说，在徐先生手下工作，尽可放心，他从不会给人穿“小鞋”。确实，父亲根本不懂什么是“小鞋”，而又怎么去给人穿！父亲一辈子只做一件事，认认真真地做好他的教书匠，勤勤恳恳地为了国家的教育事业呕心沥血。父亲算不上优秀，能力也并不强，但他尽力了，他努力践行着浙大一贯弘扬的“求是”精神。三四十年的人生历程中，他把几乎所有的精力，都倾心于这个经他的努力，一步一步走向强劲的系科。可以这样讲，为了农机系的建设，他放弃了自己的学术。他爱系，超过了爱家，因为在这里凝聚着他对事业的那份挚爱！更为感动的是父亲在临终前几周，因医疗需求，父亲的气管已经切开，讲话仅有气声了，而此时学院院长应义斌教授前去探望父亲，父亲向他作了一番深深的嘱托。此时此刻，父亲显现出自己博大的胸怀，以及对党教育事业的毕生追求！两年前，校、院二级曾计划为父亲树一尊塑像，放入系史馆，以示他为“农业机械系”的开创所做出的贡献（或因“疫情”的特殊情况暂告停顿）。但无论怎样，父亲为之奋斗的事业，以及所做出的成绩，将永远镌刻在浙江农业大学和浙江省农业机械化事业建设与发展的历史画册中，无法抹去！谨以此文，表达对父亲的思念之情。

（徐正　徐正荣）

罗苑的童年趣事

二十世纪五十年代初，我和弟弟从绍兴外婆家来到了罗苑爸爸妈妈身边。从此在美丽的西子湖畔，度过了童年最美好的时光。

父母和刚出生不久的女儿合影

走进罗苑大门，过了传达室，在大厅的东南边就是我的家，面对着西湖。白天，大人们坐校车去上班了，罗苑的墙门里就剩我们一批小孩。记忆最深的是我一起的玩伴：雅华、解放、阿菊，还有正伊、亚伊。那时亚伊还是个小不点，由姐姐正伊带着呢。下午，到爸爸妈妈们下班回家的时间，我们站在大门口，向着中山公园的方向望去。当远远地看到校车开来了，孩子们都会激动地欢跳起来。

大厅的东西两边都有圆洞门，我常常会靠在东边的圆洞门上，像是半躺着的样子，有时嘴里还吃着东西，好悠闲自在。东面的园子和门口的大厅是我们这批孩子常玩的地方。我们做游戏，相互追逐，跳啊，笑啊，玩得好开心。当然，我也会在这里帮妈妈做些理豆芽菜或剥毛豆之类的家务。

西边圆洞门的那边，在我的印象中地面是用水门汀（即水泥）铺就的。我经常依着圆洞门，看着希平的爸爸——洪逮吉伯伯打太极拳。那时，我感到很好奇，看得挺认真。洪伯伯不时地朝我笑笑，这一幕在我的脑子里记忆很深刻。

过了西边的门厅，是一个园子。园子靠湖的一边，有个河埠头，大人们常在这里洗东西。靠马路的一边，有一排自来水龙头，居民用来洗碗、洗菜和接饮用水。现在，我还记得那时发生在河埠头一件好玩的事，我的小姨妈和另外一个阿姨正在洗衣服，突然阿姨说："水上派出所的巡逻艇来了！"大人们见状，急忙拿了衣服就逃。我虽不知何故，也跟着大人跑到岸上。到了园子里，我问大人们："为什么逃呀？"她们告诉我："不能在湖里洗衣服的。"我似懂非懂地听她们说。后来才知道，这是为了保护西湖水质。

当时，浙大有几条自划船放在我家东面园子的河岸边。我们这帮孩子常向负责保管的沈妈妈借船，然后我们划着船，去湖里游玩。那时候，大人们也不像现在对小孩管得那么严。他们只是告诉我们，"上船后人别挤在一边，船的重心会不稳，容易翻船"之类的话。当然，我们也不敢划远，只是沿着罗苑的岸边划划，三潭印月、湖心亭这些远的地方是不会去的。有一次，沈妈妈看我们都是小小孩，怕我们出事，不肯借船给我们，我们就蹲在地上，耍赖皮。哈哈，沈妈妈最后还是犟不过我们这帮小家伙，借了，只是再三让我们要注意安全。那时，常常吃好了晚饭，我们就去划船。驶出岸边后，有时我们会在湖中收起船桨，让小船自由自在地在水面上随风漂荡。我们则躺下，仰面望着湛蓝湛蓝的星空，犁耕般的湖面上泛着金银般的亮光，在静谧之中，只听见浪花轻轻拍打船身的声音。不知过了多长时间，我们才不舍地拿起桨，划回岸边。

遇上重大节日，杭州要举行烟花晚会，从我家东窗望出去的对岸就是放烟花的地方湖滨。这一天，我们家里会来好多叔叔阿姨，家里凳子不够用，大家就站着看。随着"轰轰"的声响，绚丽多彩的烟花腾空而起，把夜空、湖面照得亮亮的。人们谈论着烟花，不时地发出欢笑声。

有时，我和我弟趴在靠湖的窗口，手里拿着钓鱼竿子伸出窗外去钓鱼。但在我的记忆中，似乎没钓到过鱼，虾倒是常常钓到的。那时西湖里的虾可大了，有现在的基围虾那么大。到了晚饭时，一家人围着餐桌吃着妈妈烧好的由我们姐弟俩钓上来的虾。那个鲜味啊，我至今都记忆犹新。

每逢台风季节，我记得，爸爸和妈妈就会把临湖的窗户用绳子捆起来，但总免不了窗户被大风刮到湖里。这时，我们就会到隔壁杨妈妈家，用竹竿把掉到湖里的窗户拨向河埠头这边，然后大人去河埠头把窗户捞上来。现在想想还挺有趣的。

我家的吃饭间对着进门的大厅，吃饭桌子又正好摆放在窗户旁边。解放的妈妈和我的妈妈同在一个科室工作。她走过我家时，常常会站在窗口跟我妈妈闲聊几句，有时会评论评论我家饭桌上的菜。说到兴致时，她还会进入厨房，亲自把她的烧菜经验传授给我妈。我父亲调离浙大后，解放的妈妈还多次来我家，重叙着罗苑情宜。

炎热的夏日，家里那时还没有空调，人们主要靠的是扇子。晚上，爸妈会把一张可拆装的方桌搬到东面院子的大树下，一家人就围着方桌吃饭。有叔叔阿姨路过时，常常会热情地跟爸爸妈妈打个招呼或讲几句话。如天热得实在厉害，在家待不住了，不少罗苑的老老少少和我们一样背着席子走出墙门，迎着眼前“嗡嗡”作响的蚊子，一路说说笑笑地去孤山旁的草地上纳凉。在蚊子猖狂的围剿下，还“义无反顾”地躺在草地上。小孩子们则在草地上打闹、奔跑、嬉戏，玩得不亦乐乎。现在如把这些事说给孩子们听，他们肯定会感到不可思议。可那时真觉得是件挺开心的事。

孤山旁的林社在周末举办舞会，我的爸爸妈妈和罗苑的叔叔阿姨们时常会结伴去林社，跟随着留声机里发出的优雅的音乐声，翩翩起舞。此时，我们这帮小鬼头则趴在窗户上兴奋地往里张望。有时为了占据有利位置，还会你挤我我挤你地来回挤，虽然看不明白什么舞，也听不懂什么音乐，但确实感到很新奇很好玩。

罗苑的传达室墙上，挂着一部电话机。每当我有事想和我妈说什么，或者想要我妈给我买什么吃的、用的，就会爬到传达室的凳子上，给妈妈打电话。那时会打电话可是件挺自豪的事呢。

在我的记忆里有这样一件事，我现在还清楚地记得。上小学的第一天，在大人的叮嘱下，解放、雅华和我三人结伴去学校。读小学了，好开心啊！我们想当然应该去本部读书。于是，三个人跑到杭州饭店对面的西湖一小本部。在校门口，我们蹲在地下看黑板上新生名单，可谁的名字都找不到。怎么办呢?我们想我们既然是小学生了嘛，就找到一年级的教室，走进去，并坐了下来。开始发新书了，老师说名册上没有我们的名字，可我们说，我们是这个学校的学生啊。后来，老师问我们住哪里，我们说住外西湖 16 号。然后，老师让我们去分部。于是，三个人一起又去了分部。到了分部，我们自管自地往第一个教室走进去，各自找了个座位，并且坐下。这时，老师已开始上课了。老师一看，半途进来了三个孩子，问我们干什么，我们说来读书啊。老师问住哪，我们回答外西湖 16 号啊！老师却告诉我们，去隔壁教室上课。我们三人碰了两次壁，才找到了真正属于自己的班级。但此时的我们反而不敢进教室了，小心翼翼地问老师，我们是这个班的吗？得到了肯定的回答，我们才去座位坐好。至此，开启了我的学生时代。

那时，放学是要排路队的。一路回来，同学越走越少，最后剩下我们三个加上希平、念诚五个罗苑的小伙伴。高大的罗苑白围墙外，马路上没有其他人，我们五个人还是排着整齐的队伍，一直到走进罗苑的大门口才解散。

在罗苑，我们有时去隔壁平湖秋月的小卖部买棒冰、兰花豆腐干吃。记得那时的兰花豆腐干只要两分钱就能买一包。我们有时去中山公园玩，爬孤山，然后翻桥，跑白堤，到昭庆寺。我们还一路采梧桐籽，吃了满嘴墨黑；采酸咪咪，吃得口水直流……

1957 年 4 月 25 日，对罗苑人来讲是个难忘的日子。这一天，敬爱的周总理陪同苏联最高领导人伏罗希洛夫来杭访问。我们站在罗苑的门口，等待着周总理和伏罗希洛夫到来。车队是从东面白堤方向过来去杭州饭店，经过我们面前时，站在敞篷车上的周总理和伏罗希洛夫，不时向两边欢迎的人群招手。那时，我虽然人还小，可也激动万分，站在人群前面，跟大人一样一会拍手，一会招手，还不停地跳着。敞篷车已离开罗苑后，大人小孩还都沉浸在见到总理和伏罗希洛夫的喜悦之中，久久不愿离去。

1957 年 11 月 7 日，我们家搬离了罗苑，住到求是村去了。从此别了罗苑这个我儿时的人间天堂。

（徐正荣）

印象罗苑，童年的回忆

1945年，抗战胜利以后，浙江大学从遵义、湄潭迁回杭州。学校虽然以最快的速度建设了“建德村”“泰和村”以及“龙泉馆”等多处教职工住宅，但住房问题仍显紧张。在1948年前后，学校又将西湖边的花园别墅（原为校师范学院的教学用房）罗苑，用作教职员工的住宅。

1952年，我家搬入罗苑居住。应该讲，这是全国院系调整后，浙大与之相对应的一次教职工宿舍大调整。当年我家搬入罗苑时住的是一水榭房。如果按整个苑内功能来区分，这应是一处景观房，三面临水且配有全景窗户。应该说，罗苑的旧时主人，只要是有客人来，先在景观房稍坐，然后再进入正房，所以这房子视野特别开阔。在我家搬入该屋之前，原住户是师范学院的周淮水先生，而周先生一家，随着院系调整，搬往六和塔附近的“之江校区”居住。

当年，我住在绍兴外婆家。由于住房条件有了改善，父母亲就把我和姐姐从绍兴老家接回杭州。从此，我在罗苑度过了一段快乐的童年时光。

罗苑的整个建筑都临湖而建，东面紧挨着平湖秋月，西面到现在的浙江博物馆；沿着马路是一堵高高的围墙；园内小径通幽、花草遍地、树木葱翠、假山林立；湖边楼台水榭，别具一格；所有建筑开窗即是湖，睁眼即是景，可谓西湖风光，尽收眼底。用童年的眼光来看，西湖很大，罗苑也很大。记忆中的我，没有很好地在这座花园般的建筑中，从这头到那头彻彻底底地玩过。原因或许很简单，父母不放心。罗苑高楼深院，又紧挨着西湖，让人感觉不安全。父母每天都上班，家里虽然有保姆管着我们，但保姆的责任无疑是安全第一。因此一般情况下，保姆是不允许我们单独到院子里去玩的。

罗苑旧址一角

走进罗苑高墙后的大门，就是一个大玻璃顶的“天井”。越过天井的东南面，一座突出于湖面的水榭平

房就是我家。紧挨着的隔壁是一杨姓人家，我家在靠西湖边，有二间住房，前房为东南向，算为正房，是我父母两人居住。正房几乎架空于湖面上，它由几根木柱子撑着；东、南两面都有临湖的窗子，房子里摆的床就像放在湖上，躺在床上似乎能听到湖水流淌的声音。后间的住房较为狭长，是我家吃饭的地方，因为窗户直对天井，可看到匆匆走过天井的人。有时，熟悉点的邻居还会凑到窗前，看一下我家吃些什么，顺便也聊上几句。有一种杭州人特有的“市井”气息，现在回想，真还有几分亲切。穿过天井，对面还有一间房，朝北，靠马路，但面积也不算很小，当年我与姐姐及保姆住在这间。

生活在罗苑的孩子们，用今天的眼光看，真够幸福的了，因为置身于山水之间，沐浴于阳光之中，而且空间很大，但在那个年头却浑然不觉。不过有一点是肯定的，儿时我们基本没有什么玩具。但可尽情地在空地上玩，比如，可以在假山后面捉迷藏，可以摘些花花草草插在瓶里；院子里不少的野花野果，我们也会拿来尝试着吃；但比较多的时间，我们在院子里跑、跳、追着玩；如果有大人带，也可随他们一起，乘坐一只小船，荡漾于湖面之上。那时的罗苑，空气、阳光、绿树、小草，以及湖光山色，无一缺少。孩子们玩在一起，只觉得无忧无虑，无拘无束。转眼六十多年过去了。如今，我每当路过平湖秋月，都会驻足一番，因为这里曾经是我童年的乐园，梦幻般的湖景生活，虽记忆遥远，但总显得亲切！

罗苑的夏天，特别能勾起记忆。每当湖面上盛开荷花，就会引来无数的蜻蜓，有红色的，褐色的，但更多的是带花色的。这时，我们就会用一根长长的竹竿伸到湖面上去，静静地等待着小蜻蜓停在上面，然后慢慢地把竿子收到面前，小蜻蜓就会乖乖囊入我们的手中。用不了多久，我们就可以获得不少的“战利品”。有时会把蜻蜓抓在手上；有时会将它们养在瓶里；有时也会在蜻蜓的身上拴一根细细的绳子，牵着它飞上一阵。特别是把它们拿在手上时，蜻蜓长长的尾巴就会卷到我们的手指上。但比较恶劣的行径是将蜻蜓的头拧下来，现在想起来还真有点残忍。也就是在那个时候，我对蜻蜓有过十分仔细的观察，它的两只鼓鼓的大眼睛呈半透明，眼睛内时隐时现的网状格子，在太阳光的反射下闪耀出不同的颜色；两片狭长的翅膀似乎除了翅脉，还有一种非常有序的网格连接，像是完全通透的一样；蜻蜓在飞翔的过程中，十分平稳，几乎看不到它忽闪着的翅膀，也许是频率太快，肉眼无法识别的原因吧。人们说现代飞机是模仿鸟类，但是否也应该有蜻蜓的身影。

许多昆虫令人讨厌，有些甚至会使人感到恶心。但蜻蜓不一样，它是一种十分惹人喜欢的小型昆虫，它好像专为荷塘而生。在荷塘里，它们会结着伴，一群群地围绕着荷花，忽上忽下，左右飞舞。“小荷才露尖尖角，早有蜻蜓立上头。”这是南宋诗人杨万里的名句,是当年居住在罗苑里常见的情景。但时至今日，伴随荷花的蜻蜓却日渐少见，这也许是生态失衡的一种现象吧。许多摄影师在拍摄荷花时，只要看见有飞来的蜻蜓就会十分兴奋。如果荷花上有蜻蜓的身影，也可能会成为一幅佳作。

进入罗苑，就是一个大大的天井，是一个遮风避雨的好地方。孩子们的各种游戏都在这里展开，每天都有许多孩子在天井里玩，而我家就住在天井的一侧，所以对我来讲，真还有点近水楼台，我于是也成了天井玩耍的常客。

因为天井是整个罗苑的中心，是进出的必经之路。每当夜幕降临之时，孩子们都会聚集在天井里，伸长脖子，等着自己下班的父母，要是谁的父母早早跨进大门，那孩子就如同小鸟般地飞了过去，接着去翻大人的包包，看看有什么自己心仪之物，随后，孩子很得意地拉着大人的手，蹦跳着回家。此时此刻，其他的孩子，除流露出羡慕的眼神，更增添了一份期盼的心情，直至自己的父母也出现在大门口。

那时候，西湖上经常会燃放烟花。每当这种时候，家里就会来很多父母的同事，大家一起观看烟花。父亲往往准备一些水果和糕点，母亲把家里整理得干干净净。看烟火的时候，大人喜欢把电灯关了，在这一片寂静中，大家凝望着西湖的上空。随着“嘭、嘭、嘭”的一阵阵响声，缤纷的烟花腾空而起，映红了半个西湖。此刻，屋内大人小孩爆出的欢声笑语，不绝于耳，窗外不断闪烁的光芒也照亮了人们无比幸福的脸庞。人间天堂的美景，和着优雅美满的生活节奏，在罗苑，体现得淋漓尽致。

母亲每每回忆起住在罗苑时的情景，总会对这段生活表现出莫大的眷恋。

在罗苑时，父亲有一辆很旧的自行车，我经常看到他在天井边上的传达室里打气。有时，父亲会带着我骑车，去昭庆寺（即现在的少年宫）广场。我横着坐在自行车的前杠上，时间长了不舒服也就很自然。当年，没有像现在那样，大人会在车上安装个小小的座椅，小孩如同坐在敞篷汽车上一般舒适。但那些年，能坐在硬硬的横杠上，仍然是件十分高兴的事。

昭庆寺的广场上摆满了各种各样的小摊，天黑以后，各家都在自己的摊位上挂上一盏小灯，在昏暗的灯光下，只见卖货人忙着吆喝顾客，打着秤杆，数着钞票。我记得，那时的红萝卜，圆圆的个头，红皮白芯，水分很多，买回家当水果吃。有一次，父亲靠在窗前给我削萝卜，不小心手一滑，削好的萝卜和长长的一串萝卜皮一起掉入西湖里。“哎呀，喂鱼了！”随着父亲的一声叫唤，漂浮在水面上的萝卜和皮，已经成了几条小鱼儿正在争抢的美食。于此，我的脸上闪现出一丝的懊恼，但经过父亲的又一番忙碌后，我又吃上了甜甜嫩嫩的萝卜。

每到夏天，浙大工会会为罗苑的教职员工送解暑的西瓜。工会的叔叔们是通过西湖船把西瓜运到罗苑的河埠头，然后船上的人把西瓜往岸上扔，岸上的人接着西瓜。不一会儿，一船西瓜就被卸完了。那时，父亲把许多西瓜搬回家，并把西瓜放在床底下。我们吃西瓜之前，往往会把西瓜放进一根用长绳栓着的篮子里，接着把西瓜浸到西湖水里。晚上吃完晚饭后，我们一家人围在小圆桌前，慢慢地享受似冰镇般的甜甜可口的西瓜。

罗苑时期，我度过了幼儿园的小、中班教育，上的是西湖幼儿园，地点在岳坟，就是现在岳湖楼的正对面，距离罗苑 2 千米左右的路程。当年，幼儿园的规模和设施，与今天的幼儿园不可同日而语，园内玩具甚少。记忆中有跷跷板和很小的秋千什么的；游戏是老鹰抓小鸡，老师扮成老母鸡，后面跟着长长的一排小朋友。我们男孩子都喜欢当老鹰，想方设法去抓一个自己喜欢的小女孩，抓到后似乎就是自己的“猎物”了；还有玩“找朋友”的游戏，“找呀，找呀，找呀找，找到一个好朋友，敬个礼，握握手”。找到谁，一般对方不能拒绝，所以老是期待着心仪的女孩子能找上我。此类游戏，现在看来单调，但也会增加孩子之间的友情和团队意识。

那年代社会治安非常好，我们上幼儿园，从来不用大人接送。当年，罗苑的住家，几乎每家都有保姆，但也从不要求保姆去接送孩子。每天早上，大人会把孩子领到大门口，然后，由孩子们结伴而行。学校放学后，老师让同路的小朋友一起排着队回家。我们会在放学的途中，在苏小小的墓边上玩；有时也

路边小景，竟然六十年未变

会翻孤山，在山上玩一会儿；有时路过浙江博物馆门口的时候，往往会采几根“酸咪咪”（一种草本植物）含在嘴里，味觉酸酸的。这种“酸咪咪”直到现在，我也不知道它的学名，样子有点像农村常见的紫云英。时至今日，我路过浙江博物馆门口，看着各种现代化的建筑，时流物移，但唯独“酸咪咪”依旧，围在边上小小的铁链还是那个模样。可能是人的怀旧情结，每次来到这片“酸咪咪”前，都会闪现童年时期玩耍的身影和那些抹不去的记忆。

那年代，平湖秋月十分僻静，平时很少见到游客。到罗苑的公交车，只有一路经白堤的7路车。因乘客不多，班次也很少。像我们这样小的孩子单独在外面玩耍，大人不用担心。到了礼拜天，有一些零星的游客。父母亲有空的话，会带我们去中山公园或孤山玩玩。每当夏季的傍晚，大人们常常领着孩子，拿上小木凳，在罗苑大门外的马路中央乘凉，或者会夹一条草席，到马路对面的草坪上躺着乘凉。在凉风的吹拂下，数着夜空中频频闪烁的点点繁星，这也是我们小孩子们的惬意时光。

我在罗苑有几个很要好的小伙伴，即解放和阿菊兄妹俩。解放应该是新中国成立之年出生，故小名叫解放，和我姐姐同年，他们一直是同班同学。也许还有一层很重要的关系，我母亲与解放、阿菊的妈妈是校医院的同仁，且关系一直很好，这也是我们两家孩子经常玩在一起的原因。

阿菊应该比我小一岁，离开罗苑后就几乎没有来往过，要不是“微信”这一现代化的工具，也许与他们兄妹这辈子也无缘再见了。现在，我们借助这一社交平台，大家有机会在罗苑旧址再次相见，虽然时间已过了近六十年，但想象中的阿菊仍是这个样子，相逢备感亲切。于此，我们在一起时共同追叙着儿时的欢乐情景。阿菊有言，是我诱惑她跳到西湖船上去，不慎落入湖中，差点丧了小命；而我则戏言，倘若当初你见了阎王，我这一辈子，活得就不安耽了……似童言无忌，无拘无束，交流之随意，六十余年不变。

现在回想起来，当年住在罗苑是很快乐的。在罗苑的外面，整个白堤、孤山，以及林社、放鹤亭等，如同一座大大的花园，一切都是那么的自然。但那时，偶尔也会从大人那里听说一些吓人消息，比如，“杭州某某山上有人骗小孩，为的是吸小孩的血”。所以大人常会关照我们，不要吃陌生人的东西，但这类事，真也亲身经历过一次。那天，一个中年男子，手上拿着一串油条，问正在山上玩的我和阿菊：“小朋友，油条要吃吗？要吃就跟我来。”当时一听这话，吓得我俩一阵狂逃。这事已过去几十年，但当时这个拿油条人的身影以及场景，仍然历历在目。

1956 年，杭州刮了一次估计有十二级的超强台风。我们家边上有两棵樟树，其中一棵樟树被连根拔起，留下的那棵就是现在距平湖秋月西侧大约 60 米，有一半伸出湖面的大樟树。这棵樟树现已长成参天大树，成了平湖秋月的一道风景，成千上万的游客与它合影留念。那一夜的狂风暴雨，第二天早晨起来，院子里满目疮痍，到处都是飘落的树叶和横倒在路上的大树干。记得那天我穿着一件长长的小马褂，站在天井里，直愣愣看着眼前所发生的景象，被惊呆了。我们家的一扇窗户门也被刮落到西湖里，等到一切风平浪静以后，西湖水上派出所民警把那扇窗户给送了回来，一起送回来的还有姐姐在西泠桥上被大风吹走的雨伞。说起这把雨伞，父母亲还对姐姐的行为大加赞扬，因为在大台风来的前一天下午，西湖边的风力已经很大。我姐姐在放学途中，经过西泠桥的时候，因力气小，无法对抗大风的推力，雨伞被吹得高高的，要不是及时放手，很有可能我姐姐连人带伞一起被吹入西湖，后果可不堪想象。在这以后的日子里，父母亲往往对姐姐的一切行为表现出更为放心，可能跟这件事情有关系。

平湖秋月的大樟树

在 1957 年前后，母亲的四妹，我应称“四姨”，当年是家庭妇女，带着她的一对儿女从老家来到我们家。那年头，兄弟姐妹间的感情很真诚，来了后就像一家人，姐妹之间也从不客套，其乐融融。母亲的这个妹妹，在家排行老四，按理，我们应该喊她“四姨”，非常奇怪的是她被叫作“四爹”。母亲家里没有男孩，就只有三个姐妹，却都按男性的辈分叫。大姨是个出色的幼儿教师，但我们叫她为“阿伯”，母亲排行老三理应叫三姨，却被称为“三爹”，而对应的三姨夫和四姨夫则分别被叫成徐伯伯和娘舅。小时候，我们对种叫法一直疑惑不解，总觉得怪怪的。多年后，我看了一些中国近代史等书籍，逐渐明白，这一切缘故，是出自我的大姨，她是个“女权主义者”。在辛亥革命前夕，以秋瑾为代表的女权主义者，开始了妇女的解放运动，很多书籍都有所描写，即：新女性，在当时重男轻女的环境下，都喜欢以男性自居相称。于是在我们家里出现了“金伯伯”“绍兴哥哥”“诸先生”，也就不觉得奇怪了。

那些年，父母亲上班不在家，四爹经常帮着做家务，上街买买菜，在家烧烧饭。记得有一次，她到家旁边的河埠头洗菜，正好被巡逻经过的水上派出所民警发现了。当时，吓得四爹丢下篮子就跑回家里，还马上换上另外一件衣服。我记得，当时四爹神色慌张、面色惨白的样子。水上派出所民警最终还是找到了她，其实也只是简单的口头教育几句。今天回想起来，政府对环境的保护，早在那个年代，就已开始了。

罗苑隔着马路的正对面就是浙江美术学院，当时并没有感到有很多的学生。童年的我，觉得大学生很优雅、很浪漫，经常会看到三三两两的学生聚在一起，或漫步于湖边，或在湖边摆上个画架，信手作画，画的内容应该就是西湖了。我们几个小孩就会跑过去看他们画画。只见他们不断地在一个“调色板”上，摆弄手上的画笔，在画面上涂涂点点。那时，我对画画一点都没有兴趣，因此对他们画些什么也就没有印象了。美院沿着马路旁有一个小小的操场，操场上建有篮球架，偶尔有学生打篮球，也有见到他们在踢足球。有时，学生玩的球会飞出球场，滚到马路上，这时就会有学生飞身越过栏杆，出来捡球。这种矫健的身姿，我现在还清楚记得。

当年，这些风华意气的年轻学生，想来不少已成为叱咤中国画坛的名家了。作为我们儿时乐园的罗苑，离开西湖的版图，也已有六十余年了。随着时间的推移，能记得或知道罗苑的人会越来越少，以致最后无人知晓它曾经的存在。但历史终归是历史，曾经的遗迹必定会留存于历史的长河之中。

罗苑时期，我尚未上小学，印入脑海的记忆也不免肤浅，但都说小时候的事不易忘却。确实，当重新打开记忆的阀门，当年发生的一切，都会不同程度的在眼前闪现。以上，只是我对童年罗苑记忆中比较深刻的部分，与我同代的孩童时期的朋友们，大家也在一起回忆，点点滴滴，汇集成罗苑幸福生活的画卷。将它以文字的形式，记载于册，得以永存！

（徐　正）

我的父亲

1966 年 7 月 15 日，我的父亲刘三喜在望江山疗养院因病去世了，当年才 42 岁。人至中年，是一生中年富力强，且精力最旺盛的时期，父亲却在这时离开了我们,作为子女的我们是多么需要父亲的抚育与关爱啊。他毕生钟爱的事业，却再也不能继续拼搏了！

翻开照相本，看着有彩色的，黑白的，更有几张已经泛黄的照片，使我按捺不住起伏的思绪。往事如烟，岁月无痕。这些照片却默默地给我留下了历史的瞬间。

我是爸爸的小女儿，当我手捧着那张我们和爸爸妈妈一起合影的全家照时，心里不禁暗暗发疼。爸爸可是我家里的主心骨，怎么会在五十多年前就过世了呢！从我打记事开始,在幼小的心灵里,爸爸就是个很了不起的人。我是既怕他，又敬佩他，也总是以他为荣。

现在，我也已经是老人了，也总喜欢回忆从前所发生的事情。由于，爸爸走得早，望着他那远去的身影常常让我感伤。在我的脑海里时不时会出现一个想法，再去见见爸爸曾经的老同事和他的学生们，能与他们聊上几句，也会重新见到爸爸的影子。近日，打消了一些顾虑，终于去走了几家。这一走访，却是告诉了我，做这件事真太及时了！他们大多已白发苍苍，步态颤颤巍巍，有的记忆也有些勉勉强强了。不过，我从这次多方面的走访，还是能粗粗看清了爸爸的高大的形象。

我爸爸是浙大土木系的教师，他同事萧伯伯曾经告诉我说，爸爸在读之江

全家在西湖边留影

大学时，修课速度是非常快的，成绩拔尖。1949 年 8 月，他在之江大学毕业后留校，后学校合并到浙江大学。1949 年，爸爸仅 24 岁就参加了中国科学协会；第二年在浙大中国教育工会里任组长、部门委员，并参加了中苏友好协会；1951 年 7 到 9 月，爸爸响应毛主席提出的“一定要把淮河修好”的号召，参加了治理淮河的测量工作。

1952 年在浙大，他开课的主要科目是：应用力学、结构力学、木结构、钢筋混凝土和砖石结构。其中“木结构”这门课，当初，爸爸是学习了当时苏联相关课程后单独开设的。在结构原理上相同，但在构造和计算原理上他有自己的独特之处。爸爸将祖国传统建筑中的宝贵遗产与教学融会贯通。在授课中把现实生活中常见的在造房、桥梁等上的应用，如木屋架、木轮子等，与教学结合起来，他讲课生动，且不枯燥。因此，爸爸所教的“木结构”这门课，深受学生们的欢迎。1953 年 29 岁时，爸爸升为讲师；1956 年，成为一名中国共产党党员；1957 年，爸爸参加中国土木工程学会，任浙江省土木工程学会理事；同年被评为浙大工会优秀积极分子；1958 年、1959 年连续两度被评为学校的先进工作者。爸爸的一位同事说，在二十世纪六十年代，爸爸已经是浙大土木系结构教研组主任、系党总支委员，高级讲师，已经协助高琪教授带过两个研究生（在那个年代，浙大能够带研究生的教授是凤毛麟角的），与严慧老师一同著有《木结构构件连接知识》（1962 年）。爸爸的同事还说，在那个年代，国家很重视教育事业，教师们都一心一意地扑在学校教学工作上。在那个年代缺资源、缺资金的艰苦条件下，爸爸积极主动承担课题外的许多科研项目，且出色地完成学校与国家下达的任务。在教学上，学生们对爸爸授课质量评价很高，他对学生耐心、和蔼，且不厌其烦。每天授课结束后，还一一解答学生所提出的各种疑问，当爸爸回到家时往往已经很晚了。晚上，应是休息的时间，但爸爸不能，接下去还有好多工作等着他去做。有时，爸爸的午饭就是水煮一条年糕敷衍了事。当同事们提起爸爸的人品时,都对爸爸很佩服。我走访的一位老师还讲了一个事实来说明问题：从前“运动”多，一些单位整人的情况也时有发生，但爸爸作为一名中共党员，有很强的党性原则，坚持对犯有错误的教师，绝不采取“乱打棍子”“乱带帽子”的做法，而是采取治病救人的态度。在爸爸担任系党组织主要成员期间，系里没有一位教师被带上什么“帽子”。

我的爸爸是个精力充沛的人，而且讲事经常会挂着“将来”两个字，看问题总考虑长远，带有远见性。我的家在罗苑，那儿虽坐拥着西湖的山色美景。可是，我的爸爸一天到晚总忙着工作，他很少有自己的休闲时间，很少能与子女待在一起，或坐下来陪我们聊天，或带着我们去荡西湖。那时候的父亲，为了他的事业，在我们的眼里，他只是把家当作一个移动的办公室而已。

在我的记忆中，爸爸对我的期望值还是很高的。记得有一次，我要求爸爸给我买《十万个为什么》的书。这在当时同学中，谁有一本《十万个为什么》，是件值得羡慕的事。我向爸爸提出这个要求时，他也没说什么。过了几天，我觉得爸爸工作太忙，可能把这事给忘了。有一天早上，我起床后，突然眼睛一亮，发现在我桌子上放了一本英文版的趣味数学。在惊喜之余，我才懂得了爸爸的用心，因为在他从事的工作中，深知数学的重要性。他是要求我学好数学这门最基础的学科，希望长大后能继承他的事业啊。

在我初三快毕业时，我自己感觉蛮喜欢画画的。当时正好有机会，学校推荐我去考工艺美术学校。爸爸正病重，住在疗养院里了，当他知道这个情况后，让我妈带给我一封信，在信中言明阻止我考这所中专学校，要求我报考普通高校。当时，我报考工艺美术学校的手续已进行一半了，只好按照爸爸的意见，终止了报考。我明白爸爸对我有更高的要求，希望我能够接受高等教育。

我爸爸从事的是土木结构专业的教学工作，这个专业是要用精确的计算来达到建筑物的稳固与安全。由于这个专业的性质，爸爸长期以来，对工作一丝不苟，十分严谨。经常为了取得一个正确的数据，反复计算，废寝忘食。爸爸仗着自己年轻好体质，在白天，我经常看到他在吃饭时，一边吃饭，一边则与坐在饭桌对面的同事谈工作。我也见到刘丹校长曾经来我家与爸爸聊些工作上的事。我半夜两三点钟起来上卫生间时，总看见我的爸爸还在开夜车，伏案写着东西。时间久了，他体质已明显下降，脸色也呈灰白色了，但他从来没有想到抽出时间去医院查查身体。妈妈曾对我说，有时见爸爸坐在写字台前正写着的时候，因为肝区实在疼痛，总是用一支笔抵着肝区，继续忍着痛，坚持工作。他发着高烧，脸通红，也会按时去学校给学生们上课。爸爸的一位学生告诉我，爸爸“在一次给学生上大课时，昏倒在地上”之事。我的爸爸为了他所热爱的事业，为了国家的昌盛，爸爸就会像“拼命三郎”一样，对自己的身体情况，全然不顾。

在对待个人待遇以及荣誉上的事，爸爸总是把机会推让给别人。在一次学校评职称时，我曾听见，爸爸对妈妈说，这次他还是先不要上。因为，系里比他年纪大的教师还有不少着呢。在工作上，爸爸带头拼着上，但是，在这种情况下却反而很谦让。我的爸爸就是这样一位无私奉献、兢兢业业，有着博大胸怀的人。

我的爸爸太累了，学校组织上一定要他去望江山疗养院疗养。其实，他这病已经不是疗养的事了，一切已太晚。

我爸爸年轻时，他的身体健壮，体质很好。记得，浙大几次运动会上，爸爸在铅球比赛中得过第三名；拔河比赛时，我爸爸可是系里的主力队员。但是，身体再好，也经不起长年累月不注意休息，长期开夜车的折腾啊。

1966 年 7 月 15 日，爸爸与世长辞了。在望江山疗养院爸爸的死亡报告上写着：“初期是起病隐匿，身体不适仍坚持工作。”这是“冰冻三尺，非一日之寒”啊。这个结果，也是那个年代许多人的缩影。只知道拼着干，不想到保护自己。当疗养院把爸爸的遗物交给我们家属时，我看到的只有一副眼镜和两本土木专业的书。我知道，在爸爸住进医院的日子里，他还偷偷地把专业书压在枕头底下，可随时翻阅研读，还是在想着工作的事，直到生命的最后一刻。我的爸爸实在太累了，他倒在了他毕生为之献身的岗位上。

我的爸爸，当他向组织交上最后一笔党费之后，叮嘱家属把自己的遗体献给祖国的医学事业——“春蚕到死丝方尽，蜡炬成灰泪始干”。

（刘雅华）

我的童年生活从这里开始

1952 年，我们全家随父母从上海搬到杭州罗苑。那时，我才只有 3 岁。70 年后的今天，故地重游，我从白堤往西走，过了锦带桥，迎面所见的正是平湖秋月。亭子与这儿皇帝御题的石碑依旧，曲桥的位置也还是在我童年的记忆中，只是修缮得更好了。过了小曲桥，往西走，那就是我童年住过的罗苑了。

我的思绪渐渐地又回到了孩童时期的记忆之中。从小居住在罗苑，每天生活在那高高的大围墙里，美好的小环境中，由于对这儿太熟悉了，看着满院的花草树木，楼台亭阁已经熟视无睹，似乎世界本该如此。而如今失去了之后，才领悟到它的珍贵。因为平湖秋月是西湖闻名的十大风景点之一，而罗苑却是紧挨着它，其建筑风格与平湖秋月也完全融为一体。

罗苑是一座东西向布置的庭院，此处与外界比较隔绝，环境非常幽静，就像一个世外桃源。

罗苑的北面与孤山路相邻，有一道白色简陋的高围墙矗立在路边，阻挡着路上的视线和噪音。南面全方位地向西湖开敞，面向西湖。罗苑人住在这儿，朝迎满天霞光，暮送夕阳余晖，情景祥和，岁月悠悠。这个不被外界所熟悉的清静之地，真的是咫尺之内另有乾坤啊！此时，使我很遗憾的是，自己没有能留存下旧时的照片，不能更清楚地让后人共赏当年罗苑的美景。

在罗苑 7 米高围墙的中部有一个石库门洞入口，进入门厅至一个顶部镶嵌着玻璃的大厅，这里，是罗苑人的活动中心。那时候，我们一帮孩子放学回来，首先会在这儿尽兴玩一通之后，再回到各自的家中。平时，妈妈们会在这儿坐在一起，一边手上做着活儿，一边聊聊家常。这里也是居民区小组召集居民开会的地方。在大厅的南面水榭建筑房中，居住着我的幼儿园开始相伴的发小，住在罗苑的 7 年多之中，我们曾经一同背着书包进进出出。

从这个大厅为起点，可以把整个罗苑划分为东西两部分空间，之间是通过灰瓦压顶的白粉隔断墙来完成的。在这矮矮的墙中开有轻巧玲珑的洞门花窗，这儿的圆洞门也是罗苑人每天必经之处。

往大厅东面的圆洞门进去，可以看到一片成荫的绿树，在它枝叶的空隙之间透露出梅鹤轩飞檐翘角的外轮廓。记得梅鹤轩是二层楼的古建筑，在一楼临湖房内，是土木系的萧伯伯单身居住在那儿。他身体不好，楼上的邻居家常会在窗口用竹篮子吊下来一顿美餐，送给他。二楼有我的童年小伙伴们，我经常往那儿去，先爬上几步石台阶，然后走过暗暗的木楼梯间，来到二楼他们的家。现在，此处已把上面一层拆去，改建成为一层的建筑。过了梅鹤轩再往里进，只见一个小天地呈现在眼前，这儿有许多枇杷树，也有假山。南面可以倚着石栏杆面对西湖远眺，中央有一池清水，水上有一小桥横跨……东端尽头原来是二层楼的月波亭，它紧挨着平湖秋月，如今已拆去楼层部分变为一座水榭了。

再往大厅西面的圆洞门看去，却更是引人入胜。首先来到的是一大片开阔的露地，这儿有堆叠玲珑的精巧假山；那郁郁葱葱的树木花草，有香樟树、枇杷树、桂花树……在春夏秋冬季节里，都在不断地变换着它们的色彩。南面朝湖的水岸边更长，观赏西湖全景一览无余，也可以走下河埠头的台阶戏水，这儿也常有人来钓鱼虾。

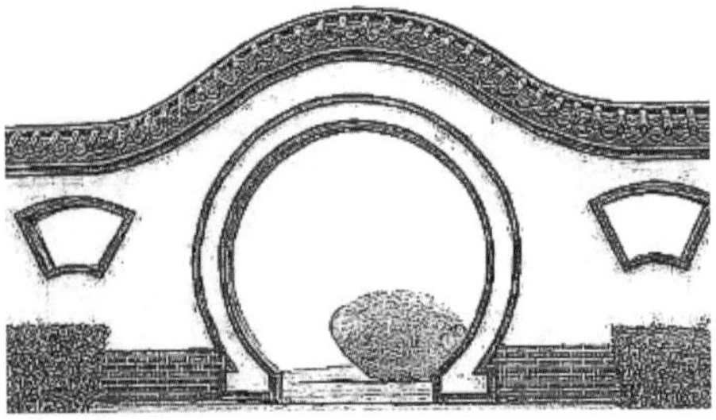

正觉堂和湖天一碧两座建筑，坐落在更西面。它们前低后高，交相映衬，显现出中国古典建筑精致优美的形象，非常耐人细看寻味。湖天一碧是罗苑中保留得最完整的建筑。记得土木系杜高杰老师就住在一楼，那时候，他还很年轻，我每每走过这儿，都会禁不住地去他家窗帘缝隙之间窥视，发现里面有许多漂亮的画。当时，杜老师是刚进入浙大土木系的青年教师，现在已是著名的艺术家。昔日，杜老师住过的地方，已成一家咖啡店了。

过了湖天一碧，穿过一道隔断墙的圆洞门，左前方耸立着一座精巧秀气的八角亭阁，突出在小径边。这儿也是我小伙伴的家，他家的南面房间悬挑在水面上，推窗而望的风景真是一等的棒！北面八角亭室内的周边一圈，是木质美人靠椅子，却放着他家的煤炉和菜橱柜，是把这儿当作厨房用的。现在想来，也真的是奢侈！

记得小时候，我常去他家做功课。有一次出了个洋相：我手上在玩一小块沥青，揉了半天还是很硬。我想把这块沥青放在大腿下软一软，就开始做功课了。做完功课，发现起身不了了，什么东西粘牢了木椅子？哦，刚才放的这块沥青，已经软化了！结果，我裤子上留下一块油迹，那椅子上也留下了一块深色的污迹。我有些不好意思，但又不敢吱声。不过，后来发现，他的妈妈并没有来我家告状。

沿着走廊往西走一点，是我所熟悉的黄阿姨家。她母亲是罗苑居民区干部，待人非常和蔼可亲。我有事没事地老往她家里跑，那时候家家户户从来不关户门的，我一个小孩又毫无顾忌。

这条走廊的右边，有个庭院。庭院中一条蜿蜒的曲折小径，从门厅开始导引着我们，由东向西延伸，直至罗苑的西端尽头。小径路面铺地是干净的鹅卵石，酷似鹌鹑蛋形状的石子色彩丰富，给人一种亲切感。有这种感受的产生，或许也是因为，它正是通往我家住处的路径。我的家位于现在平湖秋月最西端大露台的西南角，在那个角落有几扇高高的，瘦长比例的木户门，土红色的门板上都满幅雕刻着各种文字和图形。推开木门时，由于老式的木门轴，会发出轻微的“吱吱”声。室内，地面是纵向布置的条形木地板，顶面是一片白色的天花板吊平顶。屋子里有着简单朴素的旧家具，空中垂吊下一盏简陋的灯，灯泡上盖着一个扁扁的铁皮倒锥形白色灯罩。

西侧就是原来的住房

我印象最深的是，在那屋子里，我常常躺在床上，眼望着投射在天花板上西湖水那波光粼粼的倒影，仿佛就像躺在悠闲的小木船里，随着微风在湖面上飘荡。

那时，家里买来的鱼虾，先放在一只用绳子拴住的竹箩里，然后从窗口放下去养在西湖水里。这样即使过几天再烹饪，鱼虾也

西湖就在眼前

会很新鲜。

我家的木窗框上装有西式的木质百叶窗。从南窗眺望，可见湖心亭、三潭印月；往西面窗可以很清楚地看到近处的戚继光纪念塔（现已拆除）和远处的阮公墩。西湖美景尽收眼底。

平时，还常常能看到成群结队的野鸭子在水面上掠过，它们时而悠闲地游着，又不时地把头扎进水里，捕食着美味的小鱼小虾。到了冬天，河面上会结冰，我们就去院子里捡一脸盆的碎冰块，趴在窗口往远处扔滑冰块比赛。天热久旱不雨时,西湖水也会干涸。从西北端的河埠头可以踩在结干的西湖淤泥上走几步，然后爬上地面更高的孤山路。西湖里，也常见有挖泥船在工作，疏浚河道淤泥。

我家的东面隔壁邻居，是浙大土木系建筑学教师何鸣岐伯伯家。他把出生于罗苑的两个女儿以西泠、南屏来取名。北面隔壁是朱伯伯家……各户之间都是用的木隔墙，随时可以听到隔壁邻居家里的动静。我曾经也是这些邻居家串门的常客。

从我家门口走下几步台阶，有一棵大大的香椿树，还有一些桂花树。香椿树冒尖的嫩叶子是可以吃的，与鸡蛋炒一炒，可香可好吃了。旁边还有几棵桂花树，到了秋天，一串串黄黄的桂花挂满了树枝，散发出阵阵芳香。我们在树下铺一张草席子，并摇一摇树干，只见桂花纷纷落下。然后，把这些收集来的桂花腌制一下，做成糖桂花。

家的西北角有一个河埠头。罗苑的住家们在这里淘米、洗菜、洗衣服，或挑一担湖水回家倒进大缸里，并放一点明矾，用来烧水煮饭。河埠头也发生过许多趣事，有孩子们戏水滑落到湖里的，有阿姨淘米时淘到乌龟的，有在这儿钓鱼钓虾的……离河埠头不远处还立有一个木桩子，上面拴着好几条小木船。一到放假时，罗苑的孩子们就会争先恐后地爬上小木船，有用桨的，用手的，还有用脚的，纷纷用劲划向远处，放飞着无穷的童趣。

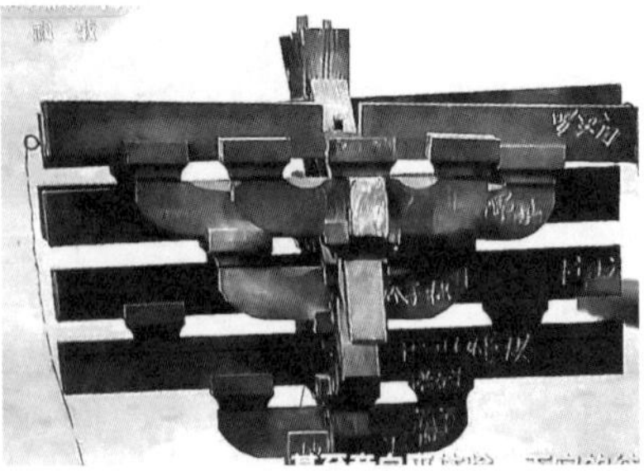

罗苑庭院内，主要是由四幢主建筑及周边低矮廊房水榭围合而成的建筑群，是江南的苏州园林式的古建筑风格。其布局自由不对称，疏密有致，高低错落。整个环境之中，体现着一种人文的情怀，营造着高度的文化的意境，显示出其理性与浪漫。江南古建筑的木结构，也是我国古代留传下来的特色文化遗产。我父亲正是土木系的结构学教师。由于怀念古旧，我不禁又回家重新翻开当年父亲与严慧老师合写的关于木结构连接的著作，尤其感到亲切。它在建筑构造上，完全是遵循我国宋代建筑营造法式。由于它的榫卯连接方式科学严密，能满足建筑使用功能和结构的受力需求之外，在防震抗震方面很有特色。在中国建筑行业中对木结构有，“墙倒屋不塌”之古谚。在居住的安全性上具有很可靠的保障。建筑构造上的特点是，以木构架结构为主，有台基、立柱、横梁、顺檩、屋面等主要部分。各个构件之间以斗拱、梁柱，通过榫卯来形成木构架的构造连接。

罗苑的竖向设计，所有建筑的底层室内地面及平台的设计标高，比室外地坪高出六十厘米，而室外地坪，又比西湖水面高出六十厘米。这对于建筑的防水防潮非常有利。并把建筑与西湖水面拉开了竖向距离。建造在西湖边的建筑，后大半部分在岸上，前小半部分驾凌于湖水之上，成为水榭。跨水部分由立于水中的石构梁柱来支撑，建筑结构轻巧，空灵开放，临湖水榭下部的立柱清晰可见，偶尔也有游船在此处自由穿梭。罗苑的楼、台、亭、榭极富艺术韵味。“以画入园，因画成景”，使得罗苑整体成了一幅立体的古建筑风景画。

罗苑的各建筑之间都由平台相连，从每个房屋的户门跨出木门槛，就是室外平台，平台外侧边设有漂亮的美人靠椅，椅子颜色与木门木墙壁相同的，也是土红色的，椅背全是镂空木雕的花饰。那时候我还小，常常靠坐在椅子上傻傻地看着木门墙板上的古文字和漂亮的图案，却不知它们的含义和分量。

此处的建筑，随着 1959 年平湖秋月景区的扩建，罗苑除了湖天一碧较为完整保留，梅鹤轩、月波亭被改造外，周边木结构的低矮建筑如今都已经不见踪影，西端也成为平湖秋月景区一个休闲大露台了。假如，曾经没有罗苑这块风水宝地存在的经历，今天的平湖秋月很可能会是另一番样貌啊!

虽已时过境迁，但这儿永远显现着一幅诗情画意般的美景。我年逾七旬，还非常留恋着从前罗苑的一切。当然，此处已经不再是我记忆中的旧境，而早已成为平湖秋月——人们旅游景点另一处打卡地了。

（刘雅华）

大爱之父亲

我们的父亲洪逵吉是一位温文尔雅的教书先生，但在学生时代却是一位积极投身爱国救亡运动，怀揣科学救国大志，不远千里艰辛跋涉向西求学的热血男儿；父亲为家庭倾情竭力，为国家鞠躬尽瘁。这一切都是在我们以后，尤其是在整理父亲的遗物以及生平材料中，才慢慢读懂的。

父亲，从小在我们的记忆里是模糊的，更多的只是他的背影。记得那时，我们住在杭州外西湖罗苑。现在，这座豪华私家花园早已不复存在，它的遗址在平湖秋月景区内，只有一座“湖天一碧”建筑被保留了下来。我们家住房的确切位置是在“湖天一碧”的西南方向，现在呈现游人面前的已是一块临湖茶室的平台。

罗苑，我们的童年中的大部分时光是在这儿度过的。据说，罗苑是上海的一位外国冒险家在这儿建造的别墅花园。我们家所住的房子是紧靠西湖的水榭建筑，推开窗户，西湖的远山近水尽收眼底。在约三千平方米面积的庭院内，有“月波亭”“梅鹤轩”“正觉堂”“湖天一碧”等几座大的中西合璧的建筑物；在每座建筑之间，都有大小不一的庭院，庭院中曲径通幽，重重叠叠的假山，碧水红花的荷池，葱葱郁郁的灌木枝树，尽显其花园主人哈同——远东第一富豪的身份。然而，在人间天堂西湖湖畔的著名私家花园中，罗苑是唯一一座被普通劳动者享受过的地方。

罗苑，作为浙江大学教职工宿舍，大人们除了在学校紧张工作之后，这里雅致又静谧的环境中，却成了他们一处更理想的移动的工作场所。而他们的孩子们着实度过了一段天堂般的童年生活，以至今日，在他们每一个人心中成了永远挥之不去的记忆。

在放学后假期里，我们玩过那个时代同龄人玩的所有游戏。比如，拍洋片儿，打陀螺，打弹子，扣蛐蛐儿，过家家，躲猫猫儿……还时不时，我们一群邻家大孩子划着随风漂来的小船，悠哉悠哉地在湖面上划船荡荡儿；只要

兴致来时，我们在家可以把鱼竿直接伸出窗口，不一会儿鱼呀虾呀就会在脸盆里活蹦乱跳了。我们还可以跑出墙门，到平湖秋月对面的大草坪玩抓抓儿，到孤山山上打游击……在美丽的湖光山色中无忧无虑，尽情地玩耍。

我们父亲的办公桌就放在那间悬架在湖面上的亭子间里。但在我们的印象中，只有父亲埋头工作的记忆。“嘀呤，嘀呤”，一边手摇着计算机（早期的一种计算器），一边快速地在纸上记录着什么。好像从没有见过父亲抬头或随手推窗眺望一下窗外之历代文人墨客笔下醉人的美景。

那时，在记忆中，父亲好像只带我们出去玩过一两次。其中一次，记得大概是在 1958 年，那时罗苑要拆了，我们居住在里面的住家都已陆陆续续开始往外搬迁。可能是以后我们住的地方离西湖比较远的原因吧。这年暑假里的一天，爸妈带着我们去爬西湖西南面南高峰下的翁家山。当得知爸爸妈妈要带我们出去玩，着实让我们高兴了一阵子。要知道在那个年代，小孩由爸妈带着出去玩可是件奢侈的事。记得那天，爸妈陪我们玩了石屋洞、烟霞洞。一路上，爸爸给我们当导游。记得，爸爸给我们讲解了溶洞是如何形成的，石壁上雕刻的佛像的来历，十八罗汉的名字……我们听着父亲的介绍，从山下的石屋洞沿着蜿蜒而上的台阶，爬到烟霞洞。路边的野花小草像一幅彩色的地毯铺满了山坡，在密密的树荫下，散发出一阵阵的清香。大家兴致勃勃，路途中的汗水、劳累全然不顾了。丰富的知识，美好的回忆都留在暑期作业上了。

二十世纪五十年代，父亲事业蒸蒸日上。新中国的天是明朗的天，父亲个人结束了没有固定工作的日子，父亲的家庭也结束了颠沛流离的生活。父亲身上充满了建设社会主义新中国的干劲。在浙江大学，父亲以严谨的科学作风，废寝忘食的工作状态，获得学生与同事的赞誉。在浙江大学，父亲亲手创建了新中国高校中最早之一的热工教研组，成为新中国历史上第一届硕士生的导师。父亲的热力循环科研在全国处于领先地位，所研究的热力循环理论被苏联专家称为“洪氏循环”。父亲的贡献得到了国家和学校的认可，39 岁被晋升为教授，这在当时全国实属不多。父亲被评为学校首届先进工作者，他的先进事迹在全校进行宣讲。父亲进入学校的最高校务管理机构——浙江大学教学委员会。

父亲忠于国家、报效国家的执着精神，体现在父亲的一生中。在青年学生时期，在学校教学科研工作中，一直在“文化大革命”和退休后的日子里，尽

《湖光山色》获“西湖之春”一等奖（作者：洪保平 / 摄于 1988 年罗苑旧址）

管精神上遭受过极大的摧残，尽管没有组织、助手与经费，父亲仍然不忘初心，热衷祖国的能源事业。大的企业进不去，就到小企业小锅炉、农家灶台，热心无私地为工人农民们解决节能问题。直至把自己的身体累倒拖垮住进了医院。从此，再也没有走出医院的大门。这就是我们的父亲。

我们的父亲在他的身边曾经先后赡养过四位老人，他的生母、庶母、岳母和婶母，并尽心尽力地为她们养老送终。父亲自己的家庭则有六口人，靠有限的薪水，精打细算，省吃俭用，母亲那时候还设法出外兼点职，以弥补家里的生活开销。在这样的家庭经济状况下，只要得知哪家亲人有困难，父亲就会不遗余力地接济帮助他们。父亲从不推脱困难，毫无怨言，无私奉献，不图回报。百善孝为先，这是中国人做人的最根本标准，也是这个国家繁荣昌盛，民族不受外敌凌辱的治国立国之本。我们的父亲，他做到了。

我们姐兄弟四个，年龄跨度只有 6 年，却是中国历史上抗日战争与解放战争两个重要阶段，这也是父亲人生经历中的重大时期。1945 年正逢抗战胜利之际，女儿出生了，取名为詠平，以示歌咏和平；1946 年相继大儿子出生，取名致平，以示不要丧失和平，致力于和平；1949 年解放战争结束，新中国刚刚建立，第二儿子取名为希平，以示不要战争，希望和平；继而朝鲜战争爆发，人类和平遭到践踏，1951 年小儿子出生，取名为保平，以示保卫和平。一个国家，一个民族饱受了数千年来战争的苦难，中国的一个知识分子以他亲生骨肉的名字，向世人发出肺腑之言——不要战争，要和平！

至此，最想告慰九泉之下我们的父亲：家已幸福，国已强大！

（洪詠平　洪致平　洪希平　洪保平）

罗苑童年生活点滴

1952年因大学院系调整，我父亲洪逮吉从之江大学调到浙江大学。因此，我家从六和塔的之江校区搬到了外西湖16号，即罗苑。一直到1958年，因国家要将罗苑拆除，改建成人民的公园，我们才搬离罗苑。我在这里度过了美好难忘的童年年代。

罗苑原名哈同花园，后为浙大教工宿舍，一堵高高的马头墙将罗苑和外界隔离，院内假山，大树，长廊环绕，似世外桃源。

我们家在罗苑西侧，有四室，其中三室都是朝南面临西湖，特别是父亲的书房，它是由几根石柱支撑，突出在湖面上，船可在下面自由划行。我们常常趴在窗口，看着船从屋下经过，听着船上的人在穿越时，发出的阵阵欢笑声。那时，我外婆还年轻，她有时会拿着钓鱼竿在窗口钓鱼，钓上的鱼几乎都是小白条鱼，把鱼在油锅里炸一下，很脆，很香。那时，外婆钓的鱼常常成为我家餐桌上一道美味佳肴呢。

我家的厨房设在房间的北面，严格讲，它并不是屋子。烧饭的家什是放在美人靠椅上的，厨房与住房之间有一个东西向的长廊，这个厨房完全是根据住家环境来布置的。美人靠的上面是一排排高大的玻璃窗，窗外是一个庭院，庭院里有大树、假山，皆有四季不同的景致。我外婆在此做饭，想来一定是

“罗苑发小群”

一种十分愉快的享受。我家的门框上和走廊的廊檐下，都镶嵌着带有古色古香，且有着不同花式的木雕图案；临走廊的窗全是那种西式的百叶窗。中西合璧，尽显罗苑奢侈浮华。

那时的我，并不懂得观察和欣赏罗苑的美景，只是很高兴能和小伙伴在园内园外尽情地玩耍，或与他们一起在西湖划船玩水。当时住在我们这一侧的主要是浙大的教工，还有在浙江图书馆工作的职员，我和他们的子女在一起的时间比较多。现在，我们还建了“罗苑发小群”。2017 年，大家又相聚在我们曾经住过的罗苑旧址，共叙少时友情。

住在罗苑时，我在西湖小学念书。当时，西湖小学设在西湖边的秋瑾祠堂里。现在，它所在的位置是香格里拉饭店前的一块草坪上。后学校搬迁到曙光路，改为西湖中心小学。小学毕业后，我被学校保送到省立女子中学（现为杭州十四中）。在小学上学时，对我们罗苑的小伙伴来说是件十分快乐的事。上学、放学，我们小伙伴们经常不走大道，而是翻爬罗苑北边的孤山。这之中的情趣，只有我们小伙伴们才知晓。记得有一次，我一边走路，一边玩拍网球，有时不小心球没有接好，球就滚下山了。也记不得了，丢了多少球，当时只是一时心里觉得沮丧。当我们重新聚在一起，谈起当年的情景，觉得我们每天能荡漾在大自然的湖光山色里，对现在城里的孩子来说那只能是一种奢侈了。

罗苑马路对面是孤山草坪，一有空我们这帮小伙伴们经常去草坪玩。那时，外来的游客不多，我们在草坪上玩抓抓儿，玩跳牛皮筋，跳啊，唱啊，尽情地玩耍。有一次，我们在草坪上玩得正欢，不远处有几位解放军叔叔阿姨朝我们这儿走来，并招呼我们一起合影。我们高兴地跑过去，与叔叔阿姨们围坐在一起，随着“咔嚓”

在罗苑对面大草坪上与解放军叔叔阿姨合影

在岳庙

一声，给我们留下了一张十分珍贵的照片。其中有一位叔叔一直和我保持着联系，直到我大学毕业分配到东北。

当时，罗苑对面是中国美院前身：国立艺专。一到假日，学校有活动，我们这帮小伙伴就赶去与学校的大哥哥大姐姐们凑热闹。当时，艺专校长是雕塑家刘开渠，他住在孤山草坪旁的一幢二层楼的小楼里，他的小女儿刘沙平和我是小学同学。学校放学后的时间里，我经常去她家玩，后来我们成了好朋友。1953 年，她爸去北京参加人民英雄纪念碑的建造工作，任设计处处长和雕塑组组长，1959 年被任中央美院院长。沙平好像是在 1956 年去北京的，就读于中央美院附中。我一直和她保持联系，每到新年，她都会把自己制作的贺卡寄给我。1966 年“文化大革命”期间，我去北京串联，和她见了面。这时，她已是中央美院雕塑系学生，即将毕业。沙平的父亲作为“牛鬼蛇神”，正关在“牛棚”里，接受批斗。她带我去学校时，看见她父亲在扫大街。我当时多么想当着沙平爸爸的面，向他老人家问候一声“好”啊。可是，在当时这种环境下是不可能的。我们只能偷偷在一旁向他默默地注视着，一时心中涌起说不出的酸楚。时至今日，她父亲弯着腰扫地的模样，还在我的脑海中挥之不去。不幸的是 1967 年暑假，沙平的同学来信告诉我，沙平在参加全系批斗她父亲的大会后，到玉渊潭游泳时，正好遇上暴雨，沙平下水后就再也没有上来。接到信后，我大哭一场。命运真是不公，沙平完全可以成为像她父亲一样的优秀雕塑家啊！

我在杭女中上初中时，每天从罗苑走到位于凤起路的杭女中，上学放学来回都要经过白堤。那时，行人很少。我经常在回家的路上，一边走路，一边低头看书，根本无心欣赏西湖的美景，只是沉浸在书中故事的情景中。

有一次晚上，我和妈去胜利剧院看戏。当我们看完戏后，时间也挺晚了，我们坐了一辆三轮车回家。当车子过了断桥时，只听见西湖岸边传来“呜呜”的哭泣声。三轮车夫立即停车，且走到湖边查看。过了一会儿，车夫回来跟我们说，有一个女子可能跳湖自杀，后悔了，又爬回到岸边。他对我们说，要送她去医院，让我们自己走回去。在这种情况下，我们觉得救人要紧。于是，我和我妈在周边一片漆黑中，胆战心惊匆匆地赶回家里。那一晚的情景至今还留在我的记忆中。从那以后，晚上再也不敢独自外出。后来曾傻傻地认为，西湖是人间天堂，跳进西湖，是否可以升天堂啊。

少时的罗苑生活是多彩斑斓的，以致离开罗苑六十余载，心中还时不时地怀念着快乐的童年时代，以及那些曾经生活在一起的小伙伴们！

（洪詠平）

罗苑的故事——父亲杜铭愚

父亲杜铭愚，1947 年毕业于之江大学土木系，之后在母校之江大学任教，1952 年，之江大学土木系并入浙江大学。母亲王婉华于 1957 年从常州戚墅堰调至杭州铁路医院。

1952 年，我家从六和塔秦望山搬进了坐落在平湖秋月附近的浙大教工宿舍，堪称杭州顶级豪宅——罗苑。后来，我父亲把娘娘（余姚方言奶奶的称呼）从上海接过来一起居住。每当父亲回忆起罗苑的日子，他总会兴奋地念道：“罗苑的日子真开心！”

我家搬进罗苑，住在外观造型非常别致的八角亭。八角亭是整个两层建筑物伸出水面的部分，外形呈八角形，它完全由几个柱子支撑在湖面上。我的家就住在二楼东南面那间房子，只要推开窗户，或湖光潋滟，或山色空蒙，西湖美景尽收眼底。

或许是因为父亲的性格与西湖的姻缘吧，父亲显得十分好客，虽然自己烟

父亲和母亲（摄于 1954 年）

画线框内是父亲罗苑的住房

酒不沾，但总会在家中备些烟酒，用来招待我家的客人。邻居正伊和亚伊的大大（平湖方言爷爷的称呼）常来我家串门，然后，父亲与大大会依窗而坐，时而聊聊天，时而看看窗外的风景。在互相交往中，大大知道父亲是个性情中人，且家中备有好烟好酒，甚是开心。一来一往，两家关系更为密切，似如一家人。每当遇上西湖里有烟火、花灯游船之类的节庆活动，我家便成了观景台，常常会高朋满座，且在欢声笑语中度过愉快的夜晚，给大家留下了美好的印象。到了夏季天气炎热时，父亲常与几位热心邻居一起划船去城里买西瓜，给罗苑人分享。船划到湖对面靠湖滨路的岸边，由一人留下守船，以防小船不划而溜，其他人则借了一辆平板车进城，到老浙大附近的西瓜市场买西瓜，然后划船运回罗苑，再从八角亭西侧的石阶湖埠头把西瓜一只一只搬上岸。这一趟去城里买西瓜，来回至少三十里地，而且还要顶着骄阳似火的太阳。但当父亲他们看着罗苑大人小孩们分享着西瓜的喜悦之时，一定是劳累顿消，心中充满了幸福感。

八角亭楼下住的是萧善驹伯伯家，那时他还单身，并体弱多病。在这样的身体条件下，萧伯伯每天只得简单烧点饭菜，应付着过日子。长期下去，自身的营养得不到很好的补充，对治病，对恢复身体很不利。当我父亲得知此情况后，每到吃饭的时候，我娘娘总会把烧好的饭菜，放入一只菜篮子里，父亲则站在靠湖的窗口，随着他的一声叫喊，“老萧，吃饭啦”，热呼呼的饭菜便从一根拴着的绳子缓缓地从二楼送到了等在一楼窗口的萧伯伯手上。这时碰巧有船经过，人们往往都会好奇地把船停下来，欣赏着难得一见的空中竹篮绳梯送物这一人文景观。当时，萧伯伯生的是严重的肺结核。我曾好奇地问过我父亲：“你与萧伯伯共用餐具不怕感染吗？”父亲说：“娘娘会把萧伯伯使用过的碗筷单独分开，并用开水煮一煮。”六十多年前，娘娘和父亲能有这样的健康意识难能可贵。

父亲和母亲（摄于 2019 年 2 月父亲九十六大寿）

如今，父亲已九十六高龄。

他每每讲起罗苑，便会精神抖擞，两眼发亮，很是兴奋，感觉一瞬间人年轻了许多，好像不知不觉中又回到了罗苑八角亭自己所熟悉的房间里，随手推开了窗户，面向西湖。

（杜仲旸）

罗苑追忆

1954 年 10 月，我在杭州的浙江省妇女医院（现名浙江大学医学院附属妇产科医院）出生，我的父亲林新民和我的母亲徐基镐此时住在六和塔旁的之江山上。由于正好是“五四宪法”公布之际，父母遂为我取单名一个“宪”字。

一年后，父母抱着我下了之江山，搬入了浙江大学在平湖秋月西侧的家属宿舍——罗苑。当然这都是后来父母告诉我的，我以前只知道小时候住过的这个地方叫哈同花园或浙大平湖秋月宿舍,并不知它还有罗苑这个正式名称。那时，父亲任教于浙江大学电机系并兼校工会副主席，母亲任教于浙江师范学院政治系并兼共青团的工作。夫妻双双都忙得不亦乐乎，平时几乎不着家。以致我初到罗苑时没得人管，常常只能自己一个人仰面躺在床上。时间久了，后脑勺便长成零曲率的平板型，而不是大多数人的正曲率凸圆型。到了初中，老师和同学没事时就喜欢边摸我后脑边喊“林扁头”（当然是善意的）；而给我理发的师傅，则开玩笑说，扁头难剃，要求加价。

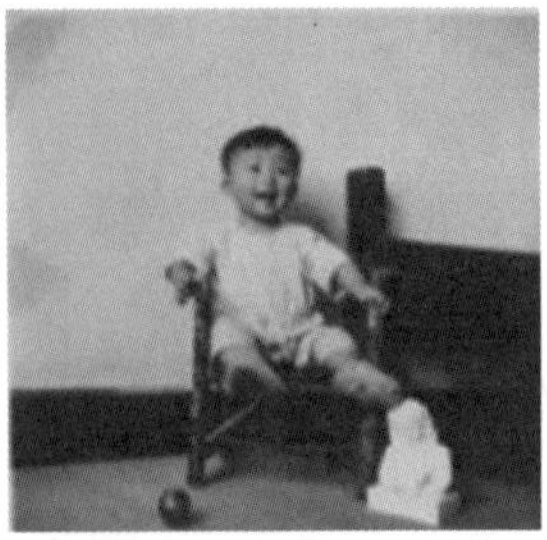
刚到罗苑时拍的室内照片

罗苑对面的孤山台阶（摄于 1956 年 6 月 3 日）

后来母亲在即将去北京读中国人民大学调干研究生之前，发现了我的头睡扁了的问题，急忙将原住上海我的外婆接来专门带我。于是这成了我幼儿时期最开心也印象最深的一段回忆。

外婆来后，我犹如笼鸟放飞，天天缠着她带我出去玩。罗苑的大门外就是大马路，外婆抱我坐上三轮车往西泠桥方向逛西湖，我坐在车上边看风景边听外婆讲故事。这便成了当年我们祖孙俩的经常项目，其情景至今仍历历在目。只可惜好景不长，没几个月外婆就回上海去了。

由于我入住罗苑时实在太小（只有一岁），居留时间也太短（只有不到两年），几乎记不得什么当时的人和事了，有印象的尚有如下几个片断。

父母和15个月的作者留影（似在罗苑对面的孤山草坪）（摄于1956年2月13日）

一、我家当年究竟住在罗苑的哪个部分？我自己的记忆是住在二楼，因为有爬楼梯玩的快乐，所以记忆深刻。而后来曾陪父亲去实地怀旧时，父亲曾指着当时挂着水上派出所牌子的两层楼房第一次对我说，这就是我们以前的家。这座两层楼房，就是罗苑被拆后唯一保留下来的建筑物，湖天一碧。现在这里是西泠书画院和咖世家咖啡馆。

二、我家楼房的西面不远处有个室外公共水龙头。为何会对一个水龙头记忆这么深？原来是那时我太小，够不着湖水玩，只好抓着这个水龙头玩水好开心。现在想来，那时罗苑住户们的水费是公摊的，我这么一玩自来水，岂不给邻居们增加经济负担？惭愧惭愧。

三、印象中住我家楼下的好像有一位外国人。多年后听父亲说过是当时浙大的苏联专家，老喜欢抱我，而且还送过一对苏联产不锈钢汤匙给我家，精致耐用，全无过去所说的苏联产品傻大黑粗的感觉。一直使用到现在63年了，仍光亮如新。但问过多位罗苑原住户，却都无此外国人的印象，莫非是我记忆有误？只好存疑。不过这两把汤匙确实是在我家使用了六十多年，属于传承有绪。

四、到了1957年，父亲因履行工会主席职责而为被划成“右派”的浙大多位教授鸣冤辩护，结果自己成了“右派”。1956年，母亲派往北京的中国人民大学做调干生并担任了学生会主席。1957年，因以学生会主席身份为后来成为全国最大的学生“右派”的林希翎辩护，而结果自己也成了“右派”。父母双双划成“右派”后，我家于1957年底被赶出罗苑，部分未及搬走的家具杂物被扔

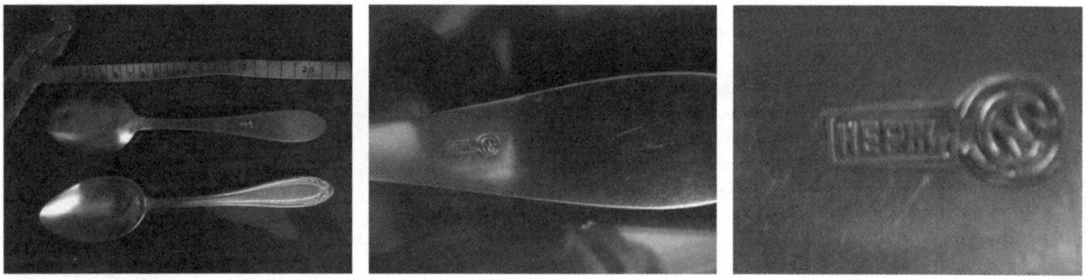

记忆中苏联专家赠送的不锈钢汤匙

在大门外马路边，令当时幼小的我好伤心。而我自己在搬离罗苑的时候，也从一个红二代一夜间变成了十年后的“黑六类”子女。所以，追忆在罗苑的幼年经历，既有甜蜜，也有苦涩。

宋代诗人林升《题临安邸》：山外青山楼外楼，西湖歌舞几时休？暖风熏得游人醉，直把杭州作汴州。此诗原是讽刺南宋小朝廷偏安一隅不思进取的懒政行为的，不料我父母在西湖边罗苑沐浴暖风两年，却是过于进取，不安现状，生生被熏成了两个“右派”分子呢！真是福兮祸所伏，祸兮福所倚啊。

遂试仿林升作《题罗苑邸》：难舍荷花别样红，终与罗苑喜重逢。神仙各路皆无影，小楼今夕又秋风。

又试作《湖天一碧》：秋来夜微凉，西子躲迷藏。近水摇画舫，远山羞彩妆。

（林　宪）

西湖边的天伦之乐

1951 年冬，我入住外西湖罗苑宿舍。这里原来是犹太富商哈同在 1918 年建造的别墅，以其妻罗氏取名罗苑，又称哈同花园。花园沿外西湖北岸而建，背邻孤山，东起平湖秋月，西至文澜阁，是一个狭长的湖畔园林，内有古典色彩的亭台楼阁、假山水池，交相辉映。东区是一个以突出在湖上的八角亭楼台（梅鹤轩）为主的一群建筑。西区是一批沿湖的平房和花圃。花园中间有一座两层的主楼（湖天一碧），与东、西两区有走廊，曲径相通。罗苑大门开在主楼与东区相接之处，进门有一几十平方米门厅。我刚来时分配在门厅南侧的临湖水榭，两小间突出在湖上的平房。次年，全国院系调整，当时我的邻居音乐教授沈思岩先生调往上海，我则搬到沈思岩的寓所。

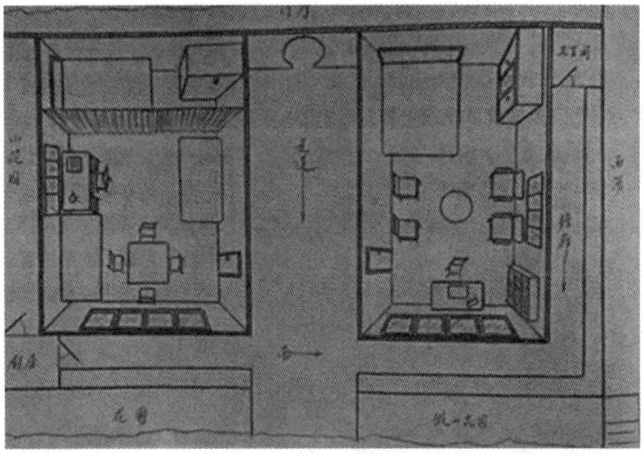
居室平面图

那是两大间通向主楼的走廊两侧厢房，还有一厨一卫；厢房外侧都有拱形围栏，可以凭栏眺望湖光山色；南边一间厢房二十多平方米，南窗临湖，前有假山；北边一间厢房三十多平方米，北窗外也是一小花园。这一套房子，虽然中间有一公共走道，却自成系统，相当安静。整个罗苑当时住有约 30 户人家，基本上是浙大教职员，上下班有校车接送。平湖秋月、中山公园都有公交车站，通往湖滨和灵隐，交通也方便。

当时，父母亲正 60 岁上下，身体尚健。父亲每天到龙翔桥菜场买菜，母亲烧饭做菜，主持家务，使我能专心工作。四弟山石就读的美术学院即在罗苑对面（现在的省博物馆和西湖美术馆所在地），他虽是住宿生，但每天可到我家来，吃饭时候往往拿着饭碗来看看家里有没有好的菜。

那时，大哥大嫂住在少年宫电政街广播电台宿舍，每星期日来家里吃饭团聚。小妹在杭州安定中学读书。这期间,大人也少不了带着孩子们到孤山放鹤亭、西泠印社一带去散步游览。父母亲看到大家经常能来自己这里，且欢聚在一起，感到非常高兴，正所谓天伦之乐乐无穷。罗苑成了我们大家庭的中心，生活过得十分安定愉快。

住在罗苑时，经常可看到来杭游览的国际友人。外国元首来杭大多都住在杭州饭店，平湖秋月是车队必经之地。我们常在大门口欢迎，即可看到迎宾场面。有一次，记得是 1957 年，苏联国家元首伏罗希洛夫由周总理陪同来杭州游览。当时我正带着侄子卫朝在平湖秋月游玩，看到周总理陪着外宾从船中上岸，感到十分惊喜。这时平台上没有几个人，我们都拍手欢迎。这时伏罗希洛夫把卫朝抱起来亲亲，我看到随行的外宾拍了照。当时周总理说些什么已记不清了。转瞬间，人突然多了起来，总理动作敏捷，连忙挽着伏老，一边说：“不要挤，不要挤！”就从人群中迅速离开，坐上已等在门口的轿车离去。这次我在很近距

全永昕、洪纯卿夫妇与子女全琳、全琅在罗苑

离（一米以内）看到周总理，浓黑的眉毛，慈祥的眼睛，显得十分健康、英俊，真是难得机会，也是难忘一刻。

当时，四弟由国家公派在苏联留学已四年，所以父亲对新中国和苏联有着特殊的情感。他曾说："过去我即使把家产全部卖掉，也不可能把一个儿子送出国留学。"表示他的感激之情。故这次伏罗希洛夫来杭州访问时，他把自己的画作精品《耄耋图》(猫与蝶）题上字，以杭州市外西湖16号居民的身份献给了伏罗希洛夫主席，当时伏老已76岁高龄。

到1957年冬，按杭州市建设规划，要把罗苑与平湖秋月连在一起建成一个开放性的沿湖花园，保留罗苑一部分建筑，供人们游览。因此，我们迁居到玉泉浙大新校舍，离开了这个优美的地方。后来，我们每次去平湖秋月游玩时，总要到原来住过的那个地方，在一座假山前（原来放写字台的位置）坐一会儿，并拍张照，回想当年的美好生活。

（全永昕）

罗苑——难以忘怀的湖畔生活

新中国成立初期，我家住在福建的厦门大学，我老伴任厦大土木工程系的助教。当时学习苏联的教育制度，全国高教系统进行了院系调整，目的是集中优质的师资力量办几所重点理工科大学，位于杭州的浙江大学就是其中之一。为此我们一家于1954年从厦门搬到了杭州。虽然离开那座美丽的海滨城市，但见到秀丽的西湖还是挺欣慰的。

搬到杭州后，我们先住在建国中路。不久我父亲从厦门海关退休，因为老家没有人也没有产业，他听说杭州西湖很美，就提出要举家搬到杭州与我们同住，我和老伴也欣然接纳他们。当时，我们小家包括我俩、不满周岁的大女儿和一个保姆，我父亲家包括我父母、二弟和一个最小的妹妹，一共八口人。这样，我们原来的住房就太小了，于是就向学校打了申请报告。浙大就将我们调整到另一个叫作“罗苑”的教工宿舍。

罗苑这个教工宿舍的建筑与众不同，原来是一个私家庄园，位于西湖的平湖秋月旁。其中有一部分是建在湖面上的，从一楼房间的地板缝里能看到下面的湖水，从窗外伸出手去就能从西湖里打桶水上来，特别接近自然。罗苑除了平房外，共有三栋亭台楼阁式的建筑：月波亭、梅鹤轩和湖天一碧。由于我家人口多，被分在最大的“湖天一碧”里。“湖天一碧”的建筑很有特色，楼上楼下前后的梁柱和走廊，以及一百多扇门窗上面都刻着文物图案，殷商、西周、两汉之钟鼎彝器及甲骨文，十分雅致。我们和其他两户人家住在二楼。刚搬进去时只有一间大卧房。后来，浙大根据我们的要求，又派人将其隔成两间：我们小家住一间，我父母住另一间。没有厕所，就在后面的小房间里放一只马桶。没有厨房，我们三户人家只能在面朝西湖的封闭式阳台上做饭，从而也就可以观赏一年四季不断变化的湖光山色。到了节假日还可以观看湖上穿梭的船只和船上的各种表演；晚上的景色更为奇观，湖上放的烟花将水天连成一片，恰似人间仙境！浙大工会还配了两只小船，每个罗苑居民都可以使用。我们一家人常常在月光如水的美景中划着小船到湖中央的小岛上玩，在西湖里摘莲蓬头吃，那个清香至今仍缭绕在唇边。

我和老伴当时都在浙大当助教，虽然职位不高，但浙大能如此体恤民情，满足我们这一大家子人的特殊需要，令我们永世不忘！

平湖秋月（汪如泽水彩写生于 1958 年）

我们在罗苑一共住了三年半。在这期间我家经历了许多变化：一是经历了“三反”“五反”和“反右”的重大政治运动。二是我老伴的工作有了变动：他原来在浙大土木工程系教建筑制图，由于浙大想开设适合浙江特点的新专业——水利水

在孤山放鹤亭

电专业，土木系就派他到南京的华东水利学院进修了三年，他的户口也随之迁到了南京，因此我成了我家的户主。三是我家的成员也发生了变化：我又生了二女儿。我的三妹是部队复员的调干生，结婚后考上了南京大学物理系。为了不间断学业，她在杭州生下儿子，并将他寄养在我家，一直到五岁时才接回南京。我的小妹妹来罗苑时还在上小学，每天上学要走很远。二弟在厦门时得了肺结核，罗苑期间休学在家养病，直到后来考上了浙大电机系。

罗苑的建筑和景色虽美，但房屋设施简陋失修严重。各户没有自来水，每家只能雇人挑水。每家在阳台上放一只水缸，挑来的水就倒入水缸里，以备家用；没有抽水马桶，每天得按时将马桶提下楼，倒在来收粪的粪车里，清洗后再提上楼；交通不便，附近没有店铺，买菜和买日用品都须搭乘仅有的一路公交车，且班次也很少；冬天没有取暖设备，湖上的冷风从变形的窗户缝里一个劲地往屋里钻，无论盖多少被子也无济于事……原想这一系列的挑战会搞得我们焦头烂额，然而我们一大家子人在罗苑的独特环境下协调合作，克服了一个接一个的困难，这段生活经历反而成为我们日后最值得回味的幸福时光。

罗苑又被称作“哈同花园”。这个哈同花园有些神秘莫测，最令人不解的是，为什么竟然有人胆敢违规在西湖上建造如此豪华的私人别墅?

园主哈同是个犹太裔的英国人，出生很贫困。1873 年，他投奔一个在上海的亲戚，从沙逊洋行看门的做起，凭着天生精明和吃苦耐劳，一步步发迹提升为大班和协办，兼管房地产，后来通过炒房地产赚取了大量财富。他还建造了旧上海最大的私家花园——爱俪园。

1916 年，哈同夫妇到西湖游玩，看上了西湖美景，萌生了在西湖边建庭院的念头。哈同托话给浙江省省长吕公望，说若能在西湖畔建一私宅，愿以上海租界一幢花园别墅酬谢。吕公望回答：“杭城决不许外国人造屋，遑论西湖！”1917 年春，哈同夫妇再度游杭，此时吕公望已离职，哈同终于将平湖秋月边的一块风水宝地买下。由于，中国法律规定，外国人是不允许在中国境内买地建造房子的，哈同不得不将地契改在他中国养子罗友良名下。为了安全起见，他还建起七米高的围墙，以妻之姓取名为“罗苑”，老百姓也称它为“哈同花园”。消息传出，立即引起杭州民众的公愤。政府迫于舆论的压力，最终将罗苑收归国有。这就是为什么会成为我们当时居住的浙大教员的宿舍了。

大半个世纪过去了，我还经常回味那段在罗苑的日子，以至于今年年初还特地让两个女儿陪同我去故地重游。“湖天一碧”如今已被修缮一新，还原了罗苑时的真面目。二楼上原来我们三家住的两个隔墙被打通了，现改建为“西泠书画院”，四周墙上挂满了中国山水画。我抚摸着“湖天一碧”的雕花窗户，浮想联翩。常言道盖棺论定，其实不然，虽然哈同早已过世，但对他的评价是随着后人的认识而与时俱进，逐渐趋于更客观、更全面。我早年只简单地知晓哈同是个犹太裔英国商人，靠巧取豪夺发了横财。后来通过更全面的了解，我认为哈同还是一个值得纪念的人物，虽说他在中国发了财，但他对中国还是有贡献的。除了商业方面的贡献外，他在政治、文化和教育方面也有贡献。作为“那种对中国文化爱到骨子里的外国人”，他为我们留下了哈同花园这座中西合璧的豪华私家别墅，曾经在中国近代建筑史上享有独特的地位。在上海的爱俪园里，他还接待过许多中国要人，包括孙中山、章太炎等；他还在那里开办大学，起名“仓圣明智”大学，这个校名是否隐藏着希望中国人更明智、中国更昌盛的寓意呢？

再往前，我走进了一个面朝西湖的开放式大阳台，这就是原来我们作厨房的阳台改建的。

我站在阳台上，凭栏眺望，心旷神怡。阳光下的西湖水仍然是半世纪前的西湖水，两旁的柳树依然健在，只是岁月使它们的

腰弯得更低了；对岸的雷峰塔，还有杭城此起彼伏的摩天大楼都属“后起之秀”。我不由得感叹道，真是湖天一碧啊！我在西湖边的哈同花园度过的岁月虽然很短暂，但为能与哈同这样一位非凡的历史名人擦肩而过，深感不负此生！

今天，我终于解开了哈同花园之谜，但是我更感兴趣的是那些发生在这座神秘建筑里的故事，那些罗苑居民的故事。

（刘湘兰）

记忆中的浙大罗苑宿舍

國立浙江大學龍泉分校聘書
茲敦聘
陸維釗先生為本校國文副教授
任期自民國卅四年捌月一日起至卅五年七月
卅一日止按月致送俸金國幣四百元其他津
貼及聘任規約均依照部章辦理此訂
校長竺可楨
主任路季訥
中華民國三十四年捌月 日

浙大龙泉分校聘书

竺可桢先生是父亲陆维钊1920年考入南京高等师范文史地部后的第一位老师。25年后，他应老师之邀，辞去上海圣约翰大学的教职，于1945年8月到浙江大学龙泉分校报到,任中文系副教授。在那里，他与南高师的老同学，又是松江女中十年的老同事徐震堮、王季思重新相聚，分外高兴。三人同游雁荡山，留下了许多记忆，如父亲的诗篇《与季思、声越游雁荡道中作》《宿灵岩寺书鸿雁一联与成圆上人复足成诗》《自大龙湫归灵岩寺》等，都是那时所作。

抗战胜利后，竺校长急于安排人员接收杭州城内以及华家池、罗苑的校舍，为学校回迁做准备。到龙泉分校后，父亲接受的第一项工作，就是协助陆子桐、杨其泳接收罗苑。那时的罗苑尚驻有大批日军，等待遣返回国，一片乱象。日本人惯于席地而坐，故将写字台的四条腿一律锯掉。父亲后半生使用的那张写字台，便是用两张被日寇锯掉腿的书桌相叠而成。新中国成立后，我曾建议父亲请木工来修复，他不同意，说："不必了！这样挺好，两张叠在一起很稳当，中间这一层还可以放书。更主要的是，坐在这张桌子边读书，可以牢记日寇侵华的罪行，不忘国耻。"

1945年9月，父亲与徐震堮、董聿茂、钱秀之一起，首批迁入罗苑。1946年，他将妈妈和我们小孩从松江接来杭州，也住进罗苑宿舍。我们家住在罗苑西端的"西水阁"，东邻为夏承焘先生，西邻为徐震堮先生。推窗南望，西湖全景尽收眼底，城隍山、玉皇山也一目了然。更让我新奇的，是我们的房子竟建在水上，地板下面便是湖水。每当下雨，游船往往会躲到房子底下避雨，可以清楚地听到船客们的谈话。我们家和徐先生家合用一个大厅,中间仅用木板分隔，且板墙高两米许，没有筑到顶，两家说话相互都听得一清二楚，如同一家。罗苑的西头有一扇小门，门外台阶供上下船使用，人们常在那儿洗涤，我则喜欢

“西水阁”位于罗苑最西端临湖面处。夏承焘先生居其东，西为大厅由徐震堮与陆维钊两家合住，间以木板相隔，徐先生家居西侧

坐在那里观风望景。对面就是孤山路，路北便是国立艺术专科学校和省博物馆。艺专的学生常常坐在湖边写生，我也学他们，拿一个画夹，坐在台阶上，画湖里的游船，画路上的游人，画中山公园的大门，画孤山的文澜阁，还有从山上飞来觅食的白鹭……这儿到处都是风景，真可谓人在景中，景美如画。

1947 年，我进里西湖小学读书，学校在苏堤东侧的湖边，那儿现在已经完全看不到学校的踪迹，取而代之的是黄宾虹先生的雕像。后边隔一条马路便是凤林寺，当年曾与灵隐、净慈和昭庆寺齐名，号称杭城四大古寺，但现在竟也消失得毫无踪影，由现代化的香格里拉饭店所取代。记得当年上学，我们出罗苑大门向西，沿湖走过楼外楼、西泠桥，再过苏小小、武松和秋瑾的墓，便到学校了。而回家时，男孩子们则往往喜欢从孤山北麓登西泠印社，然后翻山，从中山公园大门出，不走近路，也不走平道，边走边玩，又奔又跳，丝毫不觉得累。

杭州新中国成立前夕，国民党军队败退南逃，路过杭州坐船游湖，军纪涣散，伤兵散勇欺扰百姓，无法无天，枪支走火时有发生，罗苑宿舍当年就有人被流弹击伤。为此，父亲反复叮嘱我们，不准再趴在窗口观赏湖景，以免发生意外。新中国成立初期，国民党不时派飞机来杭州轰炸，目标主要是城站和钱江大桥。只要警报一响，父亲便让我们兄弟姐妹四个趴到床下，并将厚厚的棉被铺在床上，以防万一。

1950 年 9 月，父亲奉命赴苏州华东革命大学学习，接受对知识分子的思想改造，历时半年。回来后，他变化明显：衣着由长衫变为穿中山装，写字由毛笔改为用钢笔，从此不再要求我背古文，写毛笔字，也不再体罚了。

黄炎培先生也是父亲在南高师求学时的老师，两人是诗友。新中国成立前夕，黄老遭国民党迫害，一度来杭州避祸，曾约孟宪承、俞子夷两位好友聚谈，父亲陪同，有诗记之曰：

百古千今治益棼，出门猜疑任纷纷。
事难语世终成譩，国已皆兵讵不焚。
一水自容鸥影驻，中年忍吊雁行分。
消寒尽有围炉计，那续梅庵旧论文。

诗后还附有黄老的《阴冻诗》：

莫道阴霾冻不开，天心终盼一阳回。
闭门任听千家哭，袖手何曾万念灰。
空欲投鞭平黑水，只愁抱蔓到泉台。
邻翁竟告军符急，夜半搜床里正来。

新中国成立后，黄炎培先生曾两度偕夫人姚维钧到我家造访。第一次是1951年秋，在罗苑宿舍；第二次是1958年秋，已迁居杭大松木场宿舍。第一次来时，由于刚解放不久，有一辆中吉普随同警卫。黄老的次子黄竞武，于上海解放前八天不幸被国民党特务逮捕杀害。1951年，黄老曾作诗《颐和园晚棹雨归，同柳亚子夫妇等多人及维钧、当当、丁丁、方方》，诗曰：

漫乐晴湖苦雨湖，最怜湖底晚霞铺。
夜游欲破诸峰睡，时润能令万象苏。
投杖只应鞭老骥，同舟忍自恋秋鲈！
名园端称诗人住，风柳图开话曼殊。

黄老在诗后注明：“诸子陪我游湖，意在杀我哀思，可感也！”父亲为此曾

1978 年为岳飞墓书篆隶联
青山有幸埋忠骨，白铁无辜铸佞臣

全家照：后排左起陆维钊和夫人李怀恭。前排左起昭蓉（长女）、昭怀（次子）昭菊（小女）、昭徽（长子）（摄于 1950 年罗苑医务室所）

和诗一首：

远想群贤泛雨湖，雄城遥峙水平铺。
千重阛阓周遭供，百万生灵取次苏。
喜见河山歌带砺，忍遗家国恋莼鲈！
添丁自逗宁馨乐，后日箕裘定不殊。

1952 年 2 月全国高校院系调整，浙江大学文学院与之江大学文理学院合并，成立浙江师范学院。我们从此告别罗苑宿舍，迁居之江山头龙头。

新中国成立以后，杭州的市政建设发展迅速。为整治风景区，政府本着还湖于民、还景于民的精神，拆除了罗苑，使之与平湖秋月景区连接成片。就这样，西湖周边原先被达官贵人、富翁巨贾瓜分盘踞的别墅，都被陆续拆除干净，西湖又重新回到了人民的怀抱。虽然罗苑消失了，但罗苑的童年终生难忘，回忆往事，颇有“沧海桑田，换了人间”之感。

（陆昭徽）

怀念父亲

1952年夏,全国高等院校调整院系,之江大学建筑工程系并入上海同济大学,大部分教师划归同济大学，小部分到了浙江大学。父亲何鸣岐从之江大学来到浙江大学土木系工作。

我家从钱塘江畔的之江大学搬到西湖边的罗苑。罗苑是平湖秋月旁一处私家别墅，俗称哈同花园。民国时是浙江大学校舍，借予国立艺术院（中国美术学院前身）使用，抗战胜利后浙大回迁杭州，罗苑成为浙大教师宿舍。我家居住的位置就是现在平湖秋月景区最西面平台的这个地方。起初我家只有一间住房，因为父亲几乎每天晚上都需要加班工作。学校考虑到父亲需要有一个安静的工作环境，隔壁住家童竞昱伯伯搬走后，又分配给我家一间房。

我们的房间朝南面临西湖，推开一扇扇高大的百叶窗，湖光山色一览无余。到了夜间，一轮明月悬挂在静谧的天空中，在微风吹拂之下，湖面上泛起一片片金灿灿的浪花。清晨，苑里树影婆娑、小鸟脆鸣；远处的群山在云雾中时隐时现。如一时兴起，随时可从窗口下钩垂钓，一会儿活蹦乱跳的鱼虾就成了我家餐桌上的美味佳肴。居住的环境是如此的美丽，且惬意。

这时，我的父亲却无暇享受罗苑的一切。

院系调整后，浙大在专业数量、教学设施与教职员工人数上都有了很大的扩充。因此，浙大为寻求更大的发展空间，需要选择新的校区。1952年12月，浙江大学成立基本建设委员会，由刘丹（第一副校长）、王国松（第二副校长）、刘亦夫（政治处主任）、李寿恒（教务长）、严文兴（总务长）、陈崇礼（土木系主任）、何鸣岐（土木系教师）、高祺（土木系教师），以及电机系、机械系各一名代表,共10人组成。父亲作为校基建委成员之一,身负重任。我家搬进罗苑后,父亲就开始没日没夜地投身到基建工作中去。

在刘丹校长主持和带领下，父亲及其他有关人员实地踏勘了杭州好几处校区选址地块。几经周折，初定新校址在黄龙洞一带。后经地质勘探证实，这一带土质条件不佳，建造成本高，后最终将浙大新校址定于玉泉寺北的老和山麓。

新校址选好后，父亲负责执笔校园的总体规划，并在多方意见的基础上不断修改完善。总体规划将校园分为三个区域：教学区、运动区和生活区。然后父亲开始校园单体建筑设计工作。1953 年 7 月，新校区建设破土动工。从设计到施工建造，时间紧迫，父亲全身心投入工作，夜以继日，呕心沥血。这个时期，刘丹校长经常到罗苑我家和父亲一起商讨设计方案。

2017 年,浙江大学出版社出版的《浙大景影》中记载 :“二十世纪五十年代初，何鸣岐先生由之江大学转来浙大土木系任教，并领衔设计了玉泉校区最早建设的一批建筑，包括 : 教一至教四,一舍到八舍以及校门等，从这些建筑的设计中可以看出何先生扎实的古建筑知识和构造功底。”《浙大景影》中还记载 : 教一、教二设计人员还有李恩良、童竞昱、杜铭愚、甘克均等。教三设计人员还有李恩良、童竞昱、杜铭愚、萧善驹等。教四设计人员还有李恩良等。二十世纪六十年代父亲还领衔设计了第十一教学楼（原为行政大楼），设计人员还有王德汉。

二十世纪五十年代，国家百废待兴，强调节约。学校教一、教二在建筑风格上对当时全国流行的大屋顶形式进行了一定的改进，并未完全采用当时梁思成先生倡导的民族形式。因此不仅没有被认为太浪费遭到批评,反而受到了表扬。

父亲领衔设计的建筑物多次受到专家、学者的肯定和称赞。哈佛大学原设计学院（GSD）院长 Peter Rowe 教授是研究亚洲城市与建筑史的专家，他对浙大玉泉校区老教学楼很感兴趣，曾给予高度评价。每次来浙大讲课他都要带学生去玉泉校区实地查看老教学楼。

二十世纪五十年代，父亲何鸣岐工作照

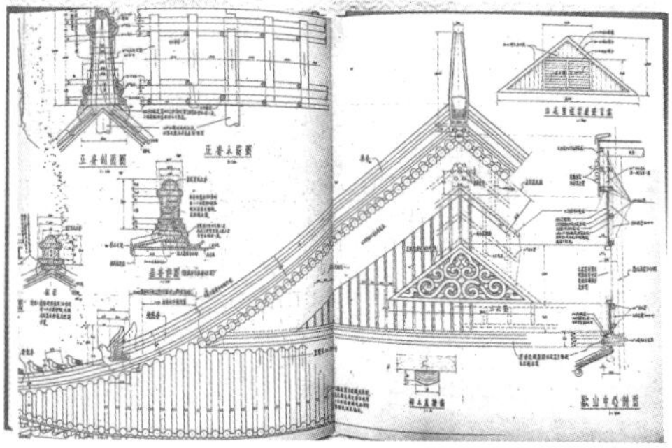

父亲何鸣岐手工绘制的浙大教学楼图纸局部

2018 年 1 月，浙大建筑学科学位点国际评估，评委由世界顶级大学建筑学者和国际知名建筑师组成。评委们一致“高度赞扬由五十年代何鸣岐老师主持设计的教学楼”。

2005 年 7 月，浙江大学玉泉校区主教学建筑群被列入杭州市人民政府第二批历史建筑保护名单。2017 年 2 月，浙江大学玉泉校区建筑群作为“近现代重要史迹及代表性建筑物”被列入第七批省级文物保护单位。

二十世纪五六十年代，父亲参与了杭州市基本建设，为建设新杭州做出了贡献。

1952 年之前，在之江大学秦望山时，家里有大姐佩韵、二姐佩雯和哥哥廷颙。我们家搬到罗苑是年 10 月三姐出生了，取名为“西泠”。为什么取西泠为名呢？这似乎与父亲的兴趣爱好有关。我的父亲是从事土木建筑教学与设计工作，且对古建筑很有研究，也特别喜欢书法、篆刻和国画。由于个中缘由，父亲对我家罗苑附近的西泠印社很是敬仰。西泠印社是研究金石篆刻的百年学术团体，有“天下第一名社”之称。社内有多处明清古建筑，园林精雅，景致幽绝，人文荟萃。父亲只要有时间，总会去西泠印社走一走，看一看，十分享受那里浓郁的文化气氛。三姐的“西泠”名字从此诞生。

虽然，父亲没日没夜地忙着学校的工作，但身居罗苑，多年的职业素养，对西湖的山山水水，一草一木有着独特的情怀。每每推开我家的窗户远眺，一眼望去就是南屏山。南屏山山峰耸秀，棱壁横坡，宛如屏障。尤其在清晨，霞光撒落下的南屏山，被淡淡的紫色幕纱般的云雾笼罩着，且时隐时现，不断地变幻着各种色彩。在南屏山麓也有好多的景点，比较著名的是净慈寺。“南屏晚钟”

浙大第一、二、三、四教学楼（照片摄于二十世纪五十年代）

被列入“西湖十景”之一。1955年5月，我出生了，“南屏”也就很自然成了我的名字。

父亲兴趣广泛，除了前面说到的书法、篆刻、绘画外，对京剧、文学、摄影、邮票都非常喜欢。1937年，父亲在之江大学任教时曾设计“航空救国”邮票四枚，未发行。2007年6月17日，上海拍卖行有限责任公司把父亲的设计样票四枚，标注“珍罕”予以拍卖，参考价40000元。我们事后看到相关报道才知道，对未能参加竞拍感到十分遗憾。

回忆往事，岁月有痕，感慨万千。虽然，我在罗苑生活不到两年，但父亲给我取的名字始终连接着我对罗苑的情愫。无论走到哪里，无论时隔多久，都会记得平湖秋月曾经有个罗苑，罗苑曾经是我幸福美丽的家。永远怀念我的父亲！

（第一教学楼设计介绍：第一教学楼是中西合式建筑。立面采用典型的欧洲古典主义纵横三段式对称构图，装饰细部采用中国北方传统官式殿堂建筑式样。中间主体屋顶采用中国传统的单层歇山顶形式，屋面黑色筒瓦，和平鸽形象代替传统脊兽样式，体现当时社会气氛。屋顶檐下额枋装饰线脚仿自北方官式建筑彩绘，屋顶山部有搏风板熟铁金钉和山花窗。屋身为红色清水砖加局部混水砖的混合式外墙。窗下混水墙部分有装饰线脚。基座采用混水砖外墙，勒脚部分为传统须弥座形式。主入口门楼部分的额枋、雀替、柱础、装饰纹样等均参照北方官式建筑样式，入口踏步两侧置抱鼓石勾栏。次入口采用中国传统垂花门形式。）

（何南屏）

平湖幸有秋月映

“西湖十景”，各有各的故事，于我而言，平湖秋月算是一个能思古怀旧、借景抒情的境地。此名取得好，是将西湖这位美人的一种表情勾画出来了。古人咏西湖，可见到“水光潋滟晴方好，山色空蒙雨亦奇”，亦可见到“黑云翻墨未遮山，白雨跳珠乱入船”。此皆谓湖之不平。而湖之平，在于水之静，在于气之宁。宁静的西湖，让我们可以慢慢地欣赏她美的细节，雅的情致，体味她包孕的历史、人文。秋月，是月亮最美的状态，又是最能够引起人们各种遐思的对象。游子，可以望着秋月思念故乡；暮君，可以望着秋月感慨往事；情人，可以望着秋月遥想婵娟；歌者，可以望着秋月放怀吟唱。一轮明月高悬，一湖静水映月，人谓“天下无双”，而正是这双月，构成一幅绝美的图画。秋月有幸，幸得平湖之映！古人将此处取此名，想来是在湖边度过了无数个月夜，在无数的辗转反侧后回归到了心的宁静，打开窗棂，湖中一片月色，正是性灵的写照！我常常经过昔日的“罗苑”，这坐落于平湖秋月的几间小屋，虽然今天旧屋已经翻新，但总觉得当年作为浙江大学教师宿舍时，几位文人的身影犹在，他们仍旧在这里浅吟低唱，著书作文，夜阑人静时，推开八角楼的窗，吸进一口鲜润的空气，见明月当空，湖光山色静美。哦，平湖幸有秋月映！孤山像一片绿叶，覆盖在西湖之上，而其东南一带，又是水面极其开阔之地，故而平湖之平，又有开阔之意。这里的人文内涵，同样广博，包孕吴越，包容天下。宋朝的林和靖，梅妻鹤子，不乏道骨仙风；西泠印社在原来一座佛教庙宇的遗址周围，建起了书房雅室；朴学大师俞曲园，在此讲授经学，考究文字；辛亥女杰秋瑾，于绿荫中挺立英姿。浙大西迁贵州湄潭，南迁龙泉芳野。抗战胜利后，平湖秋月边的罗苑归属浙大，一部分文科教师在此寓居。国立艺专，亦即今天中国美术学院的前身，也钟情于这块宝地。浙江大学则以一元租金，将罗苑对面的房舍租给了艺专。当时艺专校长林风眠是否和浙大校长竺可桢饮酒欢言，已经无法考据，但两校的人文交融一直互为辉映却是事实。二十世纪六十年代，潘天寿决心筹办书法专业，想到的最佳人选就是杭大的陆维钊，而陆先生以前正好是罗苑的居民。这可谓是近代高校史上的一段佳话，平湖秋月正是这种佳缘最好的见证。平湖秋月往西，经过俞园，可以漫步走入西泠印社。印社虽为书画篆刻社团，但金石文字的研究一直是特色之一。于是，近在咫尺的罗苑，成了西泠印社人经常造访之地，而浙大的学者，亦以参访印社为余暇乐事。夏承焘、陆维钊、徐震堮、任铭善均为文学、语言大家，同时亦擅长书画篆刻，与西泠印社的王福庵、韩登安等艺术大家经常互有走动，切磋学问、艺事。夏先生讲诗词题跋，陆先生和徐先生讲碑帖考据，任先生讲文字源流，均对西泠印社当时的学术气氛形成起了良好作用，而韩登安等先生也以自己的篆刻佳作相赠。沙孟海当时是浙大考古学教授，虽不住在罗苑，但也是穿梭于西泠印社和浙大间的重要人物。如果提到青白山居，提到文澜阁，则平湖秋月的人文渊源是更有话题了。阮元，一位清代学术史不可忽略的大家，官居浙江巡抚并不是他有众多学术成就的必然因素，从主持编撰《十三经注疏》到撰写书法史上著名的《北碑南帖论》，没有雄才大略和远见卓识是做不到的。乾隆年间的旷世巨编《四库全书》，七部抄本就有一部在孤山的文澜阁，而清末兵荒马乱之后，文澜阁《四库全书》的完整性，仅次于文渊阁，这又要归功于曾任西泠印社社长的张宗祥。张先生时任浙江图书馆馆长，他以洪荒之力，在全国各地借来珍稀版本，力图将文澜阁《四库全书》残缺部分补齐。张先生乃学术巨匠、书法名家，手自抄录数百册古籍外，还邀请浙大等文献学家和书法高手参与抄录，数年之后伟业告成。我在浙大曾带领研究生进入浙江图书馆古籍部，翻阅文澜阁《四库全书》，那字字珠玑间，仿佛还散发着张先生等前辈手上的余温。如今，平湖秋月一带更多的景观和文化场所让我们流连忘返，浙江博物馆、西湖美术馆、林社、放鹤亭、中国印学博物馆等，加上足以让人领略杭州风味美食的楼外楼，恐怕“西湖十景”中没有哪里能有如此密集的历史文化经典项目了。平湖幸有秋月映。身为杭州人，尤其是有幸在平湖秋月的罗苑出生的人，我感恩于上天的眷顾，感恩于这片宁静而意味深长的湖面，感恩于这照我心灵的月光。

（任　平）

“樱花王”香消玉殒

前几年，在平湖秋月西侧湖岸边有两株高大的樱花树，位于梅鹤轩与湖天一碧之间，每当初春时节樱花盛开，繁花似锦，灿若朝霞，吸引众多游客驻足欣赏、留影，更有摄影爱好者慕名而来，清晨时分，早早架起相机等待一缕阳光洒在樱花间。市民习称这两株樱花为西湖风景区的“樱花王”，这种荣誉维持了好几年。“樱花王”的树龄有多大？谁也说不上，我曾询问西湖风景区岳庙管理站工作人员，他们也说不上。据我推测，因为这里原是“罗苑”旧址，“樱花王”东西两边的“梅鹤轩”与“湖天一碧”都位于罗苑范围内，可以说，是罗苑内的花木。笔者年少时（1949 至 1952 年间）有缘居住于此，我们当年就已经看见过这两株樱花，见识过她的妩媚，樱花树旁边还有假山相依，离我家居室也就二十多米。六十多年前居住于此的浙江大学教务长郑晓沧先生也居住园内，对此樱花情有独钟，有诗为证（1950 年作）。

罗苑樱开

和阆师与曼老之作，仍用麻韵。

宿雨才开霁，惊看玉树花。明珠溶夜月，雾縠灿朝霞。

金谷年华换，蓬瀛梦影赊。盈盈如语我，倚槛一枝斜。

（注：诗中阆师与曼老指张宗祥与苏曼殊先生。）

罗苑建于九十年前，如若建园时便栽种樱花，那么“樱花王”树龄应该有九十年左右了，真不愧为“樱花王”。

郑晓沧先生在罗苑樱花树下留影

平湖秋月西侧曾经的“樱花王”（摄于 2015 年 3 月 24 日）

然而，大自然变幻莫测，花木有生有灭。自 2014 年开始，“樱花王”逐渐出现衰败迹象，树上开的樱花慢慢少了，枯枝渐渐多了，病虫害也跟着多了起来。2017 年冬天，两株“樱花王”终究香消玉殒，爱慕者莫不遗憾，只见原处补种了两株新的樱花树，花型与气势大不如前，“樱花王”的桂冠终失……

（周黔生）

罗苑为我开启了童年缤纷世界的大门

1949 年，九岁的我，随同母亲、二姐从家乡来到杭州，父亲周淮水先前已入住罗苑。我们在临湖房间内安顿下来，一眼望见西湖，如同进入童话世界，接着入读里西湖小学，开始了全新的生活与学习。

偌大的一座湖滨别墅，对于一个懵懂儿童来说，除了惊讶就是兴奋，每天带着好奇的眼光东张张西望望，楼台亭阁、花草树木、湖光山色、春花秋月。这里的一切都深深地烙在我的脑海之中，从未相忘。

细细一想，在这样的环境之中成长实在是三生有幸。浙大罗苑宿舍众多的教育家，他们的言行深深感染了我们一生，父辈们勤奋的工作精神和学术成就同样激励着我们。我们每天背着书包从罗苑到里西湖小学的路上，要走过艺专、博物馆、中山公园、图书馆、西泠印社、俞楼、西泠桥、苏小小墓、秋瑾墓，直至秋社，这一路是西湖文化核心地带，国学荟萃之地。上学路程恰好是一条文化之旅，在我幼小的心灵无形中受到了中国传统文化的浸润，长期在这样的环境之中，引导我们走上专注文化、喜爱艺术之路。

父母亲在孤山中山公园合影（摄于 1950 年）

在我的记忆中，罗苑里的大人们非常注重礼貌，从没见到过大人之间的争吵，也许与优雅的环境有关，与人们的修养有关。所以住过罗苑的儿童，大多热爱大自然、心地善良、彬彬有礼，长大后都成了谦谦君子。

那时，父母亲常带我们去到罗苑附近风景点散步游玩。记得去苏堤游玩时，我喜欢踩着有间隔的小地砖跑在前面，然后等父母亲走近了，便又往前跑去，乐此不疲。那时的苏堤野趣更多些，堤上丛生的木芙蓉花、美人蕉鲜艳夺目，至今还历历在目。

作者在罗苑旧址留念（摄于 1966 年）

自 1952 年搬离罗苑后，印象渐渐淡漠了，但是到罗苑旧址时总也喜欢在大樟树下留影，为的是抹不去的罗苑情怀。一晃五十年，退休后，空闲时间多了，常去孤山一带晨练、游玩，少不了漫步罗苑旧址，遥想当年。也经常上网或去图书馆寻找有关罗苑的资料，包括照片，加以收藏，或写一点文字，留一点记忆。

回顾我们这群生活在罗苑时儿童，当年正在读小学，处在知识启蒙期，罗苑及其附近的自然环境与人文环境为我们心智的成长、知识的增长提供了无比优良的条件，受益终生。

罗苑啊！你为我们开启了童年时代缤纷世界的大门。

（周黔生）

罗苑儿童乐园

罗苑这个小小的“村子”，虽只住着廿来个家庭单位，但是生活上许多繁琐的事，同样地不可避免，尤其是未及学龄儿童的处置问题，罗苑同人会的福利组为了减轻妈妈们工作和精神上的重荷，早想为这批孩子筹建一个园地，作他们未入学之前接受预备教育的地方。这对孩子和他的家庭都有利益，基于这个要求，蒙热心教育人士的掖助，在物质条件低劣的环境下，罗苑的儿童乐园终于在 6 月 1 日那天诞生了。

目前，报告参加的有八位小朋友，他们来自六个不同的家庭。最小的仅一岁开外，最大的有六足岁。因为年龄上的参差，程度不齐，很难采用统一的课

罗苑幼儿园，《国立浙江大学日刊》作了报道

程标准，所以采用随机教学的方法。比如分发点心时让小朋友数一数有几块饼干，上中山公园游戏时,教他们认识横额上的“中”字。总之，找适宜的机会看小朋友学习的兴趣，适量地灌输他们最普通的常识，这是相当有成果的教育方式。有几位小朋友学会了扭秧舞，小腿儿前摇后摆，跳来忸怩动人。

有些事情需要人帮忙，所以就找来了一位同学住在这边。她的伙食问题由八个孩子的家庭共同来解决。每家每月负责送膳五天，六家恰好一个月。为了把孩子照顾得更好一点，每天有一位妈妈轮流地协助孩子的管教工作。这样扩展了母爱的范围，是一件伟大的收获。

每天上午八时半孩子们背了小包，唱着不成调的曲子上学了。他们多半能自动游戏，看书报。小一点的由教师或轮值妈妈带领。十点钟时分发点心，这是孩子们最高兴的课程了。午饭后，有的回儿童乐园来睡午觉。午睡后教个人自己揩面洗手，养成他们保持清洁的良好习惯。如果太阳不大，多半是率领他们到西湖附近的树荫下面嬉戏，让他们领受大自然的美色。

设备方面是相当简陋的：一个课室，一个小房间作孩子们午睡用的，还有一个是教师的卧室。玩具多半是孩子家里集中得来的，互相交换享用。书报和积木都是别人送的，或借的（如俞子夷先生，周石公先生，蒋椿同学等）。最近新添了一个跷跷板和一个沙盆，秋千正在积极筹备中。以后希望在设备方面逐渐充实，扩大孩子们游戏和知识的领域。

笔者写这篇报告，希望集体群居的小村子（如泰和、建德诸村），普遍地试用这个方面去教育孩子，他的效果可以有我们努力的耕耘，获得像农夫在秋天收到了黄金的谷粒一样的成果。

（作者：朱谱强　摘自《国立浙江大学日刊》，1949 年 7 月 1 日）

第六章　罗苑人物

竺可桢

竺可桢（1890—1974），字藕舫，浙江绍兴人。中国科学院院士，中国共产党党员，中国近代气象学家、地理学家、教育家。中国近代地理学和气象学的奠基者。1936年4月，他担任浙江大学校长，历时13年。竺可桢任浙江大学校长期间，经常因工作原因到罗苑，1945年8至11月，四次进入罗苑视察、指导罗苑校产接受工作，以后每年都数次到罗苑，例如召开校务会议、调研浙大师范学院教学工作与校舍、改善教师住宿条件、走访教师家庭等，深受教师爱戴。竺可桢先生是中国现代教育的先行者和实践家，他执着的“求是”精神、先进的教育思想和卓越的办学成就，在中国教育史上书写了光辉的篇章。1949年之后，竺可桢曾先后担任中国科学院副院长、中国气象学会理事长、中国地理学会理事长、中国科学技术协会副主席、第一届人大常委会委员、中央人民政府文化教育委员会委员、中国科学技术学会副主席等职务。

竺可桢塑像（浙大玉泉校区内）

俞子夷

俞子夷（1886—1970），江苏苏州人。著名教育家、教学法专家。早年参加反清革命运动，1909年与1913年间，两次受江苏省教育厅之命，分别赴日本、美国考察，回国后开展实验研究。曾在南京高等师范学校和浙江大学教育系任教授。1926年秋，俞子夷来到浙江，此后四十多年，他一直在浙江从事教育工作，进行教育实验与教学研究。1929年8月任浙大教育系教授，教初等教育和教育法，并进行小学算术教材教法的研究。1947年南京教育部拨款，指定浙大师范学院和浙江省教育厅合办国民教育实验区，在兼有城乡特点的杭州西湖区进行普及教育的实验研究。俞子夷被任命为浙江国民教育实验区主任，实验的重点是小学各科教材教法的改革。俞子夷先生是我国最早的小学算术课本编写者之一，俞子夷先生编的《新体算术》（1916年）、《社会化算术》（1918年）是中国最早的小学算术课本之一。1951年后，俞子夷任浙江省教育厅厅长。1952年12月28日，被选为民主促进会杭州市分会第一届理事会主任理事，民主促进会浙江省筹备委员会、民主促进会杭州市委员会第一任主委，民主促进会中央委员。1958年，被错划为“右派分子”。1979年3月，恢复名誉。

郑晓沧

郑晓沧（1892—1979），又名郑宗海，字晓沧，浙江海宁人。我国著名教育家。1912年毕业于浙江高等学堂，1914年毕业于清华学校。当年赴美国留学，先后在美国威斯康星大学和哥伦比亚大学师范学院攻读教育学，获教育学学士和教育学硕士学位。1918年回国后，曾任国立中央大学教育学教授兼教育学院院长。1928年6月起，一直在浙江大学执教、任职。他在浙大创办教育系，兼任教育系主任，后任龙泉分校主任、师范学院院长、教务长、研究院院长及代理校长等职务。中华人民共和国成立后，郑晓沧继续担任浙江大学教授。1952 年高等学校院系调整后，随浙大教育系并入新建的浙江师范学院，任教育系教授。1962 年，郑晓沧出任浙江师范学院院长。1964 年 8 月调任杭州大学顾问。郑晓沧曾任浙江省教育学会会长、浙江省政协委员、常委。1956 年，加入中国民主促进会，曾任民进浙江省委委员。

孟宪承

孟宪承（1894—1967），字伯洪，江苏武进人。我国现代著名教育家与教育理论家。1916 年毕业于上海圣约翰大学外文系。1918 年入华盛顿大学专攻教育学，师从杜威，取得教育学硕士学位。1920 年又赴英国伦敦大学教育学院研究教育学、心理学、教育史、教育哲学。1921 年回国，受聘于国立东南大学任教授。1929 至 1933 年在浙江大学任教。1933 年，在杭州创办民众实验学校，研究和推广民众教育。抗战期间，先后在浙江大学、湖南国立师范学院任教。抗战胜利后重返浙江大学任教，兼任文学院院长。1949 年杭州解放，军管会委派孟宪承为浙江大学校务委员会常务委员，参与主持浙江大学校务。1951 年被调到上海，出任华东军政委员会教育部部长、华东行政委员会教育局局长。后专任华东师范大学校长，1956 年评为一级教授。孟宪承对文、史、哲等学科具有很深的造诣，通晓英语、法语，晚年还刻苦学习俄语。中华人民共和国成立前，即开始学习马克思列宁主义，接受唯物史观，因此在教育理论研究方面，做出了贡献。

左起第五、六、七人为陈立、孟宪承、俞子夷，第九人郑晓沧

董聿茂

董聿茂（1897—1990），字功甫，浙江奉化人。动物学家、教育家，中国甲壳动物研究奠基人之一。1928年，毕业于日本京都帝国大学动物系，入该校研究院，专事甲壳类动物研究，获博士学位。1930年回国，历任浙江省立西湖博物馆馆长，兼任浙江大学生物系教授。1934年中国动物学会成立的发起人之一，为动物科学研究及学术交流作出了贡献。1941至1948年任浙江大学教授。抗日战争胜利后，董聿茂回到杭州，协同接收浙大校产工作，后任浙江大学生物学系系主任兼生物研究所主任。1951年6月，被浙江省人民政府聘请为浙江省博物馆馆长。先后任杭州大学生物系主任、浙江水产学院副院长，还担任浙江动物学会、海洋学会、水产学会名誉理事长，中国动物学会、中国海洋学会、中国水产学会理事，中国甲壳动物学会名誉理事长，《中国大百科全书·生物学卷》编委，以及浙江省科学技术协会顾问、九三学社浙江省委副主任委员。董聿茂是全国人民代表大会第一至第五届人民代表。1971至1990年，任杭州大学教授、顾问。

毛春翔

毛春翔（1898—1973），笔名乘云、夷白、童生，浙江江山人。1924年，毕业于浙江法政专门学校。1925年6月，毛春翔在江山县私立志澄初级中学任教员，参加“国货”维持会，率领爱国师生和青年店员宣传查禁英、日洋货。1926年10月，与朱曜西等人筹组国民党江山县党部（“左派”），任工商部长。1927年2月北伐军抵达江山，被推选为“人民审判土豪劣绅委员会”主席，曾加入中国共产党。蒋介石“四·一二”政变后，毛春翔被捕，关押于杭州陆军监狱。两年后，由毛彦文等营救出狱，去江西省上饶中学任教员。1930年，回江山主编《江山日报》，因该报发表《怪米》一文，针砭时任江山县长米星如不顾群众死活，报社被查封，他也被迫逃离江山。1932 年，毛春翔到北京图书馆工作，从此专心研究图书古籍。次年他转到杭州，在浙江省立图书馆任善本编目员兼孤山分馆主任干事。抗战爆发后，他随图书馆迁走。1941 年，毛春翔到重庆负责保管馆藏文澜阁《四库全书》。抗日战争胜利后，其在时任国民党中央政府教育部主管文博事业的徐伯璞率领下，将《四库全书》运回杭州，途经五十余天，备受艰辛。回杭州后，毛春翔任图书馆特藏部主任，直至 1965 年退休。毛春翔在浙江省图书馆（包括北京市图书馆）前后工作 30 余年，对古籍深有研究，精于鉴别，善于整理、保管，是浙江省较为著名的研究古籍版本的专家。著有《论语类编通义》10 卷（稿本）、《齐物论校读记》、《浙江先哲遗书目录》、《文澜阁书目》6 卷、《古书版本常谈》、《浙江省大事记》等。

抗战时期护送《四库全书》途中的毛春翔（左二）

陆维钊

陆维钊（1899—1980），原名子平，字微昭，晚年自署劭翁，浙江平湖人。

早年毕业于南京高等师范文史地部。1925 年，曾任清华国学研究院王国维先生助教，后任教于上海圣约翰大学、浙江大学和杭州大学，潜心中国文学研究，尤于汉魏六朝文学及清词有专攻。教学之余，于书画艺术始终孜孜以求。1960 年，应潘天寿院长之邀，调入浙江美术学院中国画系，任古典文学和书法专职教授。1963 年，主持创办书法篆刻专业。1979 年，招收国内首批书法专业研究生，是我国现代高等书法教育的先驱者之一。陆维钊先生晚岁书法，熔篆、隶、草于一炉，圆熟而精湛，凝练而流动，所创结体人称“陆氏蝶扁”，在书坛独树一帜，蜚声海内外。先生学问人品为后人所仰。著作有：《中国书法》《全清词钞》《陆维钊书法选》《书法述要》《陆维钊书画集》《陆维钊诗词选》等。

夏承焘

夏承焘（1900—1986），字瞿禅，晚号瞿髯，浙江温州人。少年时即以诗词闻名乡里。1918年温州师范学校毕业后任中、小学教师，就开始词学研究。1930年后，任之江大学讲师、教授，浙江大学教授。新中国成立后，任浙江大学、浙江师范学院、杭州大学教授、杭州大学语言文学研究室主任。晚年在中国社会科学院文学研究所工作。是第四届全国政协委员、浙江省政协常委、中国作协理事、中国作协浙江分会副主席、中国社会科学院文学研究所兼职研究员、《词学》杂志主编、中国韵文学会名誉会长。夏承焘是我国著名的词学专家。他博览群书，对经学、小学具有深厚的根底，研究过宋明理学和宋史，能把对词学的研究扩展到广大的历史文化背景之中。他既继承历代词学之长，又有开拓与创新，以考新求实的态度研究词体、词乐、词律和词史，大大地扩大了词学研究的领域，为词学走向科学化、系统化、与理论化作出了突出的贡献，被誉为“一代词宗”，影响远及海外。

姜辛曼

姜辛曼（1901—1973），曾用名姜渭滨、姜奉宗、姜心曼，江苏江阴人。生前为浙江医科大学眼科系主任、教授，兼浙江医科大学附属第一医院眼科主任、中华医学会眼科学会委员、中华医学会眼科学会杭州分会主任、浙江省医学会理事兼五官科副主任、浙江省政协委员、九三学社社员。1920年，姜辛曼就学于江苏公立医学专门学校（上海医学院前身）。毕业后历任上海公立医院、苏州省立医院、杭州广济医院、南京鼓楼医院住院医师、主治医师。1929—1934年，为北平协和医院助教、眼科住院医师、主治医师。1934—1946年，为南京国立中央医院（抗战期间是贵阳国立中央医院）眼科主治医师、副主任、主任。1944—1945年，赴美国眼科研究所进修考察。1946—1951年，任江苏医学院眼科学教授、主任，并受竺可桢校长之聘，兼任浙江大学医学院眼科学教授、主任。1952年起任浙江医科大学眼科系教授、主任，并创建了浙大附属第一医院眼科。1929—1949年期间，他还曾兼任国立中央高级护士学校、长沙湘雅医学院、贵阳医学院、无锡公立医院、杭州市民医院等院校的教师、教授、主任、顾问等。1932年，加入中华医学会。1950年起兼任中华眼科杂志编辑。1956年，受聘为浙江中医杂志编审顾问。1958年起为浙江医学、浙江学报编辑委员。1956年，任浙江省西医学习中医学术委员会委员，从事中医眼科的学习、研究。二十世纪五十年代，他看到医院医疗器械匮乏，就主动将自己在美国重金购买的一整套眼科器械全部捐献给了医院。1960年，任浙江医科大学眼科研究所所长、院务委员等。姜辛曼毕业后专攻眼科医学，在医学教学和科研方面都做出了贡献，在国内眼科学界享有较高的声誉。

陈　立

陈立（1902—2004），字卓如，湖南平江人。著名的心理学家、教育家，我国工业心理学的创始人。1928年毕业于上海沪江大学。1930年公派赴英国伦敦大学留学，1933年获博士学位。之后在英国剑桥大学、英国国立工业心理学研究所和德国柏林大学心理研究所从事研究工作。1934年回国，任中央研究院心理研究所和清华大学的工业心理学研究员。1939年起，任浙江大学心理学教授、教育系主任。新中国成立后任浙江大学文学院院长，浙江师范学院院长兼浙江省教育厅副厅长，杭州大学校长、名誉校长，浙江大学终身教授。1956年评为高教一级教授。曾先后担任全国政协第三至七届委员，浙江省科普协会主席，九三学社浙江省委员会首任主委，九三学社中央委员会第八、九届参议委员会副主任，中国心理学会副理事长，中国人类工效学会理事长，全国行为科学名誉会长，国务院学位委员会第一届学科评议组召集人，浙江省科协名誉主席等职。1979 年加入中国共产党。陈立教授毕生致力于心理学教育和科学研究。早在 1935 年，他就撰写出版了我国第一部工业心理学专著——《工业心理学概观》，系统地论述了工业心理学的基本问题和原理，从组织层面分析了工业心理的应用领域和理论发展方向，成为我国的工业心理学乃至应用心理学理论发展的重要里程碑。陈立教授创新发展了智力与测量理论，他在博士论文中及对 O 因素取材进行了最广泛的研究，提出了“因素组成随年龄而简化”的理论，被认为是对时相分析的一种崭新设想，这一研究的相关学术论文《一套智力测验在不同教育水平的因素研究》被国际著名心理学家泰勒（Tyler）先生认为是对 G 因素的发展研究划阶段的论著。中华人民共和国成立后他在国内开创性地运用经典心理物理实验和现代心理测量相结合的因素分析方法。1950 年他调中国科学院担任心理研究所筹备副主任，负责筹建心理学研究所。1980 年他创办了杭州大学心理系，为我国现代心理学教学、科研和实践人才的培养建立了一个重要基地。同年，他率中国心理学代表团参加国际心理学会会议，使中国心理学会加入国际心理科学联合会。晚年,他还撰写了《平话心理学向何处去》一文，对我国心理学研究再次进行了归源与浚流。基于陈立教授对心理学研究领域作出的卓越成就，1992 年他被授予伦敦大学院院士。1997、1998 年，又分别被授予“中国心理学会终身成就奖”和“中国人类工效学学会终身成就奖”。

何鸣岐

何鸣岐（1903—1990），浙江嘉兴人。1922 年，嘉兴商业学堂毕业。1929 年，在之江大学学习，后师从之江大学土木工程系陈植先生（中国著名建筑专家、林学家、造园学家）。1936 年 8 月，任之江大学土木工程系专任教师、助教、讲师。1952 年，高等学校院系调整时转入浙江大学任教。1956 年,被评为副教授。曾任浙江大学第五届校务委员会委员、浙江大学基本建设委员会成员、浙江大学土木系建筑设计负责人。

参与浙江大学玉泉校区选址，负责玉泉校园总体规划，领衔设计玉泉校区最早建造的一批建筑，包括教一至教四、一舍至八舍、校门、工厂、俱乐部、食堂、教工宿舍求是村等。2017 年 2 月，浙江大学玉泉校区建筑群作为“近现代重要史迹及代表性建筑物”被列入浙江省第七批省级文物保护单位。受邀杭州市华侨旅馆设计，参加浙江省人民政府、浙江省科学院、杭州市工人文化宫等建筑设计。1962 年，参加西湖风景区十年科研规划。

施有光

施有光（1905—1991），浙江东阳人。工业微生物学家，发酵化学专家，教授。毕业于武汉大学生物系，学习期间因成绩优异而获得奖学金。毕业时的两篇论文获得了“中华教育基金会”的高额奖金，他以此奖金作为经费于 1935 年去日本北海道帝国大学留学。期间，先后用英、日、德三国文字发表了三篇论文，引起国际科技界的关注。遂陆续收到日本及美国农业部，美国加利福尼亚大学和植物工业研究所，荷兰等国的来信，索要论文的单行本，荷兰还将他发表的五种新菌种列入“荷兰科学院菌种培养”的目录中。1936—1937 年间，一共发表 8 篇论文。1937 年抗日战争全面爆发，他离日回国。历任西北农学院、国立中央技艺专科学校、四川大学、台湾大学、浙江大学教授，四川酒精厂厂长。1941 年，太平洋战争爆发，国内汽油奇缺，他在四川酒精厂利用四川内江一带盛产甘蔗的工业副产品糖蜜，来生产酒精以作为汽油的最佳代用品，还考虑到抗战胜利后，可利用现有设备来生产丙酮、丁醇。1945 年抗战胜利后，施有光受遣赴台湾接受敌伪财产，任啤酒厂厂长。工作结束后，受邀担任台湾大学教授。1947 年回大陆探亲时，被聘为浙江大学农学院教授，开设“微生物学”等课程，并担任教研组长。在《原浙江农业大学微生物学学科发展史》（1947—1998）一文中，他被誉为“原浙江农业大学微生物学学科奠基人”。在校期间，在无参考教材的情况下，编写《发酵生理学》《农业微生物》《发酵工业》等教材。另受中国科学院编译出版社的邀请，主编出版了《拉汉微生物名称》和《英汉微生物词汇》两本微生物工具书，这一开创性的成果在二十世纪六十年代被广泛使用。1987年,他的业绩被编入《中国科学家词典》第五辑。2009年9月4日，出版的第49卷第9期“科学先贤”专栏上刊载《我国早期从事霉菌分类研究的微生物学家——施有光》一文。1979年，被增选为中国微生物学理事，担任浙江省微生物学会副理事长、名誉理事长。他是中国国民党革命委员会的早期成员,曾任浙江省民革执行委员会和省委委员、顾问。1957年，被错划为“右派”后，调入浙江化工研究所从事科研工作，后来从浙江省轻工业研究所离休。

刘子亚

刘子亚（1911—1988），江苏丰县人。早年毕业于江苏教育学院。新中国成立前曾任山东地方行政人员训练所图书馆馆长班讲师、教育部第一社会教育工作团副团长、湖北省教育厅督学、湖北省立图书馆馆长、甘肃省立图书馆馆长、江苏教育学院副教授兼图书馆主任。新中国成立后，任浙江图书馆研究员、浙江省图书馆学会理事。1957年，错划为“右派”，后降职降薪处理下放农村劳动。1978年，平反昭雪，同年退休。1981年,浙江省文化厅给予落实了离休政策，开始享受离休待遇。1989年10月，值中华人民共和国建国40周年之际，获得了“中国图书馆协会”“情报学会研究和图书馆情报事业”重要贡献荣誉证书。从青年时代起直至桑榆晚景，矢志不渝，献身图书馆事业，孜孜不倦于图书馆学研究。先后发表了《浙江省县图书馆工作中存在的若干问题》等多篇论文,编纂出版了《办理农村图书馆经验》等著作。凭借英、俄文功底翻译介绍国外图书馆学研究成果。在古稀之年领衔主编了《英汉图书情报文献学词汇》一书，由书目文献出版社出版。一生为图书馆学的发展，呕心沥血。

龚建章

龚建章（1911—1982），广东兴宁人。我国著名寄生虫学家。1935 年，毕业于南京中央大学生物系后留校任助教。1941 年，在湖南湘雅医学院任讲师。1945—1948 年，在英国伦敦大学热带卫生和医学学院寄生虫学系从事寄生线虫研究，获博士学位。1948 年回国，先后在武汉大学医学院、浙江大学医学院任教授。1952—1961 年，任中国人民解放军军事医学科学院研究员。1961 年，调至第二军医大学，先后在寄生虫学教研室、抗疟药研究室任主任教授。1952 年，军事医学科学院工作期间，负责解决部队的血吸虫病和丝虫病的防治问题，荣立三等功 2 次。1956 年，赴苏联考察。在苏联基洛夫军事医学院作《中国丝虫病流行概况》学术报告。1961 年开始，参与抗疟药的研究，多次获得科研成果奖。1964 年，因抗美援越战争需要，他随解放军医学代表团去越南和老挝等地考察，提出了以自己的科研成果防治疟疾，在国外的防疟疾工作中获得了很高的评价。1975 年，赴秘鲁利马，出席由联合国和世界卫生组织召开的环境改造和生物学预防疟疾会议，在会上作《我国疟疾防治概况》学术报告。1978 年，作为特邀代表参加全军科学大会，获表彰和奖励。他历任中国人民解放军总后勤部卫生部医学科学技术委员会委员、全国疟疾专题委员会委员、全国丝虫病防治科研指导组顾问、全军疟疾防治专业组顾问、上海市寄生虫学会副理事长、上海市政治协商委员会委员。1980 年 1 月，加入中国共产党。龚建章教授的一生，为我军国防卫生事业的发展作出了贡献。

张君川

张君川（1912—1999），山东惠民人。中国戏剧理论家、翻译家、教育家，浙江省人大、浙江省政协委员。1934 年，毕业于清华大学外文系。1937 年，毕业于清华大学研究院。1940 年，任教于浙江大学，1945 年晋升为教授，兼任国立艺术专科学校教授。

1946年，任上海《侨声报》记者，参与茅盾、范长江等人领导的“左联”工作，亲自导演了《夜店》《皇帝与太阳》等进步剧目。1949年5月，参加军管会接管浙大7人小组，任医学院接管组长。1950年后，历任华东大学、山东大学、上海戏剧学院、文化部表演干部训练班、中央戏剧学院、杭州大学、杭州师范学院教授。曾任浙江省文化会副会长、浙江省文艺会副会长、中国莎士比亚研究会常务副会长、浙江省莎士比亚研究会会长、浙江省翻译工作者协会顾问等职。1986年，出席在柏林举行的世界莎士比亚大会，为国际莎士比亚戏剧节的主持人之一。他熟谙英、德、俄、法、日等17门外语。代表作有《莎士比亚辞典》（主编）、《哈姆雷特的外在矛盾》、《论莎士比亚表演艺术》、《李尔王时代的风暴》，译作《史坦尼斯拉夫斯基体系与创作实践》、《普希金诗选》等。执教的课程包括：戏剧概论、戏剧选读、戏剧写作、戏剧美学、戏剧表演、外国戏剧史、欧洲戏剧等十几门课。主要研究方向为莎士比亚戏剧理论及希腊悲剧。

曾继铎　邵瑞珍

曾继铎　邵瑞珍

曾继铎（1912—2009），字子木，江西新建人。我国早期著名电机教育家和电机学家之一，中国电机瞬态分析的开拓者，浙江大学和上海交通大学知名教授。1936年，毕业于浙江大学，后经系主任王国松介绍到国民党军事委员会长行营交通处无线电修理所，任少校工程师。1937年“卢沟桥事变”后，经无线电修理所所长王国俊介绍参军，任陆军通讯兵二团少校技士，后任交通部交通技术人员训练所教员、经济部工矿调整处专员、国立女师教师、交通大学教授等职。1946年，由经济部公派赴美留学，获美国普渡大学硕士学位。1947年回国后，应王国松教授之邀，入浙江大学任教，开设电工学、直流电机、电厂设备、电机设计、电工原理对称、对称分量等课。1955年2月，入调上海交通大学电工器材系任教授，至退休。在电机瞬态理论上独有建树，谓之开拓者。在数十年的教学生涯中，创见独到，独树一帜。

邵瑞珍（1916—1998），女，江苏昆山人。我国著名教育心理学家，华东师范大学心理系博士生导师、教授。1938 年，毕业于国立浙江大学教育系，是浙大西迁途中第一批毕业生。曾先后在浙大教育系任黄翼先生和陈立先生的助教、四川女子师范学校等教师。1946 年，随丈夫曾继铎赴美国普渡大学教育心理研究部留学。1947 年，回到杭州湘湖师范任教。1953 年，调至上海华东师范大学教育系任讲师、教授。曾任心理学系副主任兼教育心理教研室主任、中国心理学理事、中国社会心理学常务理事兼副秘书长、上海社会心理学第一届副秘书长、《中国大百科全书・心理卷》编委兼教育心理学分支第一副主编、《教育大词典》编委兼教育心理学分册等职。从教四十余年，并长期从事学与教心理学理论与应用性研究，教材编写，人才培养。编辑翻译专著无数，多次获奖。她为创建我国特点的教育心理学作出了贡献。

任铭善

任铭善（1913—1967），字心叔，江苏如皋（今属如东县）人。1931 年，就读之江大学国文系，师从徐昂、钟泰、夏承焘等，与同学朱生豪等结诗社，在学时即有经学论文发表。毕业后，留校任教。1938 年，随校迁往上海任讲师，为王元化家庭教师。1943 年，应浙江大学聘赴龙泉任教，与同事王季思、徐震堮、夏承焘、王敬五等组成风雨龙吟诗社，继续研究经学。1945 年，任副教授。1947 年，迁回杭州住罗苑至 1950 年 8 月。曾参加浙大军事接管小组。任《新语文》主编、新文字工作者协会主席。1951 年，筹建浙江省民主促进会。参加高等院校调整，任接管小组秘书长。1952 年，任浙江师范学院教授、副教务长。筹建中文系汉语史研究室。任浙江省民进副主委、浙江省政协委员,出席浙江省文代会。参与全国现代汉语大讨论并发表多篇论文。1958 年，被错划“右派”，1979 年彻底平反。期间发表汉语史、古典文学多篇论文。1962—1964 年，参与《辞海》重新编写工作。发表的著作有 :《礼记目录后案》、《汉语语音史要略》、《古汉语通论》(与蒋礼鸿合著)、《无受室文存》等及论文五十余篇。

沈思岩

沈思岩(1913—1988),江苏武进人。我国声乐教育家,中国音乐家协会会员。早年入上海音乐专科学校,求教于俄籍美声学家休斯林。自 1936 年始,专门从事音乐、创作等教育工作。1942 年,受竺可桢校长聘请,到遵义浙大教音乐,并担任学校公共课副教授。之后,组建浙大合唱团,并在团里担任指导。1943 年,为赈济河南灾民,主持以"赈济豫灾"为名的音乐会。1944 年,日寇攻陷贵州独山,学校合唱团赶排抗日歌曲,并连续三天开了"劳军"音乐会,亲自指挥《歌八百壮士》。会后,合唱团成员加入抗战服务团的行列中。在遵义期间,创作了《贵州谣》《我不能把枪放下》等抗战歌曲等。1946 年抗日战争胜利后,随浙大返回杭州。1947 年 10 月 29 日,浙大学生自治会主席于子三被害。30 日,在纪念冼星海逝世二周年的音乐会上,沈思岩指挥合唱团演唱冼星海《救国军歌》《生产运动大合唱》《黄河大合唱》《满洲囚徒进行曲》,并又加演了著名作曲家舒模(系中共党员)的《你这个坏东西》,以示抗议国民党反动派。著名音乐家孙慎先生为沈思岩题词:"以歌代枪的音乐家——沈思岩。"1947 年,迁居罗苑浙大教工宿舍。1948 年暑期,创作了由夫人杨增慧取名的大合唱《八月的葵花》,喻永向光明,迎接新中国的解放。1952 年,国家进行院系调整,沈思岩调离浙大,先后在上海华东师大、北京艺术学院等院校工作。1963 年,受命到首都师范大学创建音乐系,并担任系主任。

陈学恂　吕　静

陈学恂(1913—1991),江苏江阴人。著名教育史专家、杭州大学教育系主任。1935 年,毕业于浙江大学教育系。先后在浙江大学、香港岭南大学、浙江师范学院、杭州大学任教。曾任全国教育史研究会理事长、中国教育学会常务理事、国家教育科学规划领导小组成员、国家教育史学科小组组长。获浙江省劳动模范称号。擅长于国内外教育史、教育学、教育哲学研究。代表作《中国近代教育史资料汇编》、《中国古代教育史资料》、《中国近代教育文选》、《中国教育通史》、《中国教育史研究》(七卷)、《教育通论》、《中国近代教育论著丛书》等。主持多项国家哲学社会科学重点课题。他主编的《中国教育史研究》获第二届中国出版政府奖。

陈学恂　吕静

吕静教授（1922—2006），女，浙江新昌人。著名儿童心理学家。1946年，毕业于浙江大学教育系。先后在浙江大学、浙江师范学院、杭州大学任教。曾任中国心理学会发展心理专业委员会委员、中国教育学会儿童教育心理研究会理事、浙江省幼儿教育研究会会长、浙江省心理学会理事等职。擅长于普通心理学、儿童心理学、青年心理学和儿童认知测试研究。代表作《儿童心理学》《儿童发展心理学》《儿童行为矫正》《小学心理学》等。

周淮水

周淮水（1915—1981），江西玉山人。中国民主促进会成员。1936年，毕业于浙江大学杭州高级工业职业学校，后考入浙江大学教育系。抗日战争期间，随浙江大学西迁至贵州遵义。1942年，毕业于浙江大学教育系，获文学士学位。嗣后，在浙江大学教育系担任心理学助教、讲师，并主持心理实验室的工作。新中国成立后，随着院系调整，先后在浙江师范学院教育系、杭州大学教育系从事心理学的专业工作。曾任杭州大学教育系教育心理教研组主任、心理学教研组副主任。1975年退休。周淮水毕生从事心理学的教育和科研工作，在普通心理学、教育心理学方面有较深厚的修养，并擅长于心理测验与教育统计的理论与方法。先后开出的课程有七八门之多。他在早期就从事心理测量与统计的研究，并在美国《发生心理学》杂志发表论文，得到国际心理学界的重视。1959—1960年间，为配合教学改革，他又与中国科学院心理研究所协作，从事教学心理学的研究，并在《心理学报》上发表了数篇研究论文，得到了心理学界的好评。他还编写了《普通心理学实验手册》，出版了《教育与心理统计入门》。

徐道观

徐道观（1917—2001），生于江西南昌，祖籍浙江绍兴。1938年，在浙江大学西迁途中考入浙大机械系，1946年毕业，留校任教。历任助教、讲师、副教授、教授，浙江大学机械制图教研室副主任，浙江大学农业机械专业主任，浙江农业大学农业机械系系副主任、系主任等职。社会兼职有中国工程图学会常务理事、浙江省工程图学会副理事长等。1956年，加入中国共产党。1959年，省委、省政府作出决定，将浙江大学农业机械专业与浙江农学院农业机械专业合并，成立浙江农学院农业机械系，徐道观出任主持系教学工作。在各级领导及组织的帮助、支持下，使浙江省高校首个农业机械系，从小到大，直至今日，已入选国家“双一流”建设、浙江大学高峰建设学科。二十世纪六七十年代，曾多次受教育部、农业部委托，负责主编全国农业院校“画法几何及机械制图”全国通用教材。其间，发表学术论文多篇。1988年退休。

洪逮吉

洪逮吉（1917—1985），浙江汤溪（今属金华市）人。中国民主同盟会会员，浙江大学教授。1941年1月，毕业于同济大学工学院机械系。曾在同济大学、暨南大学、英士大学、之江大学任助教、讲师、副教授。1952年2月全国院系调整，由之江大学转入浙江大学机械系。二十世纪五十年代初，在浙江大学创办了“热能专业”，成为全国最早设置本科热能专业的院校。1956年7月30日，

晋升为教授。1959 年，任学校机械系热工教研组主任、学校第五届校务委员会委员。1963 年 8 月，作为浙大首批硕士生导师，招收第一届“热工循环与工质的热物理性质方向”研究生。长期致力于热力循环和新能源的研究，先后发表有关改进热力循环和开发利用多种新能源的科学论著三十余篇。1965 年，参与中国核潜艇工程科研项目（09 工程）工作。1982 年、1984 年，多篇研究成果在中美能源资源环境会议和国际能源工程会议等国际学术会议上宣读或发表。洪逮吉作为我国著名热力循环和能源专家，为中国的教育和科技事业贡献了毕生精力。

李德润

李德润（1917—1994），江苏南京人。1946 年，进入浙江图书馆工作，主要担任图书和新书的分类及编辑工作。1952 年，搬迁至罗苑居住。1957 年错划为“右派”后，被下放到农村。1962 年，得到平反，重新回到浙江图书馆工作，直至退休。由于对图书馆工作敬业及有很强的工作能力，被返聘留用。主要帮助图书馆培养图书分类管理和新书的分类编辑人才。二十世纪八十年代初，被杭州大学图书馆系聘为客座教授。参与由浙江省文化厅组织撰写《浙江图书馆的发展史》其中的“人物”篇。

徐敏惠

徐敏惠（1918—2004），号静波，浙江宁波人。为浙江图书馆研究员、古籍专家、书法家、中国书法家协会会员、西泠印社社员。出身于宁波望族，家设烟雨藏书楼及柳汀书院。自幼在私塾专攻国文、英语、数学三科。1943 年 7 月，供职于浙江图书馆。1947 年，曾赴南京参加国民政府考试院考试，获全国第二名。此后数十年间，为图书馆的建设和发展，殚精竭虑，奉献了毕生的心血和才智。成为 100 多年来图书馆馆史中杰出人物之一。参与编纂《文澜阁四库全书书目》,写跋文；整理编印出版《重修浙江通志稿》125 册,《柳如是诗集》上、下册,《江南野史》10 卷,《海昌观》156 册,《资治通鉴后编》184 卷、120 册；主持校注并总其成《南北史合注》1 部。退休后，编撰了《浙江图书馆史略》。1954 年，著《百分比数表》由上海人民出版社出版。1984 年，编写《学生楷书字帖》由浙江人民出版社出版。其书法作品多次参展获奖。

张勇昇

在缙云工地给学生上课

张勇昇（1918—2000），曾用名张益铮，上海人。1937 年，以优异成绩考入之江大学，在校期间积极投入“一二·九”抗日救亡运动。1941 年大学毕业，正值全面抗日，他怀着满腔热血踏上了修建滇缅公路之途。1941—1945 年期间，其经历日军围堵，被缅人绑架，逃亡野人山，几经生死考验，仍坚持和中国工程队在缅甸滚弄、密支那和国内云、桂、川等地修建滇缅公路及简易机场，保证盟军的战略物资运往中国抗日前线，为抗战胜利作出了贡献。抗战胜利后，回到母校之江大学任教。1953 年经院系调整，所在专业合并到浙江大学。中华人民共和国成立初，带领学生参加治理淮河工程，获得国家治淮委员会的嘉奖。参加新安江水电站、青山水库、长潭水库以及省内各地建设项目。“文化大革命”后，参加高教部组织的工科教材编审工作，主审《工程测量》等部编教材。1977 年，参加高教部全国工科教材会议，受到邓小平、华国锋等中央领导的接见。长期担任浙大土木系测量教研室主任，并连届当选为浙江省测绘学会副理事长。在测绘科研教学，推广新理论、新技术上，为国家测绘事业付出了毕生精力。

胡玉堂

胡玉堂（1918—1988），浙江慈溪人。辛亥革命志士马宗汉为其舅舅。1941年，毕业浙江大学史地系，同年考取本系研究生。1944年7月，毕业并获得硕士学位。受聘为浙江大学史地系史地研究室讲师，从事西洋上古史、中古史的教学和研究。1949年，任浙江上虞春晖中学校长。1954年2月，奉调浙江师范学院历史系任教。1962年，任杭州大学历史系副主任。1983年，晋升教授。历任历史系副主任、主任，浙江省历史学会秘书长、副会长、会长，中国史学会理事，中国宗教学会理事，浙江省第五、第六届人大代表。胡玉堂从事教育工作四十多年，先后为大学生和研究生开设世界古代中世纪史、世界古代史、近代史、社会发展史、基督教史、世界中世纪史等专题研究及课程。1979年，开始招收世界古代中世纪史硕士研究生，先后培养了十数名硕士研究生。胡玉堂对希腊史、罗马史、世界古代中世纪史、法国古代中世纪史均有研究，曾出版过《西洋史简编》《凯撒与基督》《中国史简编》《胡玉堂世界史文集》等专著。与人合著有《世界古代中世纪史》《世界史大事汇编》《世界史手册》等有影响的工具书。晚年专攻基督教史，对基督教的研究有独到见解，是国内首先承认耶稣是历史人物的非基督教界史学家，其论文《历史上的耶稣》（《世界宗教研究》1981年第一期）曾产生过较大影响，被香港杂志《鼎》全文转载，并称之为“马克思主义史学家的挑战”。胡玉堂治学态度严谨，有深湛的理论修养，能够不囿于旧说而提出新的见解，有理有据，自成一家，受到国内外学术界的重视和关注。与人合著有《世界古代中世纪史》，还参与编写《世界史大事汇编》《世界史手册》等有影响的工具书。

在杭州大学上课

在浙江省第五届人民代表大会上

游修龄

游修龄，1920年5月9日出生于浙江温州。1943年，毕业于英士大学农学院，留校任教。1949年起，先后在浙江大学农学院、浙江农学院、浙江农业大学（1998年后浙江大学农学院）任助教、讲师、副教授、教授。曾任农学系副主任、科研处副处长、教务处处长、图书馆馆长。先后兼任中国自然科学史学会理事、中国自然科学史学会农业历史分科委员会主任、中国农业历史学会副理事长。1986年起，连任浙江省科协第三、第四届自然科学期刊理事长，省科协第四届常委，《科技通报》副主编，《浙江省科学技术志》编纂委员会委员等。1991年，为浙江省科协荣誉委员。游修龄主讲“农业概论”“作物栽培学”“中国农业科技史”“俄语”“古文字学”等课程。参加编写《作物栽培学》《农业概论》等教材，翻译英、俄文农业专科书多种。1950年代开始，研究中国农业科技史。1960年，协助创办浙江农业大学农业遗产研究室，出版《浙江农史研究集刊》《浙江农谚解说》。1971年起，兼农业科技情报工作，编译《农业科技译丛》等。又担任《世界科学》《中国水稻科学》杂志编委。二十世纪七十年代中期，全力转向农业科技史研究，围绕中国稻作史起源、传播与分化问题这一中心，发表论文四十余篇，其中《河姆渡遗址出土稻谷》一文获1980年浙江省科学大会二等奖，《中国水稻品种资源历史考证》获1982年浙江省社会科学优秀论文一等奖。1980年后，先后出版《稻作史论集》《中国稻作史》《农史研究文集》《中国稻作文化史》等。担任主编及撰稿人：《中国农业通史·原始社会卷》《中国大百科全书·农史分卷》《中国农业百科全书·农史卷》。此外，在学术性刊物上发表有关农业科技史、生物学史、饮食文化史等论文，共200余篇。另有英、俄文翻译农业科技书多种。其中，由农业出版社出版《中国稻作史》获国务院整理国学遗产优秀一等奖，《稻作史论集》获浙江省教育委员会1992—1993年度社会科学优秀成果一等奖，《人口、优生和稻米》获第六届（1998）中国人口文化奖“鹏程杯”一等奖，《我国水稻品种资源的历史考证》获浙江省社会科学优秀成果（1978—1982年度）一等奖。1986年，由分管农业的李德葆副省长推荐，随同薛驹省长赴英国参加中英文化交流，访问英国并考察英国农业。

1990 年，应日本文化研究会邀请，参加“日中文化交流史学术讨论会”。1992 年，应日本京都大学邀请作为访问学者，在日本作为期六个月的“百越稻作对海内外影响”专题研究，并在京都大学作讲学报告。2015 年，先后编撰出版了《奇妙的语音文字》《随想录》《鸡肋集》《敲键乐》《默言集》《农耕文化漫谈》六本书。2012 年，被评为“浙江省文化名人”。2013 年，钱江晚报社联合浙江省档案局（馆）推出《文脉——浙江文化老人档案展》，为游修龄等浙江文化名人录像。2015 年底，中央电视台大型纪录片《稻之道》摄制组，采访游修龄，并于 2016 年初由中央电视台科教频道播放。2016 年，为迎接浙江大学 120 周年校庆，浙大出版《我心中的华家池》一书，其中扉页“华家池校景碑文”系游修龄教授 1996 年 12 月撰文。华家池校区“十大文化景观”之一 8 幢小二楼命名为“华池精舍”历史建筑，以游修龄教授 2008 年定名撰文。2018 年夏，浙江卫视总导夏燕平率摄制组拍摄制作《中国村落》，采访游修龄“稻谷文化”，作为《中国村落》第六集。2019 年 9 月底，荣获中共中央、国务院、中央军委“庆祝中华人民共和国成立 70 周年纪念章”。2019 年 10 月，荣获浙江大学离退休教职工“正能量之星”奖牌。2020 年 5 月，游修龄 100 周岁。10 月 24 日庚子年重阳节前，杭州市长刘忻专程走访慰问游修龄，向他送上中共杭州市委、杭州市政府敬赠的由西泠印社刻的“游修龄老人期颐之贺”印章和慰问品。

孙筱祥

孙筱祥（1921—2015），浙江萧山人。中国现代风景园林规划设计学科的创始人与奠基人。1946 年，浙江大学园艺系毕业，主修造园学，获农学士学位。1950 年前后，孙筱祥住浙江大学罗苑宿舍，与农学院游修龄为邻。孙筱祥任浙江农业大学森林造园教研室主任、杭州西湖风景建设小组长（1950—1955）、杭州都市计划委员会委员（1951—1955）。1954—1955 年，在南京东南大学建筑系进修建筑设计一年，师从徐悲鸿教授学西画。曾任北京林业大学园林学院园林设计研究室主任、教授。1956—1962 年间，任中国科学院北京植物园造园组导师。担任中国园艺学会理事、建设部“建设规划设计研究所”风景园林总设计师、海口市总园林师、海口市园林规划设计研究院名誉院长兼总园林师等职务。曾设计杭州花港观鱼公园、杭州植物园等。还曾参与北京植物园、华南植物园、美国爱达荷州植物园中国园、西双版纳植物园、海南金牛岭公园、厦门植物园等规划设计工作。

孙筱祥先生携夫人在杭州花港公园留影（摄于 2017 年 5 月 19 日）

多年来，孙筱祥为中国风景园林作出卓越贡献，其设计的许多作品在中国乃至世界都令人瞩目。孙筱祥集专业造园大师、研究家、教授、画家、花卉园艺家、建筑师、大地规划师于一身。荣获 2014 国际风景园林师联合会（IFLA）杰弗里·杰里科爵士金质奖，是中国首位获此殊荣的风景园林师。孙筱祥著的《园林艺术与园林设计》教材，成为该学科的经典教材。

林新民

林新民（1922—2003），江苏苏州人。1942，就读西迁遵义的浙江大学电机系。1944 年，曾参加青年军抗日。1946，抗战胜利后随浙大回迁杭州继续在电机系就读。其间加入中共地下党浙大支部，参与组织领导了影响全国的学生运动“于子三运动”并任大游行总指挥，遭遇国民党当局通缉后转移至上海潜伏。1948，任上海地下党学运系统与苏北解放区之间的政治联络员。1949 年 5 月，随军南下参与接管杭州，任杭州市军管会成员。1949 年 7 月，任中共杭州市委青年委员会（即团省委）书记乔石的秘书。1951 年 3 月，派任之江大学校党支部书记、助教。1952 年 2 月，任浙江师范学院党支部委员兼团总支书记、助教。1952 年 9 月，任浙江大学电机系讲师，校工会主席。后期，因以工会主席身份保护划为“右派”的老教授而也被错划成“右派”。1956 年 12 月，参与筹建浙大化工自动化专业，任筹备组副组长。1958 年 4 月，任浙大化工系讲师、副教授、副系主任。1984 年 3 月，离休。

钱家欢

钱家欢（1923—1995），浙江湖州人。我国岩土工程学科的先驱者之一，杰出的岩土力学和地基工程学家，华东水利学院的创建者之一和河海大学岩土工程国家重点学科的主要奠基人。河海大学教授、香港大学荣誉教授、德国汉诺威大学交换教授。第六、七届全国人民代表大会代表。中国共产党党员、九三学社社员。1945 年，毕业于浙江大学土木工程系。1949 年，获美国伊利诺依大学土木工程硕士学位。新中国成立前夕返回祖国，先后在上海军管会水利训练班、浙江大学任教。1952 年全国高校院系调整时，参与组建华东水利学院。先后任华东水利学院科研处处长、土力学教研室主任，华东水利学院（后称河海大学）学术委员会和学位委员会委员。1978 年，为“文化大革命”后国家首批晋升的教授。1981 年，被国务院批准为首批博士生导师。1991 年，获首批国务院政府特殊津贴。曾任国务院学位委员会第二届学科评议组成员、中国水利学会岩土力学专业委员会副主任、中国土木工程学会土力学与基础工程学会常务理事、国际土力学及基础工程协会海岸岩土工程委员会核心组成员、高等水利专业教材编审委员会土力学组组长、江苏省水利专业技术职称评定委员会副主任、南京水利科学研究院学术委员会委员、安徽省水利科学研究院学术委员会委员，《岩土工程学报》编委会主任，《中国科学》《科学通报》联合编委，《水利学报》编委。编著出版了国内最早的土力学理论教材《土壤力学》和实验教材《土壤力学试验》，主编的研究生教材《土工原理与计算》、本科生教材《土力学》分别获水利电力部和水利部优秀教材一等奖。作为首批全国重点学科的创建者和带头人，在软土流变理论、动力固结理论、土坝震后永久变形和土工数值分析等方面在国内做了开拓性的工作，取得了多项达到国际领先水平的成果。于二十世纪五十年代发表的研究成果“以差分法解

钱家欢与家人在罗苑

流网及弹性地基板”，比英国 Allen 教授发表的类似方法早 3 年；六十年代发表并推广的 Lee 法为流变土体的固结提出了创新方法，比澳大利亚 Booker 教授的研究提早了 10 年，被国内外学术界称为“钱家欢法”，并被同济大学主编的《软土地基与地下工程》、清华大学主编的《土的工程性质》收录；七十年代唐山大地震后又侧重分析大坝及建筑基础的抗震问题，在地基液化判断和土石坝震后永久变形等方面开展了深入研究，攻克了小浪底土石坝震后变形的技术难题，被鉴定为“国际水平”。主持和参与的科研项目多次获国家和省、部级奖，其中“土质防渗体高土石坝研究”荣获国家科技进步一等奖，并为天津塘沽新港、上海宝山钢铁总厂、秦山核电站、淮河河堤加固等一系列国家重大、重点工程的建设提出了重要意见与建议，为我国水利水电工程建设和经济社会发展做出了重要贡献。1982 年，赴德国汉诺威大学讲学。1985、1989 年两次赴香港大学讲学。1991 年，应日本土质工学会邀请在京都、大阪和东京作一系列学术报告。1982、1985、1987、1993 年，作为特邀报告人先后出席上海国际有限元大会、新加坡第三届国际地基加固会议、日本京都亚洲土力学会议和中国广州国际软土工程会议。1992 年，担任南京地基处理和桩基础国际学术会议主席。1994 年，作为唯一中国专家入选国际土力学与岩土工程学会组建的海岸岩土工程委员会并被确定为核心组成员。为纪念钱家欢先生在岩土工程学科及学校建设中做出的突出贡献，河海大学分别于 1997 年和 1999 年设立了“钱家欢岩土工程奖学金”和“钱家欢岩土工程讲座”。2013 年，时值钱家欢先生诞辰九十周年之际，河海大学又设立了“钱家欢教育基金”。

刘三喜

刘三喜（1924—1966），浙江宁波人。浙大土木系教师。1949 年 8 月，之江大学毕业留校，后学校合并到浙江大学。1949 年，参加中国科学协会。1950 年，担任浙大中国教育工会组长、部门委员，并参加了中苏友好协会。1951 年 7—9 月，响应毛主席提出的，“一定要把淮河修好”的号召，参加了治理淮河的测量工作。1952 年，在浙大土木系，开的主要科目是：

应用力学、结构力学、木结构、钢筋混凝土和砖石结构。其中“木结构”这门课，他学习苏联后单独开设的。在结构原理上相同，但在构造和计算原理上他有自己的独特之处。将祖国传统建筑中的宝贵遗产与教学融会贯通。在授课中把现实生活中常见的在造房、桥梁等上的应用，如木屋架、木轮子等，与教学结合起来。他讲课生动，且不枯燥。他所教的“木结构”这门课，深受学生欢迎。1953 年，升为讲师。1956 年，加入中国共产党党员。1957 年，参加中国土木工程学会，任浙江省土木工程学会理事。同年被评为浙大工会优秀积极分子。1958、1959 年连续两度被评为学校的先进工作者。1962 年,与严慧著有《木结构构件连接知识》。1960 年初任浙大土木系结构教研组主任、系党总支委员、高级讲师，协助高琪教授带研究生。1966 年 7 月 15 日，在望江山疗养院病逝，并把自己的遗体捐献给祖国的医学事业。

萧善驹

萧善驹（1924—2013），浙江象山人。1950 年 8 月，之江大学土木系毕业，留校任教。1952 年院系调整后进入浙江大学，教授制图、画法几何课程，曾参与浙江大学第三教学大楼设计工作。任建筑制图教研室副主任。

王之煦

王之煦（1924—2014），浙江平湖人。中共党员。1948 年 8 月，毕业于之江大学，后留校任教。1952 年院系调整，任浙江大学机械系制图教研组讲师、副教授。长期担任教研组副主任、主任工作。在几十年的教学生涯中，力争做好基础教学，基础知识普及。多年来主编及参与多本教材及专业知识的编写工作，主要有：机械工人学习材料，《几何作图》，《连轴节的经验设计》等。正式出版有：《简明机械设计手册》（机械工业出版社）、《制图知识集锦》（浙江科技出版社）、《新标准机械图图集》（机械工业出版社）、《机械制图学习指导》（福建科学技术出版社)、《简明机械手册》(浙江科技出版社)、《机械制图标准简介》(浙江大学出版社)。其中,《机械制图标准简介》一直作为高等院校的教科用书。王之煦为培养机械工程制图方面的人才贡献了自己毕生精力。

全永昕

全永昕,1925年1月出生于浙江宁波。1948年,之江大学机械系毕业,获工学士学位,留校任教。1952年,高等学校院系调整时转入浙江大学任教,历任机械原理、机械零件、内燃机等教研室主任,机械系系主任,校教务处长等职,1983年,晋升为教授。曾任国家科委现代设计理论和方法学科组成员、教育部高校工科机械基础教材编审委员会委员、国家教委机械基础课程教学指导委员会委员兼机械设计课程指导组副组长、中国机械工程学会设计方法学研究会副会长、浙江省机械设计学会理事长、浙江省机械工程学会副理事长兼学术委员会主任、浙江大学摩擦学研究中心主任、浙江大学出版社总编、宁波大学筹建顾问等职。著有《机械设计》《摩擦磨损原理》等专业著作十余种,《变渗透度含油轴承》获国家发明三等奖,并先后培养十多名优秀博士生。

蒋鉴明

蒋鉴明(1926—1997),生于浙江嘉兴,祖籍浙江诸暨。浙江大学土木工程系教授,中国建筑学会建筑物理专业委员会(第一至第六届)委员。曾任浙江省土建组高级技术职称评审委员、中国自然科学基金结构建筑及环境组评审委员。长期从事建筑热环境的教学与研究工作,是国内建筑热工学的权威。享受国务院特殊津贴。1946年秋,考入浙江大学土木系,1950年毕业。先后任铁道兵团连队技术教员、浙江上虞春晖中学数理化教师。1951 年秋，进入浙江大学土木系任教。1985 年，晋升为教授。在浙大结构教研室，讲授应用力学、材料力学、结构力学、采暖通风、建筑物理等课程，并编写《采暖通风》和《建筑物理》两本教材。1962 年，参加《建筑物理学》（高等教育出版社 1963 年版）教材的编写工作。1957 年，蒋鉴明负责建筑热工学研究，发表《室内微小气候的研究》《阁楼屋顶的热工性能》《蓄水屋顶中的日辐射传播》《通风屋顶的传热计算》等论文，研究工作走在国内前列。1977—1978 年，指导上海建筑科学研究所与湖北省建筑科学研究所进行墙体的热工观测研究，发表《混凝七空心砌块等墙体的隔热性能》《建筑物理论文选集》等论文。1981—1986 年,参加我国《民用建筑热工设计规程》和《民用建筑热工设计规范》。1983 年开始，研究地下冷库的热湿绝缘问题（国家自然科学基金项目）。历时 3 年多，完成了 7 篇论文，获 1987 年浙江省科技进步二等奖。研究期间,协助舟山地区修建了两个国内首次保温完善的山洞水产品冷库，效果显著。1960—1962 年，与人合著《炎热地区建筑降温》（北京工业出版社 1963 年版）一书。1980 年，恢复高级职称评审。受聘浙江省土建工程类高级职称评审小组成员、中国自然科学基金结构建筑与环境组评审委员。1982 年起，逐年招收硕士研究生，他们的论文有 4 篇获浙江省科技进步奖。1980—1982 年，他负责筹建了国内规模较大和较完善的建筑环境物理试验楼。担任中国建筑学会物理分会第一届至第六届委员和第七届名誉委员。

胡鸿海

胡鸿海，1926 年 9 月 12 日出生于浙江绍兴。1947 年秋，考入浙江大学土木系。期间，学校发生学生自治会主席于子三被杀事件，积极参加反对当局迫害学生的抗议活动。1950 年，响应毛主席“一定要把淮河修好”的号召，奔赴治理淮河第一线。八个月后，返校继续学业。1951 年 7 月毕业，留校任教。任测量助教，辅导浙大测量专修科教学工作。2 年后，学校测量专修科停办。进入全面学习苏联模式，投入创建“建筑施工”新学科，筹建实验室和新开课程。此后，被学校派往上海交通大学进修有关机械方面的课程。返校后，即开“建筑机械”课，并任施工实验室主任。扩充实验室设备，后陆续开讲“建筑施工”“建筑施工的组织与计划”课程。期间，经常带领学生野外实习，就近如去建德新安江搞测量，远的如去哈尔滨工地实践建筑施工。1952 年，入住外西湖 16 号罗苑浙大教职工宿舍。新中国成立初期，参加新建杭州制氧机厂、杭州钢铁厂等工厂的技术革新与推广新技术。参与培养学生对“钢筋混凝土简支深梁的设计方法”的试验研究，并取得较好成效。1984 年，获得“浙江大学科技成果一等奖”。1962 年，被授予浙大教育工会优秀积极分子，并去杭州云栖疗养院疗养。1966 年，被评为浙江省委萧山社教工作团社会主义教育运动五好工作队员。“文化大革命”期间，参加土木系自愿组织的自行车队，骑车去南昌、瑞金、井冈山等地串联。1977 年，全国恢复高考后，担任工民建 77 级班主任，参与毕业分配工作。1981 年 4 月，晋升副教授职称。1983 年，获得浙江大学年度工作优秀奖。1984 年 8 月，参加中国民主同盟。1987 年，参与土木系在萧山创办的 87 级大专班教学工作，为社会培养了大批业务骨干。同年 6 月退休。8 月，入选浙江省国际文化交流协会理事会理事。1992 年 3 月，获浙江省政协六届三次会议以来提案积极分子。1993 年 4—5 月，参加北京中央社会主义学院进修班培训。1995 年 2 月，被评为浙江省政协七届三次会议以来提案积极分子。10 月，被聘为浙江省审计厅特约审计员。

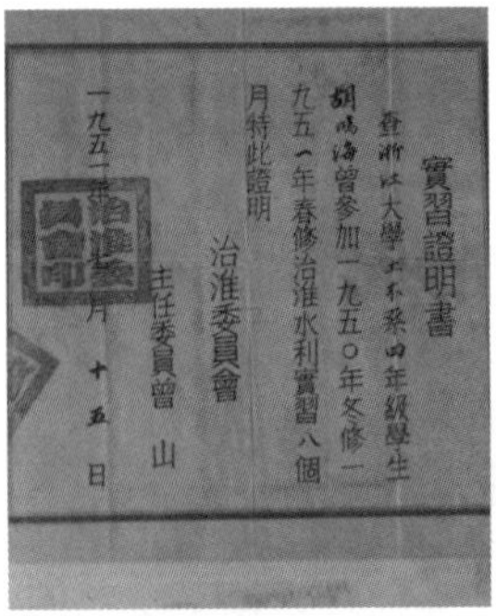
實習證明書
查浙江大學土木系四年級學生
胡鴻海曾參加一九五〇年冬修一
九五一年春修治淮水利實習八個
月特此證明
治淮委員會
主任委員曾山
一九五二年 月 十五 日

左一罗守信、左二胡鸿海、左三许国容、左四浙大附中教师、左五曹静文

刘湘兰

刘湘兰，女，1928年4月出生于湖南澧县。大学本科学历，教授，硕士生导师。1950年，毕业于山东大学化学系。1954年1月，调入浙江大学化学系，一直从事教学和科研工作。1985—1987年期间，作为访问学者赴美，与布朗大学教授合作进行生物无机化学方面的研究。1988年，晋升为教授。曾被选为浙江省第六届人大代表和浙江省第六届政协委员。在国内外刊物上发表学术论文多篇，主编人民教育出版社出版的课外读物一套，参编人民教育出版社和高等教育出版社出版的《普通化学》《普通化学实验》和《普通化学自学指导书》。1988年，获国家教育委员会优秀教材一等奖。性格开朗，为人诚恳，多才多艺，在音乐、文学、美术和体育等方面都有着广泛的爱好。1989年退休。

杜高杰

杜高杰，1936年12月31日出生于四川夹江。1954年9月，贵阳师范学院毕业后分配至浙江大学任教。1992年，晋升为浙江大学教授。现为杭州市文联名誉主席、浙江省老干部美术家协会主席、浙江西湖书画院院长、中国美术家协会会员、浙江省美协高校美术专业委员会名誉主任、中国国学学会名誉会长、中国国际茶文化书画院副院长、西湖国际美术家联谊会副主席、杭州市政协书画研究院副院长、西泠印社社员、西泠书画院研究员、杭州国画院专家委员会委员、浙江省国际美术交流协会等艺术团体顾问。1991年、2021年，分别被浙江大学党委授予优秀共产党员称号、浙大建工学院党委授予优秀共产党员称号。1993年起享受国务院特殊津贴。

第七章　国立杭州艺术专科学校人物

林风眠

林风眠（1900—1991），广东梅县人。1917 年，考入上海美术学院。1918 年，参加勤工俭学赴法留学。1920 年，入读法国迪戎国立美术学院。不久，又转入巴黎国立美术学院。1925 年回国，任国立北平艺术专科学校校长、教务长及西画系主任等职。1927 年，任全国艺术教育委员会主任委员。1928 年，受蔡元培之邀赴杭州主持筹办国立艺术学院，并任院长。当年，院长办公室就在罗苑西南角临湖的房间，旁边是教员休息室。林风眠写道："南面隔湖可望南山诸胜，与湖心亭三潭印月为比邻；东依平湖秋月，可望第六公园；西趋西泠桥，可望北山诸名胜；中隔白堤马路，为游湖者必经之途；北靠孤山，而隔湖可见初阳晚瞰及保俶古塔。"抗日战争期间，执教于重庆国立艺术学校。抗日胜利后，返回杭州，继续在杭州艺专任教。中华人民共和国成立后，任上海美协副主席。1977 年，定居香港，这时期的风景画，许多是对西湖的回忆。他曾说，在杭州时天天到苏堤散步，饱看了西湖的景色，并深入在脑海里，但是当时并没有想画它。在上海时最多画的是西湖秋色与春色，嫩柳、小船、瓦房、睡莲，无限宁静优美。到香港后，这些景色再次出现在笔下，以秋色为多，金黄色的枫林、青色的山峦，在阳光下灿烂而又凝重。低矮的小屋，在暮色中闪亮的溪水，又与他晚年的乡思连成一片。林风眠是中国现代美术教育的奠基人之一，中国现代美术的先驱。1991 年 8 月 12 日，病逝于香港，终年 91 岁。有《中国绘画新论》《林风眠画集》等著作传世。

林文铮　蔡威廉

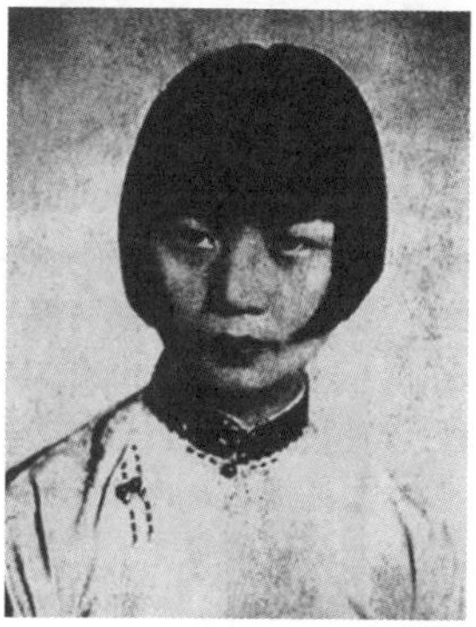

林文铮（1902—1989），是我国近代著名的美术理论家和评论家。广东梅县人。1920 年 1 月 31 日，林文铮、林风眠、李金发、蔡和森、蔡畅等百余人，行程万里乘邮轮抵达法国马赛港。林文铮开始了勤工俭学的生活。一年以后林文铮考取了巴黎大学，他主修法国文学，选修西洋美术史。1927 年夏，林文铮毕业于巴黎大学。同年 10 月，接到中华民国大学院（教育部）的聘书，任他为全国艺术委员会委员，他即回国任职。1928 年春，杭州国立艺术院成立。蔡元培任林风眠为院长，林文铮为教务处长兼西洋美术史教授。校长林风眠聘任教师很注重素质，林文铮是林风眠的得力助手，他主持学校教务，施展才华，为办好杭州艺专而操劳。从 1928—1938 年的十年中，林文铮执教于杭州艺专。他和林风眠携手办学，历尽艰辛地把学校办得很出色。为祖国的新艺术运动培养了不少杰出的艺术家。1989 年，因病在杭州逝世。

蔡威廉出生于 1904 年，是蔡元培先生的长女、林文铮的夫人。她除了有家学渊源，还受过西洋教育，曾随父亲到过法国、德国、比利时留学，专修油画，并打下深厚的德文、法文功底。回国后，在杭州艺术学校任西画系教授。她擅长画肖像，1929 年，她的肖像画首次在上海“全国第一次美术展”中展出，曾轰动画坛，是中国现代美术史上杰出的女画家。1939 年，蔡威廉病逝于昆明。

潘天寿

潘天寿（1897—1971），浙江宁海人。现代画家、教育家。1915—1920 年，浙江省立第一师范学校读书，受教于经亨颐、李叔同等人。1923 年春，任教于上海民国女子工校，兼任上海美专中国画系国画习作课和理

杭州潘天寿纪念馆

论课教师。1928 年初春，应邀担任杭州国立艺术院中国画主任教授，兼书画研究会指导教师。1944—1947 年，任国立艺术专科学校校长。1949 年后，历任中国美术家协会副主席，浙江省文联副主席，中国美术家协会浙江分会主席，中央美术学院华东分院副院长，浙江美术学院院长，为第一、二、三届全国人大代表，中国文联委员。潘天寿是中国美术学院的开创者之一，中国画教育和书法现代教育事业的奠基者。

刘开渠

刘开渠（1904—1993），江苏徐州府萧县人（今属安徽淮北）。1920 年，考入北平美术专科学校，后转入该校大学部学习油画。1928 年，赴法国留学，入巴黎高等美术学校雕塑系学习。1933 年 9 月回国后，任国立杭州艺术专科学校教授兼雕塑系主任。1937 年，抗日战争爆发后，随国立杭州艺术专科学校迁往湖南沅陵，于 1938 年到达成都。1949 年 9 月，任国立杭州艺术专科学校校长。1959 年，调中央美术学院任副院长。1963 年，任中国美术馆馆长。刘开渠为中国现代雕塑大师、杰出的艺术教育家，是我国现代雕塑事业的奠基人。1952 年至 1956 年，他领导并参与人民英雄纪念碑的设计以及大型浮雕创作。

吴冠中

吴冠中（1919—2010），江苏宜兴人。当代著名画家、美术教育家。1934 年，入读浙江大学代办的工业学校电机科。1935 年，投考国立杭州艺术专科学校。1936 年，入国立杭州艺专习西画，兼学中国画。因此，吴冠中既是浙江大学校

友，又是杭州艺专校友。1937 年，抗日战争爆发，随校撤离杭州。1942 年，毕业于国立杭州艺术专科学校。1946 年，考取全国公费留学绘画第一名，赴法国留学。1950 年，留学归国，任教于中央美术学院。1953 年，任清华大学建筑系副教授。1956 年，任教于北京艺术学院。1964 年，任教于中央工艺美术学院。1979 年，当选中国美术家协会常务理事。1991 年，法国文化部授予其法国文艺最高勋位。1994 年，当选为全国政协常委。2000 年，入选法兰西学院艺术院通讯院士，是首位获此殊荣的中国籍艺术家。吴冠中兼取中西绘画，长期从事油画民族化实践。出版有《绘画的形式美》、《风筝不断线》等文集，另有画集多种问世。

（本章内容由周黔生整理）

第八章　诗词中的罗苑

抗战胜利后复员回杭州，浙江大学文学院中文系、教育系、外文系知名教授夏承焘、郑晓沧、李祁、陆维钊等均住在罗苑，在这样充满诗意的湖景房里，面对西湖山水，诗人们神采飞扬，写下了许多优美的诗词，其中亦有赞美罗苑的诗词，这是罗苑的一笔文学遗产，传承至今，令后生欣喜不已。

现抄录部分诗词如下：

一、夏承焘

浣溪沙

一九四七年

移寓罗苑水榭，湖光接枕，画舸叩窗，兼有晨夕素心之乐，长言不足，写以短咏。

湖上游人羡画阑，
午风似酒坐忘还。
帘波诗思有无间，
知画修蛾谁最好。
但愁幽兴各无闲，
家家分绿看吴山。

录自《天风阁词集》

夏承焘先生先后在之江大学、浙江大学执教，培养出不少优秀学生，如温州同乡琦君（原名潘希真）便是其中之一。1941 年，琦君于之江大学中文系毕业，古典诗词修养深厚，散文自然淡雅。著作有《橘子红了》《西湖忆旧》等，其中《橘子红了》被拍成 25 集电视连续剧，一度红火。她在《西湖忆旧》里回忆了与恩师夏承焘的一段交往：

抗战胜利后，长桥已被拆除（注：西湖博览会期间所建设，从孤山放鹤亭到北山街），孤山又回复了往日的幽静。那时，浙江大学暂时迁到平湖秋月附近的罗苑，我就时常随一位老师穿过对面的林荫道，散步上孤山。冬天，湖上没有一只小船，放鹤亭边，梅花盛开。我们坐在亭子里的石凳上，灰蒙蒙的天空，渐渐飘起雪花来，无声地飘落在梅枝上，白成一片。当时想起杭州沦陷于日军时，我们在上海，老师曾有词云："湖山信美，莫告诉梅花，人间何世。"后来湖山光复，我们又能回来赏梅，心中自是安慰。我们望了很久，才踏着雪径回到老师住的临湖暖阁中。他伸手在窗外的梅技上，撮来一些雪花，放在陶瓷壶中，加上红茶，在炭火上煮开了，每人手捧一杯香喷喷热烘烘的茶。他兴致来了，立刻呵冻挥毫，画了一幅红梅。我也乘兴在空白处写上两句词："借取娉婷标格，好春却在高枝。"

我们默默地望着湖上的雪景、雪里的梅花，吟起古人"有梅无雪不精神，有雪无诗俗了人。日暮诗成天又雪，与梅添作十分春"的诗句，才懂得林处士为何愿意终眷是乡了。

二、郑晓沧

郑晓沧先生有关罗苑的诗词作品也不少，见下：

卅五年除夕感赋

时方游英美归来，粟庐已毁，移居罗苑，仍用前数年除夕诗原韵。

瀛海归来后，相逢话远行。
家随离乱毁，心与圣湖清。
计拙忧难理，身留念已平。
生还今日事，借少陵句。且把浊醪倾。

卅七年除夜，罗苑同人集音乐家沈思岩伉俪寓中守岁，八步除夕诗原韵以纪。

守岁宁堪恋？逢场戏亦行。
灯前回妙舞，曲里挹双清。
腊尽梅枝绿，风停湖面平。
江淮兵暂息，笑语把杯倾。

罗苑樱开

和阆师与曼老之作，仍用麻韵。

宿雨才开斋，惊看玉树花。
明珠溶夜月，雾縠灿朝霞。
金谷年华换，蓬瀛梦影赊。
盈盈如语我，倚栏一枝斜。

浣溪沙

罗苑樱开，和阆声师与曼老之作。

天外飞琼一片花，移根何处远浮槎。美人湖上亦宜家。
淡抹粉脂偏映月，严妆酒晕总流霞。如烟如梦水之涯。

三、李祁

李祁，著名女诗词家，留学英国牛津大学，获文学学士学位。归国后，任湖南大学、蓝田师范学院、浙江大学、岭南大学及台湾大学教授。她主要研究中国文学和英国文学。1989 年，在美国逝世。有多部翻译剧作，其中六十多万字的《徐霞客游记》是英语世界唯一的节译本。1975 年，台湾出版了《李祁诗词集》。1989 年，中国诗学研究丛书编委会出版了《海潮诗魂——李祁诗词全集》。

李祁诗词，早在二十世纪四十年代即为夏承焘先生赞赏。1946 年，李祁与夏承焘先生同在浙江大学文学院共事，李曾以其新作《浣溪沙》词录示夏先生，大获称赞。

浣溪沙

爱看风荷最绿时，飘零雨碎欲无丝。半湖青玉望风攲。
山树倒涵愁绿重，莲衣坠影露红垂。不同秋色作寒姿。

高阳台

1947 年 1 月，西湖罗苑。迟日临妆，闲云弄影，画桡去后平湖。

望远凭栏，茧抽不尽愁余。
劫灰又照新烽火，问苍生、何处吾庐。
暗销凝，如此山川，惨澹难图。
朔风紧卷残年去，镇天横平野，冰合千渠。
漏纪将穷，流光倘立斯须。
几时匝地春雷发，破天悭、稚绿齐舒。
只人间，新梦沉迷，旧梦模糊。

卜算子

1948 年 2 月

霏白湿栏杆，小院笼轻雾。
水阁云廊只是阴，不识春来路。
弹雪拾山茶，冷艳还如许。
耐得三冬彻骨寒，不似春寒苦。

李祁还有一组描写西湖盛夏的《浣溪沙》，这组词共四首，描绘传神，寄寓了诗人对西湖水光山色的深厚感情。

浣溪沙（四首）

序：观音诞日，夜雨，其后数日小雨。时行凉，可衣夹里。西湖一带，日隐云青，冷风吹绿，风景气候，非夏非秋，颇疑仙境，暂现人寰。

其一

盛夏生寒亦一奇，人间隔夕换仙衣。湖山朝见是耶非。
冷冷云明山水绿，离离叶动露珠滋。疑游阆院晓风吹。

其二

爱看风荷最绿时，飘零雨碎欲无丝。半湖青玉望风攲。
山树倒涵愁绿重，莲衣坠影露红垂。不同秋色作寒姿。

其三

双桨无声入曲溪，压湖千树碧杨枝。冷香暗逐月痕筛。

莲子玲珑圆自护，藕花荏弱断还垂。采莲遗藕不同归。

其四

小立长堤月满时，西楼曾记蹙如眉。辛勤夜夜有谁知。

星斗迢遥山莫接，楼台明灭水中窥。此心此月共盈亏。

四、陆维钊

1945 年抗战胜利后，浙江大学分校自浙南龙泉迁回杭州，曾助浙大接收，任接收者有陆子桐、杨其泳。9 月，陆维钊第一批迁入罗苑，同期的还有浙大教师徐震堮、董聿茂、钱秀之等。徐震堮喜欢饮酒，常到西泠桥和岳坟一带的酒肆小酌，酒酣耳热，诗兴大发。他常邀陆维钊作伴。陆不能饮，却喜欢这一带有村店风味的小酒肆，临湖而座，以茶代酒，吟诗作赋，其乐无穷。所作湖上杂诗，现摘录其中四首，陆维钊当时的心绪，由此可见一斑。

湖上杂诗（四首）

其一

双峰湖上青，人谁比其寿！
寇定一来访，秃顶晚逾秀。
时冬梅始华，香意自骨透。
以之荐岁寒，有友可无酒。

其二

落叶湖上飞，亦有堤上积。
总缘不落水，受践非一一。
幸来过客怜，为冢聚狼藉。
回看湖上波，明年长莲叶。

其三

日日看游湖，湖艇多佳丽。
戎服侍其旁，金星眩胜利。
来参苏小墓，墓与武松比。

因悟美人兴，英雄斯并矣。

其四

贵人高车坐，车坏轮不走。
仆从一跃下，呼众推其后。
担者释其担，负者舍其负。
犹闻车中人，怒斥力不够。

徐震堮先生晚年回忆起罗苑宿舍西水阁的岁月，曾赋长诗一首，其前半部为：

当年布金起楼苑，百弓拓地临湖漘。
文窗窈窕映花竹，回廊曲榭清无尘。
西湖乱定扫氛翳，四山草木回青春。
浙黉南迁始返棹，东城讲舍于此分。
一时才俊颇萃止，主者名贤高密孙。
谈经岳岳任叔子，掌故罗胸王丈人。
谢邻词客发高唱，陆子丹青尤绝伦。
廿年访旧到湖上，东风吹梦无留痕。
同时流辈既星散，楼台倾圮井灶堙。
半闲堂废没秋草，南湖旧址今无存。
……

徐震堮先生的诗《过罗苑西水阁旧居》勾起了陆维钊对往事的回忆。余与声越为邻六年而散，与有同感。

率赋六章为答

白堤西去路，傍水昔曾居。
身世中年后，乾坤劫火余。
病添新蹭蹬，老悔旧琴书。

今日停骖处，空堂悟子虚。

长记湖楼曲，邻檐十数家。
晨炊香袭户，夜坐月移花。
书卷通骎气，林亭息众哗。
我生何处著，隐几味南华。

六口欣同住，闻鸡便下床。
荷香溥露气，初日蜕湖光。
涉世痴聋久，谋生笔砚荒。
甘将犬马齿，付与米盐忙。

人归诗课后，客散渡喧时。
暮霭迷孤望，禅几落鬓丝。
步随山上下，鸦噪树丫枝。
此境知谁会，秋深一蝶迟。

已知人世隔，难觅旧交论。
风雨伤同济，艰虞懒告存。
旅淹亲易断，居贱室无温。
难得桥边市，花时伴一樽。

（西泠桥之西，断桥之东，皆有小酒肆，敬五、声越、秀之、心叔往往饮之。余不能饮，但喜为伴，以赏此情景。）

台榭风流去，园蔬岁月多。
小舟窗影曳，一霁柳香过。
眠食洞天稳，茗灯静气罗。
低回千百事，水调数声歌。

丁君正献以所刻平湖秋月罗苑一角貺余

其地正余三十年前旧居也。赋此以答谢，并简声越瞿禅。

绿荫亭榭受风徐，苜蓿生涯六载余。
十里平湖双鬓柳，一天明月半床书。
隔墙花气襟怀共（平湖秋月与罗苑只隔一墙），落磬山容寤寐如。
今日停骖重忍取，凭君画本补空虚。

上述几位诗人的心情在诗词中表现得淋漓尽致，夏承焘先生心情不错，“画船日日过娉婷，羡我好林亭”。李祁先生看来是个多愁善感的女子，“望远凭栏，茧抽不尽愁余”。郑晓沧先生比较洒脱，“江淮兵暂息，笑语把杯倾”。尽管淮海战役刚结束，饮马长江，郑先生依旧笑语把盏，心境淡定。

（周黔生）

附件

一、关于省十三届人大二次会议温 7 号建议的答复

索引号：002489401/2019-218765	公开方式：主动公开
文号：杭政办提〔2019〕9 号	公开日期：2019-07-02
发布单位：市政府办公厅	主题分类：其他

关于省十三届人大二次会议温 7 号建议的答复

杭政办提〔2019〕9 号

卢勇代表：

您在省十三届人大二次会议上提出的温 7 号《关于活化孤山罗苑旧址暨打造中国高等艺术教育历史地标群的建议》收悉。经研究，现将办理情况答复如下：

一、“湖天一碧”房屋历史渊源

孤山路 21 号“湖天一碧”房屋始建于 19 世纪 20 年代，目前产权系杭州文广集团所属的西泠书画院所有，房屋地处西湖景区核心位置，历史渊源深厚。

现孤山路 3 号至孤山路 25 号区域（包含梅鹤轩、“湖天一碧”房屋、浙江博物馆、浙江西湖美术馆等）原为清末民初犹太商人哈同私宅，建成后以其妻罗氏命名，故又名“罗苑”“哈同花园”。

该片房产后归国有，1928年，教育家蔡元培先生租借“罗苑”作为校址，创办了国立艺术院（中国美术学院的原初机构），其中“湖天一碧”房屋作为“罗苑”其中的一部分，系当时国立艺术院的教务处所在地。1937年，抗战全面爆发，数月后杭州沦陷，罗苑也落入日本人之手。1945年抗战胜利后，浙江大学收回罗苑，时任艺专院长潘天寿提出要搬回罗苑教学，时任浙江大学校长竺可桢对于收回罗苑一事态度十分坚决，不再租与国立艺术院。

1979年，杭州市革委会正式批复成立西泠书画院，并将孤山路21号“湖天一碧”房屋划拨给西泠书画院作为活动场所和展览书画之用。目前，“湖天一碧”房产三证均为西泠书画院单独所有。

二、“湖天一碧”房屋目前使用情况

“湖天一碧”房屋目前系西泠书画院的日常办公与艺术家们创作活动的场所。建院近40年来，西泠书画院始终以弘扬民族文化为宗旨，以书画创作、艺术研究为两翼，不断地在艺术的土地上努力耕耘。过去的一年，西泠书画院举办各类书画雅集活动20余次，围绕“改革开放40周年”，13位西泠书画院书画家们精心创作了反映杭州新面貌的题材作品共90余幅，并进行了展出，取得了热烈的反响，为杭州建设世界名城添砖加瓦。可以说，“湖天一碧”这座集山水之胜的两层古雅小楼，正在为传承民族文化艺术、对外宣传杭州、促进文化交流发挥着重要作用。

三、相关建议

由于“湖天一碧”房屋目前承载着重要的文化交流使命，如果贸然改变房屋用途，不仅西泠书画院无法接受，一大批中外艺术家也无法接受。鉴于“湖天一碧”房屋历史渊源深厚，且为原“国立艺术院”的教务处所在地，建议可以效仿浙江西湖美术馆的做法，在“湖天一碧”房屋前，竖立“国立艺术院旧址”石碑，并附上相关历史介绍。这样既可以与浙江西湖美术馆门口的“国立艺术院旧址”石碑相映生辉，打造中国高等艺术教育历史地标群，也能继续发挥其文化地标的作用，进一步彰显浙江文化艺术历史高度。

最后，再次感谢您对我市工作的关心和支持！

二、主要参考文献

1.《哈同外传》，徐铸成，三联书店，2018 年

2.《上海旧事之哈同夫妇》，夏伯铭，上海远东出版社，2008 年

3.《远东第一巨富发迹史——上海大班哈同》，鲁川，四川人民出版社，1997 年

4.《上海滩最大的冒险家——哈同全传》，阿文，中国人事出版社，1997 年

5.《国美之路大典》总卷，中国美术学院出版社，2018 年

6.《回眸国立艺专》(内部资料)，2000 年

7.《艺术摇篮——浙江美术学院六十年》，宋忠元主编，浙江美术学院出版社，1988 年

8.《竺可桢全集》，上海科技教育出版社，2014 年

9.《国立浙江大学沿革表》，浙江大学，1947 年

10.《诗词浙大》，浙江大学出版社，2007 年

11.《浙大文科》，2017 年第 2 期

12.《民国轶事摭拾》，浙江人民出版社，2002 年

13.《浙江大学馆藏档案》，2016 年

14.《国立浙江大学龙泉分校史料》，许高渝等主编，浙江大学出版社，2019 年

15.《西湖文献集成续辑》(民国西湖史料)，杭州出版社，2013 年

三、罗苑人留影

根据图纸找回原来居住的位置(摄于 2019 年 4 月 23 日罗苑旧址)

罗苑原住户回到儿时乐园(摄于 2019 年 4 月 23 日梅鹤轩)

探望罗苑原住户胡鸿海、黄慧熙夫妇(摄于 2019 年 7 月)

探望罗苑原住户杜高杰先生
（摄于 2019 年 6 月）

罗苑原住户在平湖秋月重聚（摄于 2019 年 11 月 16 日）

前排左起：萧枫、姜颂颐、黄慧熙、胡鸿海、徐正荣、陈亦平

二排左起：何南屏、王亚伊、姜颂期、王正伊、刘雅华、张务菊、罗苑、周黔生、裘立群、褚启祥、杜小英、洪希平

三排左起：徐正、龚雅谦、陈亦明、林宪、陆昭怀

后　记

2018年夏天，我们几位浙大子弟在一起聊天，偶然知道六七十年前大家都曾经居住在西湖边的国立浙江大学罗苑宿舍。惊喜之余，众人七嘴八舌怀念起罗苑快乐的童年时光。大家相约建立了“罗苑情思”微信群，以便今后加强联系。后来，群员逐渐发展到二十多位，群里的话题自然离不开罗苑，大家都对罗苑怀有深厚的情感，有共同的语言。

2019年4月23日，群员第一次相聚在罗苑旧址的“梅鹤轩”品茶，决定写一本有关罗苑的书。随后，大家分头去档案馆、图书馆等地收集历史资料。一个多月后，大家汇总已收集的资料，并初步确定编写内容和各章节主要撰稿人，组建了编辑工作群。可以说微信群是书稿诞生的摇篮。11月16日，二十多位群员相聚在罗苑旧址，听取编辑组工作汇报，回忆往日美好时光，情谊浓浓。

编辑组成员周黔生、洪希平、徐正、刘雅华、陈亦平、徐正荣等人为本书撰稿、制表、绘图、审稿做了大量工作，陈亦平提供了许多有价值的文档资料与照片，洪希平策划方案，拟订写作提纲，为此书出版出了大力。

为本书提供文稿的人数近三十位，大多数是浙大教职员的下一代，以及部分浙江图书馆职工的后代，其中不少人就出生在罗苑。我们先后请教了罗苑老居民杜高杰、胡鸿海先生，他们热情鼓励我们，百岁高龄的游修龄先生也撰写了回忆文稿，令人钦佩。本书是罗苑原居民集体奉献的成果。

罗苑是犹太籍富商哈同的私家花园，却成就了民国时期国立艺术院（杭州艺专）的辉煌十年，成为一座名副其实的艺术殿堂；抗日战争胜利后又先后成为浙江大学师范学院的育人之地和浙大教职员的宿舍。罗苑内教育大师、艺术家一度云集，更增添孤山以及杭州市的文化艺术氛围，且佳话流传至今。

我们今天发掘、重温这段历史，是为了继承、发扬先辈们严谨的学风、高尚的师德、优秀的学术成果和艺术成就，激励后人。也让后人知晓罗苑这座名园的百年历史，它曾为杭城高等教育史、园林史、建筑史、文化史增添一抹亮丽的色彩。

在此，我们要对提供宝贵资料的浙江大学档案馆、中国美术学院档案室、浙江省档案馆，以及浙大校友冯骏、中国美院校友会刘元玺，致以诚挚的谢意。我们还要十分感谢杭州市政协原主席叶明为此书送来墨宝，题写书名。

西泠印社出版社总编辑江兴祐先生对罗苑历史文化内涵的敏锐洞察，对西湖文化遗产的高度重视，从而给予本书充分关注与厚爱；责任编辑侯辉先生为提高书稿质量精心审核，使本书得以如期面世。在此一并致以诚挚的谢意。

周黔生
2021 年 12 月

图书在版编目（CIP）数据

西湖名园罗苑 / 周黔生主编 ； 洪希平，徐正副主编
. -- 杭州 : 西泠印社出版社，2022.1
ISBN 978-7-5508-3714-0

Ⅰ. ①西… Ⅱ. ①周… ②洪… ③徐… Ⅲ. ①私家园林－介绍－上海 Ⅳ. ①K928.73

中国版本图书馆CIP数据核字(2022)第009542号

西湖名园罗苑

周黔生　主编
洪希平　徐正　副主编

出 品 人　江　吟
责任编辑　侯　辉
责任出版　冯斌强
责任校对　徐　岫
装帧设计　王　欣
出版发行　西泠印社出版社
（杭州市西湖文化广场32号5楼　邮政编码　310014）
电　　话　0571-87240395
经　　销　全国新华书店
制　　版　杭州如一图文制作有限公司
印　　刷　浙江省邮电印刷股份有限公司
开　　本　787mm×1092mm　1/16
字　　数　150千
印　　张　14.25
印　　数　0001—1500
书　　号　ISBN 978-7-5508-3714-0
版　　次　2022年1月第1版　第1次印刷
定　　价　59.00元